Über die Tragödien

BÜCHER VON THOMAS KLINGER

IM MENSAION VERLAG:

Die Schwäne der stillen Gewalt
Über die Psychologie der Mobber

Die vielen Gesichter der Religion
Eine sinnvolle Differenzierung

Von den Dingen und dem Sinn
Kommentare zu Leben, Mensch, Natur und Klima

Menschentiefen
Gedichte

170 Aspekte
Über die Moderne und ihre heilige Kuh

IM WERNER KRISTKEITZ VERLAG:

Zazen • Gedichte

Thomas Klinger

Über die Tragödien

Und die Notwendigkeit
eines friedvollen Lächelns

MENSAION VERLAG

Alle Rechte vorbehalten, insbesondere das der Übersetzung,
des öffentlichen Vortrags, sowie der Übertragung
durch Rundfunk und Fernsehen, auch einzelner Teile.
Kein Teil des Werkes darf in irgendeiner Form
(durch Fotografie, Mikrofilm oder andere Verfahren)
ohne schriftliche Genehmigung des Verlages reproduziert
oder unter Verwendung elektronischer Systeme
verarbeitet, vervielfältigt oder verbreitet werden.

Originalausgabe – im Mensaion Verlag
© 2023 by Thomas Klinger
ISBN-978-3-757570-98-9 (Print Hardcover)
ISBN-978-3-757574-11-6 (Print Softcover)
ISBN-978-3-757570-99-6 (E-Book)
Satz: LATEX and TEX4ebook, ebgaramond
Herstellung: epubli, ein Service der neopubli GmbH, Berlin
Gedruckt in Deutschland
Umschlaggestaltung: © by Mensaion Verlag
https://www.mensaion.de/
Umschlagbild: © by Symmetric World Art®
https://symmetric-world-art.de/
Besuchen Sie uns im Internet

*Dringe tiefer du ins Leben ein und freue
an dem Augenblick des Tages dich, der sei.
Wandle weise dich im Leben, das nicht scheue
sich dem Leid zu widmen, das nicht einerlei.*

*Denn das Leid ist eine Blume, die zur Blüte
wächst empor und frei entfaltet sich in dir.
Nimm es an und traue deines Herzens Güte
und der Seele tiefem Grund zu deiner Kür.*

*Wer glaubt Tragödien jene Szenen,
die auch erdacht sind, inszeniert?*

*Wer glaubt den Spöttern jenes Wähnen,
das hier Verderbnis infiltriert?*

*Wer glaubt der dunklen Tragik Geist,
der nicht der Seele Sinn beweist?*

—

*Wo die Früchte dieser Erde doch
uns entlasten von des Hungers Joch?*

*Wo doch das Blühen geistiger Sinne
uns für Vertrauen froh gewinne?*

*Wo doch das Herz das Lächeln kennt,
das uns die edle Weisheit nennt?*

Inhaltsverzeichnis

Inhaltsverzeichnis, ix
Vorwort, 1
1 Die Tragödie der Unaufrichtigkeit, 3
2 Die Tragödie der Lebensfeindlichkeit, 24
3 Die Tragödie des Wissens, 51
4 Die projektive Tragödie, 108
5 Die Tragödie der Tragödie, 126
6 Die Tragödie der Komödie, 147
7 Die Kunst und die Tragödie, 168
8 Die echte Tragödie und ihr Kern, 192
9 Die Tragödie, die keine ist, 207
Literatur, 227

Vorwort

Als Idee wurde das Buch erstmals im Jahre 2017 geboren und konnte damals schon, nach anderthalb bis zwei Monaten, mit der vollständigen Inhaltsgliederung und Struktur und einem großen Teil des logischen Inhalts des jetzigen Textes aufwarten. Dann blieb der Text fünf Jahre unberührt, sodass im Oktober/November 2022 schließlich, die heutige Fassung des Textes entstand. Beträchtliche Erweiterungen und verbesserte Sprache, sowie klarere Logik, wurden eingefügt, sodass der Text heute in einem Zustand scheint, der einer interessierten Öffentlichkeit zugemutet werden kann und daher angeboten wird.

Beim abschließenden Lesen, Bearbeiten und Lektorieren fiel mir auf, dass an ein paar Absätzen des Textes, meine Intention vielleicht von manchen Lesern und Leserinnen missverstanden werden könnte. Mir geht es im Allgemeinen und so auch in diesem Band, um Erkenntnis und nicht um Schuld. Wenn daher, an ein paar Stellen des Textes, der Eindruck entstehen sollte, ich würde hier einer schuldigen Verurteilung entlang argumentieren, dann sei darauf aufmerksam gemacht, dass es mir um die psychologische Struktur von Tragödie und Drama geht und um philosophische Erkenntnis darüber. Ich bitte also eine etwaige, argumentative Leidenschaft zu entschuldigen, die diesen missverstandenen Eindruck erwecken könnte.

Der im Folgenden vorgelegte Text, soll daher dennoch für sich selbst sprechen und auf eine einleitende Hinführung auf das Thema verzichtet werden, da doch den meisten Menschen im abendländischen Kulturkreis klar sein sollte, was unter Tragödie zu verstehen ist. Der Text wird es ohnehin deutlich zu machen versuchen. Die mediale Berichterstattung zeigt hier täglich Anschauungsmaterial, das ich hier nicht wiederholen muss und will. Und die Tragödien des privaten, menschlichen und persönlichen Lebens, sprechen ihre eigene Sprache, hinterlassen ihren eigenen Schmerz und fordern dennoch gerade zu einem Lächeln auf, das immer wieder notwendig scheint, um nicht an ihm zu zerbrechen.

Das Buch ist damit kein morbides Buch, dass sich an den Tragödien auslieSe, sondern eine Aufforderung, sie erst einmal gründlich in den Blick zu nehmen – damit deren unsäglichen Wirkungen gemildert, gelindert, verhindert, befreit und obsolet werden können, wenn sie es können. Erkenntnis ist mein erstes Anliegen, Struktur und Verstehen folgen daraus. Was sein eigenes Handeln zeitigt.

Thomas Klinger, Juli 2023

I
Die Tragödie der Unaufrichtigkeit

»*Am Anfang stehen frei die Worte,*
die auch, verbeugt, zum Ausdruck bringen,
wo dem Zuhause sind die Orte,
an denen Menschen sich besinnen –
recht aufrecht sucht der Mensch sich froh
und er, gewiss, weiß wann und wo.«

Wer offen und vertrauensvoll sich selbst, das Leben und die Welt betrachtet, wird rasch erkennen und verstehen können, dass die vorhandene und sich immer wieder zeigende Gewalt in der Welt, einer Unaufrichtigkeit des Menschen zu sich selbst entstammt. Denn es ist einsichtig zu verstehen, dass Menschen, die aufrichtig zu sich selber und ihrem Eingebettetsein in Familie, Gesellschaft, Kultur und die Welt stehen, mit einem gewissen, belastbaren Frieden leben, der die Gewalt nicht für nötig erachtet. Gerade eine Unaufrichtigkeit aber ist es also, die für die Gewalt durch Krieg und Terror verantwortlich ist, da ein aufrichtiger Mensch in einem Frieden lebt, der andere Wege und Mittel erkennt, um sich selbst, die Gesellschaft, Kultur und das Leben der Menschen voranzubringen und entwickeln zu helfen.

Gerade die Aktivität des Engagements für Erkenntnis und Aufklärung, für Wahrheit und Weisheit, für Wissen und Lehre, trägt zu einer Aufrichtigkeit bei, die den gesellschaftlichen Frieden begünstigt, weil Wahrheit und Erkenntnis, ganz immanent dazu beitragen, einen Geist zu befrieden und eine Seele zu beruhigen. Damit wird eine Aufrichtigkeit ermöglicht, die eine individuelle und kulturelle Kraft entwickelt, die dem Einzelnen, nicht nur eine Anteilnahme am Geschehen der Gesellschaft und Kultur ermöglicht, sondern ein friedliebendes und kreatives, kooperatives und konstruktives, teilnehmendes und Anteil nehmendes Miteinander spendet.

Wer also offen erkennt und versteht, dass die Gewalt in der Welt, durch eine Unaufrichtigkeit zu sich selbst bedingt ist, wird eher dazu neigen, aufrichtig sein zu können, zu sich selbst und anderen Menschen, und er wird zu dem Geschehen in der Gesellschaft und Kultur eine eher annehmende, aber auch ausgewogen kritische Haltung einnehmen können. Er wird aufrichtig darum bemüht sein die Gründe für diese Unaufrichtigkeit zu finden, zu benennen und zu lehren, um dazu beizutragen, diese Unaufrichtigkeit nicht zu bekämpfen oder zu bekriegen, sondern ihr durch Vermittlung und Aufklärung, durch Therapie und dem Spenden von Mut und Zuversicht, eine Läuterung zu ermöglichen, die nach und nach, und auch in evolutionären Zeiträumen, wirksam werden und ihre aufrichtigen Ergebnisse zeitigen kann. Die *Tragödie der Unaufrichtigkeit* nun, will dieses Kapitel daher ein wenig beleuchten und so der Aufrichtigkeit die Möglichkeit zu Erkenntnis, Anteilnahme und Anregung bieten. Dieser Aufrichtigkeit also, ist dieses Buch und dieses Kapitel gewidmet.

Die in der Welt zu erfahrenden, menschlichen Tragödien, die wir durch die Medien und journalistischen Berichte hören und sehen, entstammen meist dem Problem und der Schwierigkeit der Aufrichtigkeit und Wahrhaftigkeit. Wenn wir Menschen dauerhaft aufrichtig und wahrhaftig in unserem Leben bestehen und gehen könnten, gäbe es keine von Menschen verursachten Tragödien. Die menschlichen Tragödien durch Naturkatastrophen sind von dieser Betrachtung natürlich ausgenommen, mit der Ausnahme der von Menschen verursachten und sich durch Einfluss auf die Natur und das Klima ergebenden und weiter drohenden Katastrophen. Im Folgenden soll die Unaufrichtigkeit betrachtet werden, die in den Äußerungen der menschlichen Gewalt zu finden ist.

Es ist wohl, das kann zunächst deutlich gemacht werden, die Verschlagenheit mancher Charaktere, die sich, bei Gelegenheit, Feinde wählen, die auf ihre Unaufrichtigkeit hinweist und ihre Einbildung, sie müssten gegen andere kämpfen oder anderen Schaden zufügen. Dieser Drang zur Gewalt mancher Menschen, ist weiter verbreitet, als angenommen, denn was wir ab und an in den Medien darüber hören und lesen, scheint nur die Spitze eines Eisbergs zu sein. Dass die Unaufrichtigkeit des Menschen auch notwendige Unterstützung und Verständnis versagt, wenn sie notwendig und erfüllbar wäre, ist ebenso ein Merkmal mancher Charaktere des Menschen. Die Bedürftigkeit des verschlagenen Menschen nach einem Leben seiner Vorstellung aber und die daraus resultierende scheinbare Notwendigkeit, sich einen eigenen Weg in der Welt und im Leben zu suchen, erwirkt in solchen Menschen eine angebliche Notwendigkeit, andere bei Bedarf zu verdrängen oder zu bekämpfen. Doch die Vorstellungen und Schlussfolgerungen, was bereits notwendig sei, sind ihm bereits in einer Weise von Kompromissen verdorben und von Kompromittierungen belastet, sodass von Aufrichtigkeit nicht gesprochen werden kann, dass seine innerpsychische Konstitution kein einigermaßen reines Gewissen besitzt, sondern vielmehr die schwelende Bereitschaft zur Gewalt.

Ein aufrichtiger Mensch kämpft nicht gegen andere, sondern sucht kooperative Wege. Doch die Unaufrichtigkeit verschlagener Menschen, entspricht, im psychologisch Inneren, einem *gebeugten* Menschen, dessen Gefühle es nicht zulassen, aufrichtig zu denken, fair zu entscheiden und ethisch gehoben zu handeln. Solche Charaktere gehen unaufrichtig und krumm auf ihren Lebenswegen und haben das Gefühl zum Arbeiten und Leben gezwungen zu sein. Sie fühlen unbewusst, dass sie letztlich einer Not zu überleben entkommen müssen und stehen rücksichtslos und egoisch anderen gegenüber, die sie, bei Gelegenheit, bekämpfen und bekriegen, indem sie ihnen Not angedeihen lassen. Deren verschlagene Unaufrichtigkeit wird auch die Not der Menschen einer Gesellschaft oder Kultur schlicht *belassen* wollen, da sie so sehr von sich gefangen sind und so sehr auf sich selbst fixiert und mit sich selbst beschäftigt, dass sie die Not der Gesellschaft und Kultur, sowie der Menschen, schlicht nicht interessiert. Sie sind daher, in ihrer Unaufrichtigkeit, unverständig und uninteressiert an den Widrigkeiten, Leiden und Unzulänglichkeiten des menschlichen Lebens, der Gesellschaft und Kultur. Eine solche krumme, innere Haltung, eine solche verbogene und schon verdorbene Gesinnung, eine solche Unaufrichtigkeit *ist* eine Tragödie.

Die sozialen Bedingungen, die uns ein Miteinander ermöglichen, sind gleichsam auch die Bedingungen, die von uns fordern, anderen keinen Schaden zuzufügen. Doch die Unaufrichtigkeit, die von Furcht belastet ist, von Verstocktheit gegenüber dem natürlich und frei empfindenden Miteinander, das auf Vertrauen basiert und dieses zunächst auch sucht zu bewirken, verhindert genau diese Vertrauensbildung und stellt ein Hindernis dar, natürlich und frei mit anderen zu empfinden, ihnen respektvoll gegenüber zu treten und mit ihnen gemeinsam ein Stück friedlich zu gehen.

Vertrauen ist damit eine Notwendigkeit, die angenommen werden muss, weil diese uns in die Aufrichtigkeit miteinander bringt und uns lebendig spüren lässt, was an unwägbaren Unzulänglichkeiten an uns selbst und mit anderen anzunehmen ist. Wer es nie erfahren hat, wie eigene Unzulänglichkeiten von anderen verziehen wurden, wird auch später nicht in der Lage sein, in ein solches Verzeihen zu gehen, dass es ermöglichte, andere zu lassen und deren Leben nicht zu bedrängen. Wer also Vertrauen nicht erfahren hat, nicht seine verzeihende Energie und seine lassende Güte spüren konnte, wird der Welt ihre Tragödien bewirken. Solche Menschen werden für Tragödien verantwortlich sein, sie inspirieren, anstacheln, aufhetzen und inszenieren. Die Tragödie der Unaufrichtigkeit möchte geradezu das Tragische des Menschen, das er an sich nicht wahrzunehmen in der Lage ist und nicht verspüren kann, damit in die Welt hinein bewirken. Es geschieht eine Neuinszenierung, das tragische und schmerzliche Innere zeigt sich tragisch und schmerzlich im Außen, die biographisch gewordene Tragik von Tätern zeigt sich an der schmerzlich gewordenen Tragik ihrer Opfer.

Dass dies die Tragödie der Unaufrichtigkeit bewirkt, wird deutlich, indem bedacht wird, dass der Mangel an Vertrauen eines Menschen in sich selbst, die Welt und das Leben, auch ein überaus biographischer ist, der die fleischliche Verwobenheit mit dem Geist und der Seele eingegangen ist und daher den Geist nicht natürlich und frei urteilen und wahrnehmen ließ und ihn verbogen hat. Ein solcher Geist wird nicht nur urteilen, sondern rasch aburteilen, Trennungen herbei reden und andere abschätzig und verachtend behandeln, ohne zu merken, wie ihn der Mangel an Aufrichtigkeit und Vertrauen lenkt und ihm sein angeblich besseres Leben oder seine angeblich bessere Gesinnung vorgaukelt. Er wird kalt nur auf seinem angeblichen Recht beharren und Unrecht tun.

Täuschungen über die eigenen Notwendigkeiten gehen damit einher der Bedürftigkeit aus der angeblichen Not, zu entkommen und geraten auf den Weg in den Kampf gegen andere, was eine Tragödie ist. Und auch die Täuschungen, die das Mehr an Besitz und Einfluss schaffen wollen, entstammen den unaufrichtigen Schlussfolgerungen aus der Tragödie des wahrgenommenen Lebens der Gegenwart und Vergangenheit, sowie der noch unbewusst wirkenden Verfleischlichungen eigener, unbewältigter Tragödien und erlittener Gewalt, auch und gerade wenn diese lediglich verbal verletzte.

Aber die Tragödien der Unaufrichtigkeit, zeigen sich eben als Infektion des Gemütes und Geistes, deren verletzendem Sprachduktus und der nach Geradheit eifernden Gesinnung, die das erlittene Gebeugte gerade biegen will, so aber lediglich in eine Attitüde der Erhebung über andere resultiert, mit all den sichtbaren Zeichen und verworrenen Gefühlen für die Unterdrückung, die Verdrängung und die Beherrschung anderer. Die Augenhöhe ist dem Gebeugten fremd und suspekt, er kann sich, in seiner Unaufrichtigkeit, nur über oder unter einem anderen verorten. Die Schwierigkeit der gleichen Augenhöhe, bedeutet, dass ein Mensch sich von der Höhe nach unten beugt oder er von unten in die Höhe kommt. Der gebeugte Unaufrichtige kann dies nicht, er muss von oben nach unten schauen und von dort aus nach unten agitieren oder von unten nach oben blicken und geduckt und klein schleimen.

Was einmal gebeugt wurde, tendiert dazu, indem er Tränen und Läuterung vermeidet, Rache und Gewalt an anderen auszuüben und so unaufrichtig bleibt, gebeugt und damit gar nicht gerade wird. Diese Unaufrichtigkeit ist also keine menschliche *Verbeugung* anderen gegenüber, sie ist keine Verbeugung vor deren Einmaligkeit und Einzigartigkeit, auch gerade keine vor *deren* verletztem Gebeugtsein, vor *deren* Unzulänglichkeiten und Leiden, sondern diese gewalttätige Unaufrichtigkeit will selbst andere beugen und *sich so in ihnen zu finden hoffen*. Eine vergebliche Hoffnung, eine sich selbst täuschende, unaufrichtige Attitüde, die unbewusst geschieht und den Menschen unfrei sein lässt, denn er ist Opfer seiner verworrenen Gefühle und seiner gebeugten inneren Verfasstheit. Aber auch der so Gebeugte *muss und will* gerade werden, denn das entspricht dem gesunden Lebensgesetz der aufrichtigen Bewegung erwachsen werdender Menschen. Aber was der Gebeugte tut und was für ihn übrig bleibt, ist, sich unbewusst in dem gebeugten Anderen, dem er Gewalt antut oder den er verdrängt, zu finden hoffen.

Damit bleibt aber für ihn alles weiterhin gebeugt und gedemütigt, nichts Neues unter seinem Himmel. So aber wird dieser Mensch sich nicht weiter entwickeln, er bleibt ein Gebeugter und wird kein gerader, aufrichtiger Mensch. Dies daher nicht zu sehen, nicht sehen zu wollen und nicht sehen zu können, nicht zu spüren, nicht spüren zu wollen und nicht spüren zu können, nicht zu verstehen, nicht verstehen zu wollen und nicht verstehen zu können, *ist* ein Ausdruck seiner Unaufrichtigkeit, die das eigene krumme Dasein nicht anzuschauen wagt und sich lediglich krude und unwürdige Entlastung durch die unaufrichtige und gewalttätige Beugung anderer sucht. Eine Tragödie.

Dies ist ein wesentlicher Punkt jeder menschlich verursachten Tragödie, jedes unbewältigten Leides, das den Menschen als unterdrücktes Wesen belassen will oder als unterdrücktes und gehorsames Wesen sehen will. Und nicht spürt und erkennt, dass *er* das ist und er damit in sich seinen aufrichtigen Kern aufspüren und den gebeugten Anteil daran heilen und gerade rücken müsste, damit es ihn befreite von dieser Tragödie der Unaufrichtigkeit.

Auch gerade die Wahrnehmung des fleischlichen Verlangens, wie es die Natur nicht nur für die Fortpflanzung der menschlichen Art anbietet, sondern auch für die Erweiterung der erfahrbaren, körperlich-seelischen Räume der Freiheit, wird durch den Mangel an Vertrauen in die damit verwobenen natürlichen Bewegungen und den daraus resultierenden, unaufrichtigen Schlussfolgerungen, gefüttert.

Wer in heutigen, modernen Zeiten, wo wir medizinisch und hygienisch weit fortgeschritten sind, diesen sexuellen Bewegungen ihre Berechtigung abspräche, wird gerade jene unaufrichtige Moral inszenieren und vertreten, die das Leben zu schädigen und zu vernichten beabsichtigt. Das Saubere und Reine wird zum angeblichen gerechten Kampf gegen angeblichen Schmutz und erdichteten Unrat. Aber die Tragödie der Unaufrichtigkeit speist diesen Kampf und erwirkt damit Unrecht, Demütigung und Schlimmeres.

Der Kampf der Unaufrichtigkeit, der sich gegen die Aufrichtigkeit richtet und der stets verbal beginnt, kann erkannt werden in der Attitüde, keine Fragen zuzulassen, die dieser Unaufrichtigkeit auf den Grund gehen möchte. Fragen also, die nach Verstehen und Verständnis suchen, sind solchen unaufrichtigen Gesinnungen schon suspekt. Aber es sind nicht die Fragen nach solchen Sinnen suspekt, sondern der Mangel an Vertrauen in ein neues Wissen und die aktuelle und aktualisierte Erkenntnis der Geschichte, die dadurch entfaltet werden können. Misstrauen speist den Argwohn gegenüber der Erkenntnis und dem Wissen. Ein Mangel, der sich selbst erhalten will, verbleibt gewollt und garstig aggressiv in der selbst gewählten und verfestigt gewordenen Unaufrichtigkeit.

Dass Misstrauen sich aus Unaufrichtigkeit ergibt, bedeutet, dass das Fehlen oder der Mangel an Vertrauen einen Argwohn hervorrufen, der nicht klar und aufrichtig erkennt, was Erkenntnis und Wissen gerade zu sagen haben und wie sie zu verstehen sind. Die gebeugte innere Haltung sieht nicht gerade aus das Naheliegende, sondern nur die eigenen Füße und Schuhe. Die Schönheit der Welt und des Lebens und die Wahrheit des Geistes, der nicht nur auf sich selbst fixiert ist, ging dieser gebeugten Unaufrichtigkeit verloren und an ihr vorbei, weil sie nicht aufrichtig schaut, nicht gerade und nicht vertrauensvoll in die Welt, auf das Leben und auf den Nächsten.

Das Leben und das Lebendige wird dieser Unaufrichtigkeit verdächtig und zum Feind, die Feindschaft wird besiegelt, eine Verschworenheit gegenüber Leben und Lebendigkeit inspiriert. Unsere moderne Welt zeigt diese Feindschaft gegenüber dem Leben und der Lebendigkeit auf vielerlei Weisen. Die Technik, mit ihrer Vorbedingung der Naturwissenschaft, ist tatsächlich eine davon, obwohl sie auch Nutzen besitzt.

Dass die Anwendungen der Naturwissenschaft durch die Technik, mit einer Feindschaft gegenüber dem Leben und der Lebendigkeit in Verbindung gebracht werden kann, mag überraschen oder vielleicht empören und Unverständnis hervorrufen. Aber die Anwendungen der Technik sind nun mal zum großen Anteil für die Verwerfungen des wissenschaftlich nachgewiesenen Klimawandels verantwortlich. Hier wird die buchstäbliche, derzeitige Lebensgrundlage sämtlicher Lebewesen auf dieser Erde in Gefahr gesehen. Dass dies durch eine Feindschaft – über die Hintertür – zu erklären ist, ist nicht der Schlusspunkt der Ausführungen. Sondern die Aufforderung hier noch genauer hinzuschauen und zu fragen, wie die geistig-emotionalen Haltungen und Selbstverständlichkeiten der naturwissenschaftlichen Forschung und der Technik dazu beitragen, die Natur, das Klima und die Umwelt bisher vernachlässigt zu haben und sie als bloße sklavische Ressource betrachtet zu haben. Hier gerade kommt die Feindschaft mit dem Leben und der Lebendigkeit zum Ausdruck, in der Ignoranz vor den Folgen der Handlungen für das weitere Umfeld und die Umwelt und das damit zusammenhängende Geschehen der Natur- und Klimaschädigung.

Jene Selbstverständlichkeit, die davon ausgeht, dass die Menschheit keine Verantwortung hätte für diese Umwelt, die Natur und das Klima, ist gerade die Folge der Unaufrichtigkeit in der Betrachtung der Stellung des Menschen und seiner Freiheitsmöglichkeiten hier auf dieser Erde. Dies ist die Folge einer kognitiven Täuschung, ja sogar blinden Hybris, resultierend aus der unvollständigen Erkenntnis des menschlichen Selbst und über seine Welt und den Kósmos. Die Anwendungen der Naturwissenschaften durch die Vielfalt der Technik, haben nämlich nicht nur den Charakter des Wohlstands und des technologischen und kommunikativen Komforts gebracht. Auch die Schattenseiten der Umweltverschmutzungen, Klimaproblematik und des radioaktiven Abfalls, zeigen hierbei eine lebensgefährliche und sogar suizidale Bewegung, die, weil es sich bei den Naturwissenschaften um eine global, ja sogar kosmisch gültige Philosophie handelt, einer unaufrichtigen inneren Attitüde zugeordnet werden kann, die dem Leben und der Lebendigkeit entgegen zu wirken tendiert. Und nicht einfach nur daher, weil Technologie Vor- und Nachteile besitzt.

Denn die Unaufrichtigkeit, wie ich es in diesem Buch verstanden haben möchte, ist für den Schaden jeglicher Art verantwortlich, sowohl den Schaden durch menschliche Gewalt am Nächsten und durch die Kriege, als auch durch die indirekten und direkten Folgewirkungen einer Technologie an den Lebensgrundlagen der Lebewesen hier auf dieser Erde. Wer die Vorteile annimmt und die Nachteile nur unkritisch akzeptiert, folgt eben auch einem unaufrichtigen Gewissen und ist für die Folgen der Tragödie seiner Unaufrichtigkeit verantwortlich. Daher die Anstrengungen der Klimabewegung und der postmodernen Technologien, das Kind aus dem Brunnen zu holen, sie wollen das Schlimmste zu vermeiden suchen, das durch die 500-jährige, unreflektierte Annahme von langfristig wirksamen Nachteilen der Technologien, durch die Entdeckungen und Entwicklungen der Naturwissenschaften, droht Wirklichkeit zu werden.

Denn das würde eine große Katastrophe für alles Leben auf dieser Erde bedeuten, es würde bedeuten, dass grundsätzlich die Lebensgrundlagen für Lebewesen auf dieser Erde für lange Zeit zerstört würden und damit, zumindest das Leben des Menschen, wie wir es seit einigen tausend Jahren sich entwickeln sehen, gefährden oder gar ganz auslöschen. Dass wir in der grünen Umwelt- und Naturschutzbewegung und in der gesellschaftspolitischen Klimabewegung, eine Aufforderung vorfinden, die uns indirekt zu mehr Aufrichtigkeit anhält, ist dem Verständigen ersichtlich. Wir alle sollten das ernst nehmen, denn es könnte die letzte Möglichkeit sein, die Menschheit in einer Weise sich weiter entwickeln zu lassen, die das Ziel der Erfüllung und des Glücks des Menschen mit Aufmerksamkeit betrachtet und daher Möglichkeiten spendet, dass die Lebewesen der Erde und damit die Menschheit, nicht nur überleben, sondern erfüllt und glücklich werden leben können. Der Sinn des Lebens ist gerade diese Fruchtziehung, die wir an jedem Obstbaum erkennen können.

Auch jene Moral, die mehr zu einer Art Pseudo-Moral tendiert und den Zwang, das Verbot, die Diskriminierung und die Strafe propagiert, tendiert dazu, dem Leben und der Lebendigkeit Feind zu sein und damit einer unaufrichtigen und egoisch-selbstgefälligen Haltung zu entsprechen, die sich noch mehr selbst befreien müsste, um am Leben und der Welt mehr Freude zu haben, mehr Toleranz zu entwickeln und mehr Güte zu empfinden und anzuwenden.

Auch die in gewissen Gruppen und Gesellschaften zu findenden, täglichen Beschmutzungen und Aburteilungen, die zuweilen verbal eloquent daher kommen, aber im Grunde eine hartherzige Intoleranz bedeuten, zeigen charakterlich eine dem Leben und der Lebendigkeit entgegen gesetzte Haltung. Sie zeigen eine das Leben erstickende Attitüde, die ebenso einer inneren, unaufrichtigen und noch nicht aufrichtig entwickelten Reife entspricht.

Die immer wieder zu findende Verweigerung mancher Charaktere, Fragen zuzulassen, die gestellt wurden oder sie nur vorschnell und rasch zu beantworten suchen oder die persönlich als unangenehm empfunden werden und reaktive Muster der Verteidigung und des Angriffes hervorrufen können, anstatt als offene, vertrauensvolle Einladungen gesehen und verspürt zu werden, zeigen Anzeichen von einer dem Leben und der Lebendigkeit entgegen gesetzten, inneren Haltung, die aus einer unaufrichtigen Bewältigung mit den vielfältigen Fragen und Antworten des menschlichen Lebens verbunden sind. Die zu beobachtende, teilweise Unwilligkeit und sogar Widerständigkeit, aufrichtige und ernste Gespräche zu führen, um damit ein Vertrauen zu finden, eine Beschäftigung zur Klärung des menschlichen Ringens und Suchens zu leisten und aktiv anzugehen, deutet auf die noch vorhandene Unaufrichtigkeit der menschlichen Charaktere hin, die dies zeigen. Statt sich aufrichtig einander zu begegnen, wird oftmals versucht, fragwürdige, moralische Siege zu erringen, die mit Vorurteil belasteten Meinungen durchzogen sind.

Das alles deutet auf die Tragödie der Unaufrichtigkeit hin, die eine innere Tragödie ist, die den Menschen unfrei belässt und obendrein an der Welt und der Natur einen schädigenden Einfluss hinterlässt.

Die Tragödie ist, dass der Held geopfert wird, der aufrichtig zu leben versucht oder schon, bis zu gewissem Grade, aufrichtig lebt. Doch die Unaufrichtigkeit, die dem Täter zu eigen ist und die den Helden zur Strecke bringt, ist eine Welt der *Furcht*, die sich verschiedentliche Wege in die Welt hinein bahnt und nicht nur die Sinne verwirrt und den Geist vernebelt, sondern auch für psychische Verletzungen, körperliche Schändungen und psychische Vergewaltigungen, Mord und Krieg verantwortlich ist und regelhaft jene Unschuldigen zum Opfer macht, die aufrichtig zu leben versuchen. Die unaufrichtigen Täter beharren dabei ebenso ignorant und respektlos auf ihren angeblich legitimen Interessen, wie es in jeder Gewalttat zu finden ist, nämlich in einer nebulösen, diffusen, unreflektierten, respektlosen und hartherzigen Art und Weise.

Die Tragödie der Unaufrichtigkeit ist damit, in ihrer inneren Struktur, immer nebulös, obwohl ihre Wirkungen sich meist äußerlich krude, intensiv schmerzlich und offen gewalttätig zeigen, aber nicht nur. Auch gerade die stille Gewalt der psychischen Vergewaltigung, durch extreme Formen des Zynismus und des psychischen Sadismus, gehören zu den Wirkungen der nebulösen Tragödie der Unaufrichtigkeit. Daher muss sie, in allen diesen Zusammenhängen, rational geordnet werden, weil die Irrationalität dieser Arten von Unaufrichtigkeit sich Schlupflöcher sucht, in denen sie sich verstecken kann, in ganz spezifischer Weise, wie verstanden werden muss.

Nur wer ein solch ähnliches Gebaren schon etwas verdächtig findet, wer das Nebulöse dann wahrnehmen, verspüren und einordnen kann, gerade auch die damit verbundene Furcht und daraus resultierende erhöhte Neigung aggressiv zu reagieren, wird auch die Tragödie darin und den sich selbst opfernden Helden erkennen. Die Täter der Unaufrichtigkeit sind letztlich ihre eigenen Opfer, die aber andere (und die Umwelt, Natur und das Klima) ebenso zu Opfern machen. Daher ist die Tragödie der Unaufrichtigkeit die Tragödie eines Helden, der selbst Opfer ist, der selbst Opfer geworden ist und sich danach selbst, immer wieder, im Stande eines Opfers, innerlich, psychisch, bewegt und daher in der *Beugung* anderer nur, sich selbst zu erkennen trachtet und nur in der Lage ist, sich im Gebeugten zu finden – und *nicht* in der *Aufrichtigkeit* anderer sich selbst zu erkennen im Stande ist.

Wer sich dagegen aufrichtig in der Welt bewegt, wird aufzurichten suchen, was gebeugt ist, er wird sich nicht erheben oder selbst erhöhen über andere, er wird aufrichten und gerade zu rücken versuchen, was gebeugt und krumm ist. Er wird dies nicht ausschließlich tun, dies wird nicht sein Motto oder Muster sein, aber seine persönliche Haltung wird am Aufrichten interessiert sein und nicht an der Beugung oder Vernichtung. Oder vielmehr, er wird Hinweise geben, wo dies, wie zu finden ist, und überlässt das Schauen auch anderen, die ihn hören, lesen und ihm vertrauen. So wird aufrichtig jene *missbrauchende Machthierarchie* enttäuscht, die durch diese Tragödie der Unaufrichtigkeit hervorgerufen wird und werden soll, weil die Aufrichtigkeit selbst, nicht durch Befehl und Gehorsam agiert, nicht durch Beugung anderer, sondern durch freiwillige und leidenschaftliche Einsicht in das Wirkliche und Natürliche, in das Gegebene und Gewesene, in aufrichtiger Weise.

Denn die missbrauchende Machthierarchie der Tragödie der Unaufrichtigkeit, sucht zu beherrschen und zu diktieren, sucht sich zu trennen von der geraden Haltung der innerlichen Freude am Augenblick. Letzteres gerade ist auch Merkmal der Aufrichtigkeit und eines dahin strebenden Menschen, die innerliche Freude, die aus dem Vertrauen in den Augenblick resultiert und den Argwohn, die Missgunst und das Misstrauen zunächst nicht als anstehendes Gefühl zu verspüren hat. Wo dieses Vertrauen daher mangelt oder fehlt, wird der Motor der Unaufrichtigkeit Tragödien inszenieren und hervorrufen, beibehalten oder ignorieren.

Die Tragödie der Unaufrichtigkeit ist ein Resultat der anhaltenden Vermeidung und andauernden Verdrängung, der immanenten Selbsttäuschung und der schwelenden, unreflektierten Vorurteile, des lethargischen Desinteresses und der gewordenen und sich festgesetzten Arroganz.

Dies folgt aber auch aus dem menschlichen Schmerz und seiner Eigenschaften. Denn wir wollen den Schmerz nicht, und geben ihn daher, tragischerweise, anderen weiter. Das ist die eigentliche Dynamik für die Tragödie der Unaufrichtigkeit. Denn der Schmerz wird den Menschen beugen und krümmen und lässt ihn unaufrichtig, nicht aufrecht und nicht gerade werden. Und weil der Körper-Geist jedes Menschen ihn zu vermeiden sucht, der Schmerz sich aber energetisch verfleischlicht und vergeistigt hat, wird er umso mehr gebeugt bleiben und andere energetisch zu beugen suchen oder abweisen und sich zu trennen suchen von jener Aufrichtigkeit, die als Möglichkeit und Chance ihm geboten wird, die er aber nicht als das Seine erkennen und verspüren kann.

Jede Beugung, die verbiegen soll (und sich nicht freiwillig verbeugen will oder kann), stammt aus dem energetischen Reservoir der erlittenen Beugungen, ob absichtlich oder unabsichtlich geschehen. Wen solche Energien heimsuchen, der wird verstehen und spüren, wie die eigene Geschichte ihn auch noch in die Zukunft hinein zu beugen sucht und wie sie ihn unaufrichtig verbiegen will. Und wie er selbst dazu tendiert dies anderen ebenso angedeihen zu lassen.

Dies ist also ein Ausdruck der Tragödie der Unaufrichtigkeit des Menschen und seiner schwierigen Suche nach einem Platz der Aufrichtigkeit und Wahrhaftigkeit, nach Geradheit und Anständigkeit.

Der Mensch ist geworden, was er jetzt gerade ist, und er war früher noch kein Mensch, sondern zu den Tieren gehörend, er hat sich also erst entwickelt, entlang der Geschichte der irdischen Evolution.

Und nun kann er sprechen und schweigen, zuhören und belassen – und muss nicht mehr bellen, fauchen, zischen oder brüllen. Aber der vorhandene oder erlittene Schmerz, der die Unaufrichtigkeit erzeugt, der die Beugung und Unterdrückung will und sich selbst erhält, lässt ihn in das tierische Reich der kruden und groben Sprache abgleiten. Wir können dies immer wieder erkennen in den, zuweilen kruden, Ausformungen in manchen Kunstwerken des Films und des Theaters, ja sogar in manchen Opern. Dies wird weitgehend zumeist, aber nicht immer, als künstlerische Freiheit gefeiert und lässt Raum zur Deutung, für die eine unkritisch liberale Gesellschaft und Kultur überaus offen ist. Aber so, wie die Toleranz begründete Grenzen braucht, braucht die Kultur eine liberale Gesellschaft, die versteht, was differenzierte Kritik bedeutet. Denn eine Integration der Vielschichtigkeit der menschlichen Charaktere, bedarf einer differenzierten Betrachtung von Kultur und Gesellschaft.

Aber dies lässt aufhorchen und zeigt die Tragödien der Unaufrichtigkeit in ihren unsensiblen Formen und durch, von einer inneren Not gefütterten, Ausdrucksweisen, die sich selbst und den Schmerz nicht aufrichtig zu bewältigen suchen, sondern die ihn ventilhaft zu inszenieren suchen. Zuweilen ist darin nicht nur Gehässigkeit zu verspüren, sondern auch Hilflosigkeit und damit auch tatsächlich jenes Täter-Denken der Tragödie der Unaufrichtigkeit, die in dieser Unaufrichtigkeit auch noch einen Triumph verspürt, weil die Gehässigkeit einer Not entspringt, die ihre eigene Hilflosigkeit nicht akzeptiert und daher zum Gefühl des Triumphs greifen muss. Wohl gemerkt: Es sind die Inszenierungen selbst, die auf die Autoren hinweisen, die sich hierbei in der Tragödie der Unaufrichtigkeit verfangen zeigen und die aus ihrer inneren Not und ihrem Verfangen-Sein, aus eigenen, persönlichen und biographischen Tragödien, ein Muster für das Publikum bereit stellen, an denen abgelesen und verspürt werden kann, welch' ventilhafte Tragik hier sich manchmal als Kultur inszeniert.

Doch in Wirklichkeit leiden diese Menschen noch an sich selber, bringen die Tragödie der Unaufrichtigkeit mit ihrer Handschrift auf die Bühnen und die Kinos der Welt (der derbe Trotz und die eitle Intrige, die Suche nach Macht und Geld, den Kampf und die Demütigung, den Betrug und die Verletzung, die Verdrehung und Verzerrung, die Neuinszenierung und die Wiederholung) zum Zwecke, die eigene innere Unaufrichtigkeit nicht anschauen zu müssen und anderen, den Protagonisten der Stücke, unaufrichtiges Denken und Verhalten zuzuschreiben und in erfundenen Handlungen zu verarbeiten, in denen sie sich selbst zu finden meinen. Dabei wird krude Moral und Pseudo-Moral erzeugt, ein schwarz-weiß-Denken geformt, eine digitale-1-0-Moral gefördert und die gut-böse-Lieder gesungen. Was dabei erreicht wird, ist, der unaufrichtigen Attitüde der Autoren nicht auf die Schliche kommen zu können und obendrein, mit einem künstlerischen Anspruch, den Anschein von Seriosität zu erwecken und sich beim Publikum biederzu empfehlen. Doch dass eine Weiterentwicklung des Menschen nur erreicht werden kann, wenn wir der Unaufrichtigkeit und ihrer Tragödie auf den Grund gehen, bedeutet, dass wir auch der Tragödie in der Kunst und des Films auf den Grund gehen müssen. Dazu in einem weiteren Kapitel mehr.

Die Tragödie der Unaufrichtigkeit ist der tierische Rest, der den Menschen belastet und mit dem er sich gegenseitig belastet, sie hält ihn von der aufrichtigen Betrachtung menschlicher Ethik ab, verhindert auf Vertrauen gegründete Gespräche und unterminiert sachliche Annäherungen an unser aller gemeinsamen Interessen in der Vielfalt unserer Welten zu leben. Die Tragödie der Unaufrichtigkeit muss daher auch von seiner Hybris herunter kommen, bereits frei und unbefangen dem tierischen Reich entwachsen zu sein. Er ist nur auf halbem Wege bereits da angekommen, wo er gerade ist, auf Zwischenstation inmitten der evolutionären Bewegung zwischen den Tieren und den Göttern (Ken Wilber). Denn ihm sind noch frühere Anteile zu eigen, die ihn so sein lassen, wie er ist, die ihn aber davon abhalten so werden zu können, wie es sich die Weisen und Wissenden, die Aufrichtigen der Menschheit, seit ein paar wenigen tausend Jahren vorstellen und wie manche, noch zu seltenen Zeitgenossen, auch heute schon, durch ihr lebendiges Beispiel, der Menschheit friedlich nahelegen.

Wo aber Vertrauen fehlt oder äußerst mangelhaft ausgebildet ist, wo Unzulänglichkeiten für falsch und verwerflich gelten, ohne dass sie differenziert und ins Verständnis gebracht würden, wird die Gewalt wiederum, rasch sich in den Kampf begeben wollen. Die darin verwobene Moral aber, kann nur eine verdorbene Moral und Pseudo-Moral sein, weil sie in erster Linie die eigene Schmerzlichkeit nicht beachtet und sich in die Pose der vermeintlich besseren Position anmaßend über andere setzt und diese zu bekämpfen und zu bestrafen sucht. Wenn dies nicht eine Tragödie ist, die sich selbst inszeniert und nicht schaut und spürt, was an eigener Verwerflichkeit hierbei vorhanden ist, dann ist es mehr sogar ein Verbrechen, das zuweilen benannt werden muss. Denn dazu ist die Tragödie der Unaufrichtigkeit in der Lage. Ein Verbrechen aber, ist eine *doppelte Tragödie*, weil sowohl der Verbrecher, als auch sein Opfer, gebeugt werden – und der Täter bereits unaufrichtig ist, sowie das Opfer dazu werden droht.

Im Verbrechen ist es lediglich die tragische Beugung des unaufrichtigen *Verbrechers*, seine Situation des Selbst-erniedrigt-Sein, die sich weiter gibt. Hier ist keinerlei oder nur mangelhaft ausgebildete Aufrichtigkeit vorhanden, denn diese doppelte Tragödie ist nicht lediglich eine, die an den Unzulänglichkeiten des menschlichen und weltlichen Lebens sich tragisch verirrt und verwirrt, sondern die zuweilen absichtsvoll einem Opfer Pein, Schmach und Schande aufzudrängen sucht oder Schlimmeres. Die Verdrängung eines anderen resultiert aus verdrängter Unaufrichtigkeit der Verbrecher der doppelten Tragödie der Unaufrichtigkeit, die sie inszenieren.

Die einfache Tragödie des Menschen allerdings, ist nicht unbedingt in erster Linie eine, die der Mensch vermeiden könnte, er wird mehr dahinein gezwungen und durch Unvermeidlichkeiten da hinein geführt. Seine Unaufrichtigkeit aber, die darin auch verwoben ist und sein kann, da anzunehmen ist, dass der Mensch, im allgemeinen, noch auf dem Wege zu immer mehr Aufrichtigkeit strebt, diese also erst im Laufe eines Lebens sich entwickeln muss, sucht nicht anderen zu schaden oder diese zu beherrschen und zu unterdrücken.

Die doppelte Tragödie des Verbrechens der Unaufrichtigkeit dagegen, wird darauf hinwirken, einem anderen oder anderen, einem anderen Menschen, einer Gruppe, Minderheit, Ethnie oder einer anderen Nation, einen Schaden zuzufügen. Er ist der wirklichen Tragödie der Unaufrichtigkeit ausgeliefert, denn seine Attitüde der Hartnäckigkeit und Hartherzigkeit, weißt eine gewisse Fixierung auf, die sehr schwer bis gar nicht aufzulösen und zu entspannen ist.

Das Tragische solchen Unterfangens, ist, dass es seinen suizidalen Impuls nach außen verlagert und einem anderen Schaden zuzufügen beabsichtigt, und im Extrem den Tod. Die *projektive Tragödie* klinkt sich hier ein, wie wir in einem der nächsten Kapitel darlegen werden.

Damit wird auf doppelte Weise der Held um sein Leben gebracht, der Verbrecher, der sich in seiner Genugtuung illusionär erhoben meint, hat eine abscheuliche Tat begangen, und sein Heldentum ist keines mehr. Und das Opfer, das als Mensch sein eigener Held ist, wurde vernichtet oder verworfen und beschmutzt.

Gerade die ethische Erkenntnis, dass die Vernichter und Unterdrücker, keine Helden sind, auch wenn sie lange geherrscht haben sollten und zu Ruhm und Ehre gekommen sein sollten, lässt die Tragödie der Unaufrichtigkeit für sie deutlich werden. Dass sie Opfer erzeugt haben, ist deren Schmerz zu schulden, den sie nicht anzuschauen wagten, weil gerade dazu – eine heldenhafte Gesinnung gehört.

Und zu dieser Gesinnung gehört der Sinn der Befreiung, nicht durch Kampf, doch durch Läuterung und Lassen, durch Belassen des aufkommenden Schmerzes der Vergangenheit und Geschichte. Dies ist eine Hindeutung und keine Forderung, auf die andere zu verpflichten wären, sondern eine ganz persönliche Form einer aufrichtigen Gesinnung. Sie entstammt der Freiwilligkeit der Widmung, die sich übend sucht in Aufrichtigkeit zu gründen und den Gründen des Geistes, die einen Kampf inszenieren wollen, lassende Beachtung schenkt – und ihnen damit eher weniger folgen zu müssen in der Lage ist.

Die aufrichtige Gesinnung besitzt mehr Freiheit, als die ventilhafte, innerlich gehorsame Befolgung überbordender Gewaltphantasien der scheiternden Helden der Tragödie der Unaufrichtigkeit, die den Menschen von seiner Freiheit ablenkt und ihn stets tiefer und fester in die Gesinnung der Unaufrichtigkeit zu treiben tendiert und ihn dort, tragisch fixierend und festhaltend, geistig-seelisch erstarrt.

In einem gewissen, kruden, morbiden Sinne, könnte man vom Leben an sich sagen, es sei eine Tragödie, denn es wird am Ende einmal sterben. Aber wer dabei stehen bliebe, hätte sich auf das Ende fokussiert und sähe nicht die Möglichkeiten des vielfältigen Dienstes eines jeden Einzelnen, an den blühenden Landschaften und lebendigen Begegnungen, zu denen wir Menschen auch fähig sind. Die krude Konzentration in der Tragödie der Unaufrichtigkeit ist eine morbide Fixierung und steht in dem Verdacht, wie bereits kurz erwähnt, suizidal das Ende herbei zu sehen, anstatt lebendig das Fest des Lebens zu feiern, die Pflichten zu erfüllen, die freizeitliche Freiheit zu genießen und die eigenen Unzulänglichkeiten nicht unaufrichtig zu verdrängen, sondern sie mutig anzunehmen und es anderen ebenso zuzugestehen nicht vollkommen und nicht perfekt zu sein.

Wo es dann Anlass geben sollte, einen Krieg zu beginnen (die Ur-Tragödie der menschlichen Gesellschaften, die sich nicht annähern können und sich in der Verfolgung und Erlangung des gemeinsamen Ziels, hier schlicht friedlich zu leben, nicht einigen können), wird die Unaufrichtigkeit immer zu finden und zu spüren sein. Denn *jeder Krieg entstammt der Unaufrichtigkeit des Menschen*, und so gut, wie jede Beleidigung entstammt einer Unaufrichtigkeit (auch wenn sie keine Absicht war), denn es fehlte ihr, wahrscheinlich, Feingefühl und Takt, angemessenen Respekt und Zugewandtheit, Besinnung und Achtsamkeit. Der Beleidigte konnte zudem, durch die Interpretation der Worte, Gestik und Handlungen, diese missverstehen und damit *seine* Unaufrichtigkeit nicht zurückhalten, da er offenbar den anderen gerade nicht zu verstehen suchte und seine Gefühlslage dies gerade nicht zu ließ. Was eben auf die Tragödie der Unaufrichtigkeit auch in ihm deutet. Dadurch werden, im Extrem, auch Arten der psychischen Vergewaltigung zu erkennen sein, die sich im vergangenen Vorfeld des biographischen Werden der Personen ereignet haben können. Der Körper-Geist des Menschen speichert die Tragödien der Unaufrichtigkeit ab und lässt sie in der Seele schwelen. Je nach Intensität sind deren Langzeitwirkungen als deutliche Verbiegungen des Charakters und der Gefühle der Menschen zu erkennen und zu verspüren.

Wer sich also beleidigt fühlt, wird nicht in jedem Falle authentisch und absichtsvoll beleidigt worden sein, er kann auch eine Bedeutung in die Worte oder die Handlungen anderer hinein gelesen haben, die nicht beabsichtigt war oder an dem augenblicklich transportierten Gefühl, das bei ihm erscheint, seine Probleme damit zeigen. In jedem Falle speist sich zuweilen aus der Tragödie der Unaufrichtigkeit ein fehlinterpretiertes Verhalten, das für Irritation und Streit sorgen wird.

Jene Unaufrichtigkeit also, die gar nicht erst Gespräche dafür sucht, keine Erklärungen, Vermittlung oder Entschuldigungen abwartet, neigt mehr zu der vorgenannten doppelten Tragödie des Verbrechens, weil sie aus einem Mangel an Geduld und Ruhe, sich jetzt sucht zu befriedigen und den augenblicklichen Kampf, der für ihn entstanden ist, zu gewinnen. Deren körperliche Abstinenz und daher geistige Unzufriedenheit, inspiriert die Tragödien der Unaufrichtigkeit, die aus der Leugnung der natürlichen Bewegungen und Unterdrückung der lebendigen Regungen, resultiert. Solche Abstinenz zettelt daher die genannten Kriege an, nimmt sich mehr das Recht in die Hand, um es zu verdrehen, zu verzerren und zu verderben, anstatt es zu beachten und die Würde anderer geachtet zu lassen. Abstinenz und Verdrängung, die unaufrichtigen Zwänge und Selbstkasteiungen, die vergeblich gut gemeinten Forderungen, zeugen gerade jenes Unwohlsein, dass sie eigentlich vermeiden wollten. Innere Unruhe, geistige Unzufriedenheit, bedrängend empfundener Überlebensdruck – das alles resultiert aus der Tragödie der Unaufrichtigkeit, die das Natürliche meidet und sich von Freude scheidet, die das Vertrauen untergräbt und die Annäherung verbietet.

So erzeugt diese Tragödie der Unaufrichtigkeit eine Spaltung und Trennung, einen über-dichten Raum voll Stress und Sorgen, die in eine Not mündet und den Kampf erzeugt.

Wer ihn nicht haben will, muss den Raum weiten und die Sorgen lassen oder die Verdichtung des Raumes durchlichten und durchleuchten, damit der Raum sich weiten und der Stress sich entlasten kann.

Dabei sind gleichsam Regeln genauso hilfreich, wie sie in gewissen Stadien der Entwicklung und des Werdens auch hinderlich sein können. Denn Freiheit und Erfüllung, Zufriedenheit und Frieden, sind nicht durch mechanistisches Denken zu erlangen. Alle Regeln fundamentieren ein mechanistisches, starres System, an das der Mensch sich halten solle. Aber alle Tragödie ist ein Resultat der mechanistisch fixierten Erstarrung von widerständigem Schmerz in verdrängten Bereichen des körper-geistigen Gemüts- und Gefühlswesens von uns Menschen.

Wer sich in Aufrichtigkeit übt, wird eher der Tragödie entgehen, sich selbst als Held opfern zu müssen oder andere absichtsvoll und strategisch opfern zu wollen. Doch wird er weniger verhindern können, der doppelten Tragödie des Verbrechens und der Ungerechtigkeit anheim zu fallen. Dennoch kann er sich in der Regel üben, aufrichtig sich den Unzulänglichkeiten des Eigenen zu stellen und die Unzulänglichkeiten anderer im Lichte der Aufrichtigkeit zu beschauen.

Wer übt, macht Fehler, und wer immer wieder von vorne beginnen kann, der vergisst auch bald die Fehler anderer. Wer nicht übt, wird zum Kampf tendieren, und das sind seine beiden einzigen Fehler. Die Tragödie der Unaufrichtigkeit ist resistent gegenüber Weisungen vermeintlich besseren Wissens und Erfahrung, denn die Unaufrichtigkeit versichert pseudo-aufrichtig, es besser zu wissen. Da diese Unaufrichtigkeit daher selbstbewusst erscheinen kann, ist es im Alltag und der medialen Präsenz schwer, sie zu erkennen und zu verspüren. Dass die Unaufrichtigkeit dem Menschen immer wieder begegnet, wird sich demjenigen zeigen, der schon etwas an seiner eigenen Unaufrichtigkeit verstanden und befreit hat und daher seine Aufrichtigkeit bereits ein wenig tragfähig entwickeln konnte.

Wer also die Tragödie der Unaufrichtigkeit vermeiden will, hat durch Übung die Möglichkeit dazu, stetig frisch und neu zu beginnen, sodass die Lasten der Vergangenheit und Geschichte, ihn weniger dazu nötigen, den Fehler des dauernden Krieges, der daraus resultiert, zu begehen, jenen Krieg, der als Folge der Tragödie der Unaufrichtigkeit ein Außen gefunden hat und sich im Außen damit tragisch mehr und mehr verliert. Wenn aber die Lasten der Vergangenheit und Geschichte ihn weniger dazu nötigen könnten, den Fehler der reflexartigen Beugung und Unaufrichtigkeit zu begehen, könnte durch solche Übung stetig sich mehr Raum und Freiheit erwirken. Das ist zu prüfen und zu üben.

Damit wäre der Tragödie der Unaufrichtigkeit etwas die Unvermeidlichkeit genommen und die frohe Entspannung in den geweiteten Raum des feinen Geistes und der warmen Seele, des weichen Herzens und des klaren Denkens, und es könnte eher Zufriedenheit und Vertrauen geschaffen und angenommen werden – anstatt als kalte Verschworenheit inszeniert und als diffuses Misstrauen verspürt zu werden.

Zu der Tragödie der Unaufrichtigkeit gesellt sich daher rasch die Tragödie der Lebensfeindlichkeit, wie schon ein wenig genannt, denn verschworenes, unaufrichtiges Misstrauen wird auch Misstrauen in das Leben besitzen und damit von Argwohn derart zerfressen werden können, dass das Leben selbst zum Feind wird. Das folgende Kapitel widmet sie diesem Thema.

2
DIE TRAGÖDIE
DER LEBENSFEINDLICHKEIT

> »Im Leben sich den Feind erblicken
> und nicht den Freund und den Gefährten,
> wird fürchterlich ins Abseits schicken,
> was schon gehörte zum Bewährten –
> Wer damit fährt und fahren will,
> stirbt eisig kalt am eigenen Drill.«

Die meisten Menschen, auch gerade in den technologisch fortschrittlichen Ländern und Gegenden, sind um das Leben bemüht. Sie streben entlang ihrer Pflichten bei der Arbeit für den Lebensunterhalt und sie betreiben, in den modernen, liberalen Ländern und Gegenden, auch mehr oder weniger erfüllende Freizeitbeschäftigungen, in denen einer Art Kür ihres Lebens stattfinden kann. Wenn sie nicht nur in ihrer Arbeit, in ihrer Familie und in ihren Kindern Erfüllung finden, so finden sie in der großen Auswahlmöglichkeit an Ablenkungen in einer modernen Welt, sicher *irgendetwas*, das ihnen langfristig einigermaßen Stabilität und Sicherheit vermittelt.

Doch die meisten Menschen, überall auf der Welt, ringen um einen tieferen Sinn und fühlen sich in einen Kampf im Leben um das Überleben verstrickt. Sie wurden in das Leben geworfen und müssen schwimmen, ob ihnen das gefällt oder nicht. So ist das Gefühl vieler Menschen, wenn man sie fragt und ihnen zuhört.

Die den Menschen umgebende Natur nun, an der er Anteil

hat, ist größer und stärker als er selbst, und die empfundene Furcht, schon bei einem Gewitter, zum Beispiel, lässt den Menschen diese Stärke und Unberechenbarkeit empfinden, die er zuweilen als Unbarmherzigkeit interpretiert, denn ein Sturm fegt gnadenlos über das Land hinweg und ein Sturzbach oder eine Lawine ebenso. An diesen heftigen Naturerscheinungen spüren die Menschen, dass ihre Behausungen und ihr Leben unmittelbar bedroht sein können und obendrein, durch den äußeren, zeitlichen Verfall, allmählich mürbe und brüchig werden.

Doch andererseits ernähren sich die Menschen aus der Natur, die mit vielfältigen Früchten und Pflanzen, sowie zahlreichen Getreidesorten den Menschen mit notwendiger Nahrung versorgt. Auch wenn der Mensch in den technologisch fortschrittlichen Ländern und Gegenden überwiegend in den Supermarkt gehen kann, um sich Lebensmittel und die Dinge des regelmäßigen Bedarfs zu besorgen, so wissen sie doch (oder sollten es wissen), dass die Nahrung aus der Natur stammt und sie in ihr daher doch einen Freund sehen könnten.

Es scheint den Menschen aber die Natur sowohl Freund als auch Feind gleichermaßen sein zu können, was aber durch eine genaue Betrachtung der menschlichen Beziehung zur Natur nicht konstatiert werden kann. Denn es scheint ein Übermaß an Furcht gegenüber dem Leben vorhanden zu sein, da auch das körperlichgeistige Wesen des Menschen, erkranken kann und sterben. Da der Mensch aber gerne leben und nicht sterben möchte, er aber insgeheim ahnt, dass dies Leben sich nicht um ihn kümmert und das Leben dem Menschen gleichgültig gegenüber zu sein empfunden wird, scheint in vielen Menschen ein Groll auf das Leben vorhanden zu sein, eine Kränkung, die sich ungünstig wiederum auf die Natur selbst auswirkt und den meisten Menschen den Respekt vor der Natur aus der Seele herausdrängt und ihn zu seinen eigenen Werken veranlasst, die unabhängig von der Natur zu werden suchen und daher versuchen, ewig zu sein (wie die Vorstellungen des Ewigen Lebens, der Wiedergeburt und der mathematischen Unendlichkeit zeigen). Das ist aber irgendwie unmöglich, da der Mensch selbst nicht nur Teil der Natur ist, sondern selbst ein ganz eigenes Stück Natur darstellt. Das körperlich-geistige Wesen, das der Mensch bis heute geworden ist, stammt ursprünglich aus einer Ur-Natur und einem Ur-Leben (oder Vor-Leben) und wird heute, stetig neu, aus diesem wiedergeboren.

Dass es lebendige, biologische Mechanismen gibt, die Selbstheilung ermöglichen, stiftet manchen Menschen ein wenig Vertrauen in die eigenen, natürlichen Lebenskräfte. Doch es zeigt sich, dass dies nicht ausreicht, um die grundlegende Furcht vor dem Leben und seinen Gefahren so weit abzumildern, dass sich ein tieferes Vertrauen in das Leben ergibt und damit ein tieferes und grundlegenderes Verständnis des Lebens. Es scheint vielmehr so zu sein, dass eine tief sitzende Lebensfeindlichkeit, die durch Furcht vor dem Leben genährt wird, den Menschen zu tragischen Entscheidungen und Handlungen führt, die dem Leben ein Ende bereiten oder dieses beträchtlich erschweren. Wir können daher von einer *Tragödie der Lebensfeindlichkeit* sprechen, in die der Mensch, mehr oder weniger intensiv und nachhaltig, verstrickt ist.

Da der Mensch täglich erfährt, dass sein Tag angenehmer gelebt werden kann, wenn er sich gesund und sicher fühlt und er gewöhnlich gerne lebt, sucht er Krankheit zu vermeiden und Gesundheit zu erhalten oder wieder herzustellen. Er sucht daher die Leiden zu vermeiden oder zu überwinden, oder, wenn wir genauer schauen, sucht er *nur irgendwie* damit zu leben. Er geht zwar zum Arzt, betreibt vielleicht Sport und meidet meist, sich in Gefahren zu begeben oder von ihnen weg, wenn er sich in der Natur befindet. Aber die letztliche Kontrolle und Sicherheit, die der Mensch gerne über das Leben und die Natur hätte, kann er nicht erreichen.

Und dies erfährt der Mensch als Kränkung seines Anspruchs am Leben bleiben zu wollen; er erfährt es als Anmaßung der Natur und des Lebens, die er kaum akzeptieren kann und zu dem ihm, in den meisten Fällen, auch die Demut dafür noch fehlt oder noch mangelt. Daher auch ergibt sich eine Lebensfeindlichkeit, weil die meisten Menschen sich in einem Zustand der unbewussten, inneren Kränkung befinden, die nicht akzeptieren kann, was Leben und

Natur an Gefahren für das Leben zu bieten haben, die den Menschen vor die Aufgabe und Herausforderung stellen, sich gegen die Natur und das Leben zu schützen zu suchen. Die Anstrengung, die der Mensch dabei aufbringen muss, tut sein Übriges, um es sich mit der Natur und dem Leben zu verscherzen, der Mensch wird unduldsam gegenüber dem Leben und der Natur. Die Nachhaltigkeit dieses ungünstigen Verhältnisses zwischen dem Menschen, einerseits, und der Natur und dem Leben, andererseits, fördert diese Fixierung auf eine feindliche Einstellung gegenüber dem Leben und der Natur.

Was dabei geschieht, ist, eine Verdrängung der empfundenen Kränkung und Demütigung, die solcherart Wahrnehmung und Interpretation der Natur und des Lebens ihm angedeihen lassen. Er verdrängt diesen Groll und diese Furcht in sein körperlich-geistiges Wesen, worin es ein Eigenleben führt und die Tragödie der Lebensfeindlichkeit füttert und inszeniert. Die verdrängten Energien der Furcht und des Grolls aus dieser Kränkung, zeitigen sich als äußeres Bestreben des Menschen sich um so fester an das Leben und die Natur zu klammern, was ihrerseits wieder die Furcht hervorruft, dies alles wieder zu verlieren.

Die Ressourcen der Natur werden ausgebeutet, um sich von der Natur unabhängig zu wähnen, die Wälder werden gerodet, um Ackerland zu bestellen und von dem Holz der Bäume einige Zeit zu leben, Schneisen werden geschlagen und Straßen werden gebaut, um sichere Fahrwege zu errichten, kurz: der Mensch lebt nicht in Einklang mit der Natur und nicht mit einer Rücksicht auf die Natur, sondern rücksichtslos, um sich an der Natur zu bereichern und sich glauben zu machen, er wäre zunehmend sicher vor den Gefahren der Natur. Es bleiben ihm Furcht und die Kränkung übrig, die aus dem Gefühl entstammen, von der Natur und dem Leben nicht beachtet und rücksichtslos von der Natur und dem Leben behandelt zu werden. In gewisser Weise handelt es sich bei der rücksichtslosen Ausbeutung des Menschen, um eine aus dieser Wahrnehmung resultierenden unbewussten Rache an der Natur und dem Leben.

Dass dies auf den Menschen negativ zurück fällt, kann in der Gefahr gesehen werden, wie der Mensch sich selbst – suizidal – und seine eigenen Lebensgrundlagen in Gefahr bringt. Der durch die moderne, technologische Menschheit verursachte Klimawandel, ist das aktuellste und finalistische Szenarium dieser suizidalen Lebensfeindlichkeit und Tragödie des Menschen.

Das Leben ist also dem Menschen nicht immer Freund und das Leben ist dem Menschen nicht immer Feind. Was aber beobachtet werden kann, ist, dass in den meisten Menschen eine gewisse, innere Haltung vorhanden ist, die in Essenz, das Leben als feindlich empfindet. Denn, da wir sie an ihren Taten erkennen können und die Schäden der Moderne und Technologie sichtbar sind an Natur, Klima und Umwelt, kann von einer Tragödie der Lebensfeindlichkeit gesprochen werden. *Vor* der technologischen Zeit, als die Industrialisierung und Massenfertigung der Waren, sowie die Automobile und Flugzeuge, noch nicht vorhanden waren, befand sich dennoch der Mensch schon in einer inneren Bewegung, die sich in der Moderne fortsetzte und ebenso als Tragödie der Lebensfeindlichkeit gesehen werden kann. Es ist also nicht erst in der Moderne, mit ihrer Technik, dazu gekommen, dass der Mensch das Leben und die Natur schädigt und damit sich selbst gefährdet.

Die Kränkung über die Ignoranz der Natur und des Lebens gegenüber den Belangen und Bedürfnissen des Menschen, kam mit zunehmender Bewusstwerdung des menschlichen Geistes und seine zunehmend sich entwickelnden Fähigkeiten für Gesellschaft, Handel, Kultur und Religion. Hier hat die Schaffung einer zweiten Natur, der Kultur, dem Menschen einen Rückzugort ermöglicht, an dem er sich mehr und mehr sicher fühlen konnte und sich zunehmend glauben machen konnte, dass er unabhängig und frei, sicher und gesund, von der Natur und dem Leben, unbehelligt von und sicher vor Krankheit und Not, sein könne.

Aber dies kostete und kostet den Preis der zunehmenden Isolation von seiner lebendigen Quelle, die damit körperlich weniger zu spüren, geistig weniger zu erkennen und seelisch weniger zu schauen ist. Dass dennoch das Leben des Menschen, in den letzten zehntausend Jahren, eine enorme äußerlich-technologische, geistig-wissenschaftliche und philosophisch-religiöse Entwicklung erfahren hat, spricht dem Gesagten nicht entgegen. Die menschliche Entwicklung ist keine monochromatische Entwicklung nur eines Stranges des Fortschrittes. Auf mehreren Ebenen geschahen und geschehen derzeit auch die positiven Entwicklungen und Entfaltungen von Strukturen und Verbundenheit des Menschen miteinander und seinen Sinnfragen.

Aber was ich in diesem Buch zu besprechen suche, ist eine schattenhafte und psychologisch wirksame Dynamik, die zu Tragödien fähig ist und damit zu dem Unheil, das die Menschheit im Grunde nicht haben möchte; die Besprechung der Schatten aber, soll die edlen und höheren Entwicklungen der Menschheit nicht ignorieren und auch nicht kleinreden. Im Gegenteil. Gerade die Besprechung von schattenhaften Dynamiken bedürfen den weiter entwickelten, humanistischen Disziplinen der Weisheit und des Wissens, die in einer Freude am Leben beteiligt sind und mit einer Erkenntniswilligkeit und Fähigkeit nach Sinn suchen. Damit bleibt es nicht aus, die Gegenseite, die lebensfeindlichen Bewegungen, zu betrachten.

Einen aufgeklärten Geist sollte also dies Gesagte nicht verwundern, denn was wir als konfliktreiche und schattenhafte Bewegungen der Menschheit in den letzten Jahrhunderten beobachten können und nahezu durch unsere gesamte, niedergeschriebene und tradierte Geschichte, zeigt deutlich eine gewisse feindselige Haltung dem Leben gegenüber. Denn allein die kriegerische Attitüde der Völker und Nationen, die Menschen gegen Menschen aufhetzen, ist ein Ausdruck der Grundschwingung der Lebensfeindlichkeit. Misstrauen gegenüber Menschen ist es gerade, das uns diese Feindseligkeit brütet und zu einer inneren Haltung führt, die im Leben selbst einen Feind sieht, im anderen, unbekannten und fremden Menschen. Der andere wird zum Feind, weil das Leben selbst als feindselig empfunden wird, und das Bedürfnis zu überleben, ist der Motor dafür.

Dass dies ein Widerspruch (und kein Paradox) des Menschen

ist, wird dadurch klar, wenn wir erkennen, dass es gleichsam eine Bewegung zu überleben geben kann, die das Leben anderer bekämpft, gerade dann, wenn sich das Bewusstsein des Menschen noch nicht derart entwickeln konnte, im anderen, unbekannten und fremden ebenso einen gleichrangigen Menschen wahrzunehmen, der dasselbe Bedürfnis zu leben und zu überleben hat. Dieses unentwickelte Bewusstsein ist nun nicht mit einer Beschuldigung zu versehen oder zu bekämpfen, sondern zu fördern, indem, gemäß einer Aufklärung, vermittelt und besprochen wird, was die Beteiligten verbindet und was sie trennt, also auch, was sie alle mit dem Leben und der Natur gemeinsam haben und was sie alle davon trennt. Der Tragödie der Lebensfeindlichkeit könnte dadurch entgegen gewirkt werden und die Freude am Leben gefördert.

Das Dasein und Leben aber, und besonders in der freien Welt die dafür stehende freie Welt an sich, werden dagegen regelmäßig, geistig und verbal, beschmutzt, durch unflätige Gedanken, vorschnelle Wertungen und ignorante, selbstgerechte Kommentare. Solches Geschehen kann das Leben eben nicht als Freund empfinden, weil immer wieder der Schmerz des täglichen Daseins und die genannte, unbewusste Kränkung, eine Abwehr durch den Körper-Geist des Menschen erfährt und daher diese Art Feindschaft induziert. Die geistige Abwertung von anderen, die empfundene Fremdheit gegenüber ihnen, auch die Unsicherheit von gesuchter Freundschaft selbst, lässt im Menschen ein Gefühl sich festsetzen, das Schmerz speichert und sich reaktiv als Feindseligkeit gegenüber dem Dasein selbst immer wieder ins Außen hinein zeigen kann und das Leben und die Natur daher nicht als Freund empfindet, sondern als Feind. Und es ist die noch vorhandene und sich windende Enge der Herzen, die daraus folgt und daher die Feindschaft gegenüber Mensch und Leben.

Auch die latente Aggressivität ist ein abwehrendes Muster der Verteidigung, die dadurch entsteht, dass die unbewusste Kränkung ins Bewusstsein zu kommen droht und abgewehrt werden muss, weil dies dem Gesetz des Körper-Geistes entspricht. Wenn also in dieser latenten Aggressivität nun gar ein erster Stein geworfen wird oder gar bereits ein Angriff erfolgt ist, wird der Körper-Geist des Menschen näher an diese unbewusste Kränkung heran getrieben, worauf der Mensch sich wehren muss und handeln, um der empfundenen Gefahr beizukommen oder zu entkommen. Die später noch zu besprechende Projektion und ihre Tragödie, lässt auch Unbeteiligte an dieser unbewussten Kränkung und dem damit verbundenen Schmerz leiden, weil der Werfer des ersten Steines den Schmerz selbst, nicht halten oder lindern kann und ihn ausagieren muss, und, da er sich bereits in einem nur reaktiven Fluss der Aggressivität befindet, der sich aus der nicht bewusst werden wollenden Kränkung speist, werden zuweilen, aber nicht immer, Unbeteiligte Opfer dieses Geschehens.

Es ist Not, die sich gegen andere richtet und letztlich grundlegend gegen das Leben an sich. Und es ist ein suizidaler Impuls, der das Leben vernichten will und wird, auch wenn es zunächst das Leben eines anderen betrifft oder die Umwelt und Natur in der wir leben. Dass diese aggressive Suizidalität auf den Menschen zurückreicht und sich im Klimawandel zeigt, ist ein Merkmal der Tragödie der Lebensfeindlichkeit.

Leben also, das sich selbst nicht leiden kann (ein Mensch, der sich selbst nicht leiden kann), wird zum Feind des Lebens anderer, wird zum Feind des Lebens an sich. Daher sind in den Zerstörungen des Menschen durch den Menschen und in den Aggressivitäten der Menschen gegeneinander, die klaren Zeichen zu sehen, dass hier Leiden und Kränkung abgewehrt und doch und gerade doch anderen zugefügt wird. Hier wird Leben abgewehrt und gleichsam anderen erschwert oder verunmöglicht, sie verletzt oder getötet. Leben, das nicht gelebt werden will, gerade wenn es schmerzlich ist, wird zum abgewehrten Leben, es wird sich und andere zu vernichten suchen. Es dennoch leiden zu können und es gerade dann wirklich leiden zu können, buchstäblich und in doppeltem Sinne, würde wahrscheinlich helfen die genannte Kränkung nicht sofort aufzulösen, aber zu verhindern, dass sie sich weiter trägt und hochschaukelt und stetig, jeweils, als Funke zur Flamme und zum Krieg wird.

Welche Beziehung haben also Leben und Leiden? Und wie

kann dieser genannten Kränkung bei gekommen werden, die sich aus der wahrgenommenen Ignoranz des Lebens und der Natur gegenüber dem Menschen ergibt? Wie kann der Mensch der Tragödie der Lebensfeindlichkeit entkommen, wo er doch eigentlich am Leben interessiert ist? Wie kann er sich befreien und heilen von dieser Kränkung, wenn er doch bereits in seiner einsamen Suche nach Sinn, Anerkennung und Bedeutung, einem hilflosen Schmerz ausgesetzt scheint, den er fast und meist noch vergeblich zu lindern sucht? Wie kann er im Leben einen realistischen Partner entdecken, einen natürlichen Gefährten, der ihn mit Nahrung und Sonnenwärme schützt, nährt und am Leben hält und den er genießen kann – und der ihn mit den Gefahren der Natur, der menschlichen Beliebigkeit und des Zufalls bedroht und aus dem er die Demut und Annahme des täglich Unvermeidlichen lernen könnte? Hat er dazu die Kraft und Leidenschaft? Hat er sie schon? Hat er sie noch?

Wer das Leben nicht leiden kann, wird sich selbst nicht leiden können, und er wird andere leiden lassen wollen. Das ist Tragödie. Sie ist gegen das Leben gerichtet, sie richtet Leben und anderer Menschen Leben. Ein solches Leben wird in gewissen gesellschaftlichen Zusammenhängen die Hinrichtung von Leben, von Menschen fordern, wenn nicht die eigentlichen Lebensbewegungen verspürt, erkannt, benannt und verstanden sind. Denn die Verdrängung von Leben sorgt gleichsam für die Unbewusstheit gegenüber Erkenntnis und Verstehen, Verständnis und Klarheit. Die Lebensfeindlichkeit wird unbewusst agieren und die Unbewusstheit am Leben zu halten versuchen. Sie wird daher zu unterdrücken und gesellschaftliche Systeme zu installieren suchen, die andere Menschen unterdrücken, durch die politische Installation eines bestimmten, lebensfeindlichen Menschentypus; sie wird deren Leben zu kontrollieren suchen und zu beherrschen, denn die Lebensfeindlichkeit ist die Grundlage aller Sklavengesellschaften.

Und sie ist noch immer immanent in die äußeren Entwicklungen der Technologien verwoben, denn die Eigenschaft der Äußerlichkeit und Veräußerlichung dieser genannten inneren Kränkung, ist eine Folge der Gesetze des Körper-Geistes, wonach das Innere und das Äußere des Menschen auf bestimmte Weise miteinander verbunden sind und wechselseitig aufeinander wirken. Die innere, unbewusste Kränkung, aufgrund der wahrgenommenen Ignoranz des Lebens und der Welt gegenüber dem einzelnen Menschen, wird sich als äußere, mehr oder weniger bewusste Abscheu und Furcht vor dem Leben, der Welt und vor anderen Menschen zeigen, durch Argwohn, Misstrauen, Widerspruch, Kampf, Gewalt und Krieg.

Aber gerade auch unterdrückende Gesellschaftsstrukturen und Individuen, werden nahezu lückenlos mit lebensfeindlichen Attitüden und Parolen die Massen zu manipulieren suchen und sie gefügig zu halten versuchen. Auch gerade das Thema der Sexualität, das die zeugende Kraft des Lebens selbst ist, wird zu unterdrücken beabsichtigt. Sie wird von diesen unterdrückenden Gesellschaften und Individuen, als schmutzig definiert und empfunden, sie wird reglementiert, in eine kontrollierende Ordnung gezwungen, bestraft bei angeblichen Verstößen, wenn angeblich gegen die so herrschende Moral verstoßen würde, die streng richtungsweisend sei, aber selbst bereits an der Lebensfeindlichkeit leidet und die unterdrückt, anstatt zu befreien oder zu belassen. Sexualität wird durch die lebensfeindliche Attitüde verpönt und beim Versuch einer aufrichtigen, verbalen Annäherung, abschätzig bewertet und bei deutlichen Geständnissen zu dieser Lebendigkeit, daher von diesen Unterdrückern und Lebensfeinden, immer wieder verachtet. Dieser Lebensfeindlichkeit ist regelhaft diese Verachtung deutlich anzumerken, und da es sich um eine Selbstverachtung handelt, die dadurch zum Ausdruck kommt, wird sie mit dem genannten suizidalen Impuls korrelieren, der sich beim Thema und Geschehen der Sexualität als krude und kognitiv nicht durchdrungene und verstandene Verachtung und Selbstverachtung zeigt.

Ein solcher Umgang mit der Sexualität ist daher auch ein Ausdruck der Lebensfeindlichkeit, da sie sich über den Kern des Lebens, die Sexualität, sucht Herrschaft und Macht, Kontrolle und Sicherheit, durch Gewalt und Einschüchterung, zu sichern. Diese Lebensfeindlichkeit sucht daher vergeblich Kontrolle und Sicherheit durch Gewalt und Verachtung, da dies beim Geschehen der Sexualität nicht möglich ist. Denn genauso, wie das äußere Leben der Natur zu groß für den Menschen ist, um kontrolliert und beherrscht werden zu können, so ist es das innere Leben der Natur des Menschen in seiner Sexualität: sie ist zu groß (und zu grundlegend), um kontrolliert und beherrscht werden zu können. Wer es versucht, treibt sich in eine tiefere und sich wiederholende Tragödie der Lebensfeindlichkeit hinein und wird zu einem Verbrecher, der zunächst verpönt, dann diskriminiert und schließlich durch Gewaltanwendung Abhilfe zu schaffen versucht für eine Problemlage, die in seiner Tragödie der Lebensfeindlichkeit zu finden ist und seiner Kränkung am Leben und nicht im Geschehen der Sexualität selbst.

Selbst der Verzicht auf Sexualität in den Klöstern, kann hier und da, bei dem einen oder anderen, zu respektlosem Verhalten gegenüber anderen führen, vor allem auch gegenüber Schutzbefohlenen. Dass Menschen, die auf Sexualität verzichten, nahe an einen Zustand kommen können, indem sie verrückt zu werden drohen (wie mir mal ein Mann erzählte, in jenem 6-Stunden-Telefonat, als wir über Weisheitslehren sprachen und er mir, unter anderem, von dieser, seiner persönlichen Erfahrung berichtete, zu der er den Anschein erweckte, dass es von Reife zeugte und Klugheit auf Sexualität zu verzichten, er aber dennoch frei und offen eingestand, dass „man verrückt werden könne, wenn man nicht aufpasst"), zeigt deutlich, wie grundlegend Sexualität für eine Offenheit dem gesunden Leben gegenüber ist und wie die Verleugnung des Sexuellen den Menschen zu einem suizidalen, verbrecherischen oder verrückt werdenden Menschen macht, ohne schöpferisch gesunde Kraft und lebendige Intuition.

Es handelt sich um eine perfide Denkweise all der Lebensfeinde, die selbst immer wieder am Leben scheitern (aber nicht unbedingt in der beruflichen Entwicklung) und denen es unglücklicherweise nie gelang sich lebendig zu fühlen und zu befreien von jener Kränkung der Ignoranz des Lebens ihnen gegenüber. Sie konnten sich bisher nicht lebendig und frei selbst berühren oder konnten sich bisher nicht lebendig und frei berühren lassen und sich daher bisher nicht wirklich lebendig fühlen. Ihnen ist Sexualität lediglich ein unumgänglicher, notwendiger Akt der Arterhaltung, um das Weiterleben der Familie zu sichern, den Besitz in der Familie weiter bestehen zu lassen, und sie ist ihnen, notgedrungen, ein langweiliger, mechanischer Akt der Pflicht (und kein biologisch-seelischer Akt der Kür und der Zugabe des Lebens), der bei den Lebensfeinden dagegen mit Ekel und Abneigung gegenüber diesem natürlichsten aller Lebensprozesse, begleitet ist.

Die Abwertung und Abwehr des sexuellen Akts, ist für diese Lebensfeinde gleichsam der Nachweis ihrer und anderer tierischen Gesinnung, die das geistig-seelische Geschehen dabei leugnet, reduziert, verpönt und verachtet. Dabei fabulieren sie, wenn sie Gelegenheit finden sich darüber auszulassen, in einer perfiden und abschätzigen Weise als Niederheit und Minderwertigkeit all derer, die ein freieres und offeneres, toleranteres Verhältnis zur Sexualität einnehmen. Doch diese Lebensfeinde ahnen nicht, dass sie von Hass gegen Lebendigkeit und Leben, von Hass gegenüber dem eigenen Selbst und der Welt getrieben sind. Und das ist ihre Tragödie, die Tragödie der Lebensfeindlichkeit, die Tragödie ihrer Selbstverachtung.

Es ist auch immer wieder der gestartete Versuch der Unterdrückung des Menschen dabei im Spiel, sei es die Unterdrückung der Frau in der Ehe und Familie, sei es die Unterdrückung der Frau als sexuelles Wesen mit eigenen Bedürfnissen nach Glück, Zufriedenheit, Erfüllung und Befriedigung. Oder es ist die Unterdrückung, Verdrängung, Bedrängung und Bedrohung der sexuellen Spielarten und Orientierungen. Diese Lebensfeindlichkeit ist schon alt und ebenso in den sogenannten Heiligen Büchern der Weltreligionen verwurzelt und dort zu finden, Homosexualität dort verteufelt und verfolgt, Masturbation dort mit der Ursache für Wahnsinn fabuliert und die Sexualität allein als Funktion der Familiengründung und Kinderzeugung reglementiert und gefordert. Sexualität als Produktionsmittel, um der Lebensfeindlichkeit Nachhaltigkeit zu sichern, Sexualität als produktiver Faktor zur Erhaltung eines „Volkskörpers", um der eigenen Lebenserhaltung und der Lebensfeindlichkeit Nachhaltigkeit zu sichern. Was im Grunde ein Widerspruch ist. Denn *Lebensfeindlichkeit suizidiert sich selbst*, wie bereits gesagt wurde. Lebensfeindlichkeit setzt sich letztlich selbst außer Kraft.

Was im großen Maßstab der Menschheit, das Ende der Menschheit bedeutet, wenn diese Lebensfeindlichkeit zum Ton und Politik angebenden Verhalten und Entscheiden wird. Die Lebensfeindlichkeit ist damit keiner Philosophie der Erhaltung, Bewahrung und Weiterentwicklung angehörig, sondern sie ist den unbewussten Trieben eines suizidalen Impulses gehorchend. Es muss daher vielmehr die echte *Lebendigkeit* (auch in der vertrauensvollen Sexualität) nicht nur entdeckt und gelebt, sondern auch geschützt werden und Sexualität in geschützten Atmosphären möglich sein, ohne Furcht vor Konsequenzen, mit dem Bewusstsein gleichrangiger Begegnungen gesunder Annäherung, Austausch, Genuss und Freiwilligkeit.

Eine in heutiger, aufgeklärter Gesellschaft und Welt gewiss rückständige und veraltete Haltung, ist daher die immer noch vorhandene Unterdrückung und Reglementierung der Sexualität, die jedoch in den Köpfen weit verbreitet ist, denn ängstliche Vorstellungen kursieren wie Gespenster in den unreflektierten und unerfahrenen Geistern der abergläubischen Leute. So wird Aberglaube und Furcht zu einem Motor der Lebensfeindlichkeit, denn das Verbot und die Strafdrohung verhindern eigene Erfahrungen damit. Die Folge sind gesellschaftliche Strukturen, die mehr von Furcht gestaltet wurden, als von eigener Erfahrung. Lebensverneinung herrschen vor und Lebensbejahung wird als verdächtig, schmutzig oder lasterhaft definiert, es wird misstrauisch empfunden, wenn Lebendigkeit sich äußert und abwertend geurteilt, weil Leben und Lebendigkeit überhaupt nicht verstanden werden wollen. Die Tragödie der Lebensfeindlichkeit zieht auch über die religiös sich nennenden Vorstellungen der weltweiten Traditionen in den Geist der Menschen ein, die dadurch um die Chance gebracht werden, echte Lebendigkeit, frei und vertrauensvoll, zu erfahren. Unterdrückung und Unglück sind die Folge und bleiben erhalten.

Die Unterdrückung von Leben, die Verdrängung von Leben und die später sich allmählich einstellende, bloße Bedürftigkeit dafür, ist nicht schon von Geburt an gegeben, obwohl der Prozess der Geburt an sich der erste schmerzliche Kontakt mit dem Leben für das Kind bedeutet. Sondern die Lebensfeindlichkeit wird, neben der genannten Kränkung, auch durch unglückliche und harte Sozialisation, durch kulturelle und religiöse Verbildung und Missbildung, durch den verbalen Zwang einer unterdrückenden Moral und nicht nur durch verbale Gewalt, die immer wieder weiter gegebene Verachtung gegenüber dem Eigenen, dem Anderen, dem Fremden und dem Leben selbst und an sich, weiter gegeben.

So kann kein Leben bejaht werden. So ist hier die Tragödie der Lebensfeindlichkeit zu sehen und zu empfinden, weil der gespeicherte Schmerz und das entsprechende Leid aus den Unterdrückungszusammenhängen, ein enges Korsett spinnen, ein Gefängnis des Empfindens und Missempfindens, das immer weniger Spielraum und Freiheit ermöglicht, sich selbst zu befreien. So werden andere Möglichkeiten entdeckt, um zu Befriedung zu gelangen. Im Falle der Lebensfeindlichkeit, die sich so gut, wie ganz der Unterdrückung widmet, ist die morbide Betätigung des Sadismus oder Masochismus eine Ausdrucksform zu so etwas ähnlichem wie Befriedung zu gelangen. Er ist ein Verformung allerdings, die anderen schadet und zu schaden sucht und suchen muss, um sich selbst in Befriedung zu führen. Doch die Befriedung ist durch Gewalt erwirkt und daher durch einen Widerspruch, der auf die Verdorbenheit der Lebensfeindlichkeit selbst hindeutet. Das alles ist Tragödie.

Die Tragödie der Lebensfeindlichkeit hat auf das verwirklichende Streben in der Gesellschaft einen extrem negativen Einfluss, weil sie meist mit Gewalt gekoppelt ist, die sich auf unterschiedliche Weise, körperlich, psychisch, seelisch, verbal und nonverbal, Veräußerlichung verschafft. Die Tragödie der auf diese Weisen gewalttätigen Lebensfeindlichkeit, unterminiert und bekämpft die Möglichkeiten zur Aufrichtigkeit und pflanzt Unaufrichtigkeit ein, sie misstraut lebendigen Äußerungen und Haltungen, die zu schützen suchen und zu nähren, und sie missdeutet Anschauungen über gut und böse und verdreht und verzerrt ihre Bedeutungen und lässt daher eine differenzierte, rationale Kommunikation gar nicht erst möglich werden. Daher ist sie der dialogischen, vertrauensvollen Kultur, Feind und entgegen gestellt.

Daher ist die Tragödie der Lebensfeindlichkeit ein Feind der gesunden, liberalen Demokratie und eines konstruktiven Austausches und Miteinanders. Die Lebensfeindlichkeit wird diesen, in der Demokratie erwünschten, freien, kommunikativen Austausch, durch eitle Zynismen verbal zu torpedieren versuchen und daher auch wiederum sich selbst die Möglichkeit zu aufrichtiger Erkenntnis und spürbarer Freiheit beschneiden. Was im Grunde daher Ausdruck der Tragödien innerhalb der demokratischen Gesellschaften selbst ist.

Demokratie ist der Versuch, *nicht nur* einer Mehrheit die Möglichkeit zur Gestaltung zu geben, zum Einen. Zum Anderen ist sie das Bestreben, einer Tyrannis und Diktatur entgegen zu wirken, sie zu entmutigen und Räume zu schaffen und bereit zu stellen, in denen der Einzelne, Gruppen, Minderheiten und Leben an sich daher gesund entwickeln können, das heißt friedlich und freiheitlich, selbst-verwirklichend und kooperativ. Die Tragödie der Lebensfeindlichkeit ist der Demokratie entgegen wirkend, weil sie nicht hilft, Leben und Lebendigkeit gesund zu erhalten, sie sucht es zu zerstören und krank zu machen, krank zu halten und wirkt nicht in jene Richtung, die Ärzte zu ihrer Aufgabe und Berufung machen, nämlich das Leben zu erhalten und zu schützen und zu mehr Lebensqualität beizutragen. Demokratie kann sich daher nur in der Lebendigkeit entwickeln, in dem Wunsch, gesund zu sein und zu werden und in dem Bedürfnis, Krankheit heilend und lindernd zu beggenen. Und das hat mindestens zur Voraussetzung, dies alles verstehen, begreifen und benennen zu wollen und zu können, und: sich darum zu bemühen, es zu verstehen, zu begreifen und zu benennen. Demokratie hat hier ihre lebendige Aufgabe.

Die Tragödie der Lebensfeindlichkeit sucht diese Dinge zu unterminieren, zu torpedieren, zu behindern, zu verunmöglichen, in Misskredit zu bringen, anzuschwärzen, zu beschmutzen und in ein anrüchiges Licht zu stellen. Was so ein Ausdruck der Tragödie der Lebensfeindlichkeit des Menschen bedeutet, ist andererseits die Herausforderung für den Anteil der Menschen, die sich mit dem Leben und der Natur schon ein wenig realistisch auseinander gesetzt haben und verspürt und erkannt haben, worin und dass es einen tiefen Grund hat das Leben und die Natur zu schützen und daher den einzelnen Menschen und die Menschheit an sich. Diese Menschen werden Wege gestalten und Philosophien spenden, die dem Leben zugewandt sind und damit ihm Freund sein. Auch wenn Naturkatastrophen das kleine Leben der Menschen zu vernichten suchen, der dem Leben zugewandte Mensch, wird das Leben nicht als Feind empfinden, sondern als Unvermeidlichkeit, die er annehmen, ehren, feiern, schätzen und schützen will und kann.

Die Tragödie der Lebensfeindlichkeit dagegen, wird verschlagen und verwirrend agieren, sie sucht zu irritieren und zu verstören, nutzt den Zynismus und die Empörung als Mittel und Waffe, um Parteilichkeit und Seilschaften zu schmieden, Verschworenheit zu kreieren und dogmatische, schräge, kurzsichtige Meinungen hoffähig und mehrheitsfähig zu propagieren. Das irrationale Denken, die Erfindung von angeblichen Fakten und angeblichem Wissen, sogar das Halbwissen, dass sich den unberechtigten Mantel der Wissenschaftlichkeit anlegt und doch dabei der Wissenschaft die Autorität abspricht und auch als Verschwörungstheorien sich zeigt – dies alles ist Ausdruck der Tragödie der Lebensfeindlichkeit. Und sie will Mehrheiten in einer Demokratie erreichen, durch List, Schliche, Tücke, Lüge und durch Verworrenheiten die Sinne benebeln und die Menschen in die Emotionalität treiben, in den auszuagierenden Impuls (statt in die Ruhe und Stille, die Rationalität und den Frieden zu führen), sodass, dagegen, Verstand und Vernunft untergraben und erschwert und letztlich verunmöglicht werden. Anstatt offene, geistige Räume der Freiheit und Begegnung zu schaffen, wird die Tragödie der Lebensfeindlichkeit geschlossene, ungeistige Räume der Unfreiheit und des Gehorsams schaffen. Wer einen guten gründlichen Blick in die deutsche Geschichte wirft, muss erkennen, zu was die Lebensfeindlichkeit in der Lage ist, welcher impertinenten Nachdrücklichkeit und ausdauernder Beharrlichkeit sie sich bedient, zu welchen kurzfristigen und kurzsichtigen Erfolgen sie fähig ist und welche Unmenschlichkeit damit verwoben ist. Daher ist die Lebensfeindlichkeit des Menschen eine Tragödie.

Die Tragödie der Lebensfeindlichkeit besteht in ihrem Verbrechertum, das sie zu verheimlichen sucht, geflissentlich abstreitet, empört von sich weißt und sich doch immer wieder selbst damit in die Pose der Stärke setzt, die sie aber im Punkte Sachlichkeit und Konstruktivität, Ernsthaftigkeit und Kooperation, nicht besitzt.

Und warum? Der Tragödie der Lebensfeindlichkeit ist ein klares, nüchternes Denken kaum möglich, sie fürchtet sich zu sehr davor das Leben als solches zu erkennen und zu verspüren, welche Wonnen darin warten erfahren werden zu können und welche Freuden damit verbunden sind, die durch und durch gehen. Wenn die Lebensfeindlichkeit denkt und spricht, dann in morbider Weise, nämlich, wie sie anderen schaden könne oder über sie Macht ausüben könne, und sie wird sich im Gefühl der Unterdrückung äußern und dabei Verachtung spinnen – und sie sucht dabei, nicht erkannt zu werden.

Zeigt die Lebensfeindlichkeit sich offen, in der Politik, ist sie mit einer wahrnehmbaren Dreistigkeit verbunden, die es versteht, die Gefühle der Menschen zu verwirren, sie hinters Licht, anstatt davor zu führen. Sie droht mehr, als dass sie erklärte, weil sie sich vor dem Leben fürchtet und es nicht entdecken und erfahren will. Daher kommt sie auch derweil in einer Demokratie nüchtern daher, was man bei ihr zuweilen für Ernsthaftigkeit hält, was aber Abgebrühtheit und Berechnung, Gerissenheit und Verschlagenheit bedeutet. Ihre so gespielte Nüchternheit, ist daher nur eine strategische Variante von psychologischer Berechnung, die als erstes das Übel intendiert, mit Unterstellung aufwartet, das Misstrauen sät und die Verschwörung spinnt. Und das mit einem Gehabe verwoben ist, das durch Worte und Werke transportiert wird, die nicht authentisch, sondern blendend und täuschend agieren, eben weil sie einen lebendigen und gesunden Kontakt zu sich selbst und anderen Menschen nicht entwickeln konnten, weil an ihnen das Leben selbst (ihr Körper, ihr Geist, ihr Herz und ihre Seele), biographisch missbraucht wurden und sich in ihnen diese Tragödie der Lebensfeindlichkeit festgesetzt hatte, sodass sie am Leben selbst Opfer wurden und nun andere Opfer suchen, an denen sie sich rächen können. Eine Tragödie.

Wer lebendig ist und noch nicht allzu sehr infiziert ist von den Schlichen der Lebensfeindlichkeit, der psychologischen Hinterlist und feigen Verschlagenheit, der wird selbst daran arbeiten wollen, diese Lebendigkeit zu leben, sie zu ergründen und zu schützen suchen und den Wert für die Menschheit und das Leben auf diesem Planeten, zu würdigen. Er wird mutig sein wollen und müssen, um der Lebensfeindlichkeit, die häufiger gegenwärtig ist, als dies allgemein bewusst ist, zu widerstehen und nicht einen Pakt mit ihr einzugehen oder von ihr erpresst werden zu können, die ihn korrumpiert und schwächt und vernichten soll. Diesem muss er entgegen wirken. Doch die Tragödie der Lebensfeindlichkeit hält ihn davon ab und macht es ihm deutlich schwer.

Die Tragödie der Lebensfeindlichkeit zeigt sich auch in einem nicht erwartbaren Bereich, in dem Versuch, ein Leben zu entwickeln, das souverän und selbständig ist, denn es macht auch vor dem eigenen Willen und dem Ehrgeiz nicht halt und sucht Macht und Einfluss durch eigene Kraft zu erreichen. Die Diktatoren der Geschichte, sind meist als solche zu erkennen. Aber diese Lebensfeindlichkeit ist abhängig von einem Erfolg *gegen* das Leben, weshalb sie sich selbst letztlich torpediert und langfristig nicht erfolgreich sein kann. Dies gilt für die Entwicklung des individuellen Lebens genauso, wie für das kollektive Leben von Gruppen, Nationen und der Menschheit selbst.

Die Tragödie der Lebensfeindlichkeit ist auch zu sehen, in ihrer Unsachlichkeit, ihrer Irrationalität, ihrer Zerfahrenheit im Denken und Verworrenheit im Fühlen. Das muss auch so sein, weil die Gründe für ihr Werden in psychischer Vergewaltigung liegen, die sie selbst, unbewusst geworden, nun anderen sucht angedeihen zu lassen. Sie wurde Opfer und wird zum Täter. Sie hat den inneren Kontakt mit einem gesunden Kern des Herzens und der Seele verloren, ist gespalten davon und kann daher dem Leben und der Lebendigkeit nichts mehr abgewinnen und wir trotzig zu ihrem Feind. Das ist ein Ausdruck der Tragödie der Lebensfeindlichkeit.

Manche von diesen Diktatoren und Lebensfeinden, wissen erst durch die Gegenwehr und Belehrung eines Demokraten und Lebensfreundes, dass sie Faschisten sind, also Verbrecher. Faschisten sind gewiss Lebensfeinde, doch sie spüren und erkennen das nicht. Und da sie diese Erkenntnis nicht empathisch zulassen können, müssen sie den Demokraten ihrerseits als Verbrecher darstellen. Sie drehen diese Tatsache von sich weg und auf denjenigen hin, der es ihnen spiegelt, sie verderben die Bedeutungen, behindern die Sachlichkeit, vernebeln die Aufrichtigkeit, eben weil sie unsachlich und irrational sind und nicht zu klarem, strukturiertem, ruhigem Denken in der Lage. Das ist auch die Tragödie der Lebensfeindlichkeit, die sich in einem energetisch unruhigen und verkanteten, verschrobenen und verdorbenen Körper-Geist manifestiert.

Sie besteht auch in der wahrgenommenen und verspürten Dreistigkeit ihrer Aussagen und Forderungen, sie begründen nicht ihre Behauptungen, sondern legen es darauf an zu provozieren und zu stichlen, sie suchen sich nicht auf eine Sache zu beziehen, sondern gehen in den persönlichen Verletzungen anderer auf. Die Tragödie der Lebensfeindlichkeit sucht stetig und abwechselnd zu diskreditieren, zu stigmatisieren, nicht zu tolerieren – und nicht nur morbide zu apostrophieren, sondern auch sadistisch zu finalisieren. Eben weil die Tragödie der Lebensfeindlichkeit dem Leben entgegen steht und von einer gesunden und freien Lebendigkeit entfernt ist.

Das ist nicht nur Tragödie, sondern darin ist sie auch zu Verbrechen fähig, und die Lebensfeindlichkeit kennt hier keine Scham und kein Pardon, keine Skrupel und kein schlechtes Gewissen, mehr eine sich selbst erhöhende Genugtuung und einen Täter-Triumph. Geschweige, dass die Lebensfeindlichkeit wüsste oder in der Lage wäre zu begreifen, wie ein anderes Leben als das der Feindseligkeit gegenüber Leben und Lebendigkeit aussehen könnte. Die Faschisten waren und sind hier die historischen und gegenwärtigen

Beispiele für die politische Wirkung der Tragödie der Lebensfeindlichkeit. Zur Tragödie der Lebensfeindlichkeit gehört auch, dass sie das Leben an sich nicht feiern und würdigen kann, denn sie muss das Leben beschmutzen und verachten. Dies ist zu hören, in ihrer analfäkalen Sprache und ist ein Ausdruck ihrer impliziten Attitüde das Leben und andere Menschen zu verdrängen und zu vernichten, aber auch: das Leben und die Menschen zu ignorieren und nur der eigenen Nase zu folgen, rücksichtslos. Daher können sie auch die Umweltbewegung nicht tolerieren oder gutheißen und müssen sie verdrängen und zu vernichten suchen, denn die Lebensfeindlichkeit will den Schmutz erhalten, den sie selbst innerlich für sich empfinden. Sie kann auch nicht zum Besen greifen, nicht zum Wischer und den Schmutz einfach abwaschen. Sie hat, wenn, dann andere, die es für sie erledigen. Doch die geistige Beschmutzung von Würde, Amt und Meinung, lassen sie nicht aus der eigenen, verdorbenen Hand, das übernehmen sie selbst, hierin sind sie wahre Feinde des Lebens, wahre Verachtende und Hasser der Lebendigkeit.

Die Lebensfeinde können das Leben auch daher nicht feiern, weil sie sich mit Menschen (oder Tieren) nicht wirklich anfreunden und freuen können, denn ihr Verhältnis zu anderen Personen und Wesen, ist stets mindestens eines der folgenden drei, entweder *Feindschaft, Ignoranz* oder *Verschworenheit*. Diese drei Möglichkeiten sind der Tragödie der Lebensfeindlichkeit zu eigen. Etwas anderes kennen sie nicht. Interesse und Offenheit sind ihnen kein lebendiger Begriff, dafür aber Argwohn, Misstrauen und Missgunst.

Freundschaft, die den Namen verdient, findet sich bei der Tragödie der Lebensfeindlichkeit nicht in einer wirklich hohen Qualität ethisch reifer Gemeinschaft oder im offenen, freien Austausch. Solche Menschen haben dazu gar nicht das Vermögen, denn dazu müsste die Reichweite ihrer empathischen Möglichkeiten weiter, umfassender, tiefer und entspannter sein. Aber die Tragödie der Lebensfeindlichkeit besteht gerade in der eitlen Enge und hartherzigen Strenge, in der Enge und Strenge des Denkens, Fühlens und Handelns. Sie tendieren dazu, wenn sie nicht im suizidalen Impuls zu

Ende gehen, sich selbst, anderen und dem Leben die Luft zu nehmen, anstatt Räume und Zeiten zu schaffen, in denen das Leben in und um sie herum sich in Frieden entfalten kann und frei atmen. Sie sind stressgeplagt und erzeugen Stress, sie sind karrieregeil und morbide ehrgeizig, sie sind intolerant und dulden keinen Widerspruch, der sie mit anderen Sichten konfrontierte, als ihre eigenen, durch Druck, Enge und Kampf gefütterte Haltungen.

Sie handeln wohl fleißig, aber nur strategisch und gerissen, manipulativ und verletzend. Die Enge ist daher auch nachvollziehbar, denn die Vergangenheit ihres erlittenen Schmerzes ist tief vergraben und eingeschlossen. Und Schmerz besitzt die Eigenschaft den Körper-Geist zu schrumpfen, er zieht ihn zusammen, er lässt ihn kontrahieren, es macht ihn eng. Daher die Enge in allen sinnhaften Bereichen menschlicher Wahrnehmung und Empfindung, die von Gewalt, Unterdrückung, Verletzung und Beherrschung betroffen waren. Daher auch ein Selbstverständnis bei den Lebensfeinden, das rasch auf Krawall gebürstet ist, das aus einem kleinen Reich des Ego eine große Pose der Macht zu inszenieren sucht. Leider also alle Anzeichen der typischen Tragödie des Unmenschlichen, wie die Aufgeklärten dies aus der Historie und Gegenwart kennen.

Die Tragödie der Lebensfeindlichkeit zeigt sich auch noch in einem weiteren Verhältnis. Ihr Verhältnis zu Mut. Solche Attitüde hat wohl Mut in den Krieg zu ziehen und einen Krieg vom Zaun zu brechen und am Leben zu halten. Aber solcher Mut ist mehr einer Frechheit und verbrecherischen Gesinnung geschuldet, als dass es Mut genannt werden könnte oder sollte. Sie ist damit in jener Pose zu Hause, die gerne Helden inszeniert oder Tragödien, die auch Antihelden im Zentrum haben. Dazu gehört nun nicht viel Mut, denn wer sich als Held auf die Leinwand projiziert, bedient damit lediglich seine eigene Bedürftigkeit als Sieger davon gehen zu wollen. Er kennt kein Remis, will keine Niederlage kennen, kein Eingeständnis irgendwelcher lang andauernder Fehler oder verbrecherischer Gesinnung.

Mut wäre es, sich dem Schmerz der vergrabenen, schmerzlichen Vergangenheit zu stellen und diesen katharsisch und affektiv auszuheilen. Aber sein Mangel an Geschichtsbewusstsein, seine Abwehrhaltung gegenüber allem Psychologischen und Philosophischen, seine Ignoranz vor der Zeit und Fehlbarkeit der Zeit und eigenen Persönlichkeit, sein Mangel an Fähigkeit zu Demut, lässt ihn nicht sich selbst verzeihen, weshalb er den ihn lenkenden und leitenden Schmerz als zynische Angriffslust ausagieren muss.

Mut wäre es also, einen Therapeuten aufzusuchen, ein Vertrauen aufzuspüren und die eigene unverschuldete Erbärmlichkeit im Lichte der reinigenden Kraft des Verstehens und der Liebe zu läutern. Die Tragödie der Lebensfeindlichkeit ist dazu nicht oder nur äußerst selten in der Lage, was kein Vorwurf ist. *Aber* die innere Haltung der Lebensfeindlichkeit sucht eben gerade solche Möglichkeiten der Befreiung im Keime zu ersticken, weshalb die Tragödie der Lebensfeindlichkeit zerstörend oder behindernd auf Befreiungsprozesse wirkt, die der Gesellschaft als Ganzes nutzen können.

Die Tragödie der Lebensfeindlichkeit ist also all das, was das gesunde Leben verhindert und behindert, was es zu verringern sucht, was es auszutrocknen intendiert und so das Blühen und die Fruchtziehung gar nicht erst ins Bewusstsein eines Zieles nimmt. Es ist damit auch nicht dem Sinn bewusst, dass gesundes Leben gerade dies intendiert: zu wachsen, zu blühen und Früchte hervorzubringen, die wiederum das Leben am Leben halten sollen. Die Lebensfeindlichkeit ist hier von dieser Sicht, dieser Beobachtung und diesem lebendigen Empfinden getrennt. Was Tragödie für alle ist, die davon betroffen sind, denn sie nehmen und stehlen sich die schöpferischen Chancen für eine konstruktive und kreative Beteiligung am gesamten, vielfältigen und vielschichtigen Lebensprozess.

Die dunkle und morbide Kreativität der Lebensfeindlichkeit, wenn man es denn Kreativität nennen will, ist damit letztlich doch selbst verschuldet und selbst-eingeschränkt auf grau, dunkel, einfältig, abwärtsgerichtet und zielgerichtet, je auf abstruse und absurde Weise. Wer dagegen auf gesunde Lebendigkeit achtet, wird sich hell, bunt, vielfältig, frei, aufwärts gerichtet und im schöpferischen Bereich, nicht so sehr auf ein bestimmtes Ziel fixiert bewegen, sondern die Ziele der Menschen zu *einen* suchen und einen gemeinsamen Rahmen spenden, in dem sie alle erreicht werden können. Das somit als gesund empfundene Leben im Augenblick, ist bereits das Ziel, sagt die Lebensfreude und Zugewandtheit. Und selbst in den ungesunden und kranken Augenblicken, wird die Lebensfreude nicht zur Gewalt greifen oder dazu, andere zu unterdrücken suchen. Das tut die Tragödie der Lebensfeindlichkeit sowohl in funktionierenden Arbeitsverhältnissen, als auch in arbeitsunfähigen Zeiten, sie drängt mit eifrigem Bemühen zum Unheil hinunter.

Die Ziele für ein Morgen haben bereits heute eine Schönheit und Freude, die von Sorge und Enge entfernt sind und keinen Anlass sehen, Gewalt anzuwenden. So die dem Leben zugewandte Haltung. Die Sorge, wenn sie da ist, ist, beim gesunden Leben, eine Verantwortung für andere, und keine Sorge, die sich aus dem Wunsch, Größe und Vermögen zu erzielen, speist. Die Tragödie der Lebensfeindlichkeit aber, ist gerade durch ihre Enge und Strenge in einer Kleinheit verharrend, die nach Größe und Vermögen strebt und streben muss. Doch lebendiges Leben im Augenblick, ist bereits weit und groß, vermögend und reich, sowie körperlich, geistig und seelisch erfüllt und daher gesund. Die Tragödie der Lebensfeindlichkeit dagegen, ist krank am Leben, am geistigen und seelischen Leben verödet und damit tief an sich selbst und der Welt leidend. Was sie sich nicht eingesteht, weil sie sich diesem damit verbundenen Schmerz nicht zu stellen traut und lieber andere beschuldigt oder das Leben schlecht und dunkel redet.

Das Denken der Lebensfeindlichkeit zeigt sich damit auch nicht klug, und wenn es so erscheint, dann nur als gerissen und berechnend. Denn es sieht die eigenen Widersprüche nicht und erzeugt sie dauernd. Zudem ignoriert und bekämpft es Hinweise, die es eines Besseren belehren könnten. Dieses Denken forscht und sucht nicht im Augenblick, sondern verleibt sich ein, was ihm begegnet. Die Lebensfeindlichkeit denkt damit nicht rational, sondern irrational, verworren und verwirrend. Es finden Abwertungen und Diskriminierungen statt und verwirrende, pauschalisierende Verallgemeinerungen. Solches Denken kann an der zuweilen heiteren Unlogik und beliebigen Phantasie entlarvt werden.

Die Lebensfeindlichkeit findet daher auch keinen tragfähigen Sinn im Leben; Sinn ist für die Lebensfeindlichkeit, sich im Leid zu baden, im Selbstmitleid, und in der Gehässigkeit anderen Schaden oder Nachteil angedeihen zu lassen. Sie ist daher auch leicht von Rache erfüllt und von ihr auch langatmig bedrängt. Ihre Kleinheit und Enge sind der Motor und der dynamische Raum der Entstehung ihrer Rache. Ihnen ist das Leben zu eng, ihnen ist ihr Raum zu klein und sie haben keine Zeit. Daher müssen sie expandieren und imperialistisch agieren, und haben doch nie genug Erfüllung im Leben und leben daher andauernd in einem gestressten Unglück.

Lebensfeindlichkeit kann also auch nicht verzeihen und steht somit in der Gefahr, sich an der selbst gewählten Tragödie aufzuhängen, sie ist suizidal und vertritt stark ein Nein zum Leben und gegenüber besseren Argumenten. Sie ist uneinsichtig. Daher ist die Lebensfeindlichkeit auch zu jener Erbarmungslosigkeit fähig, die wir aus der Historie kennen. Sie ist besessen, versessen, fixiert und unfrei und will dies daher auch für ihre Feinde. Die Lebensfeindlichkeit sucht Gedanken anderer gefangen zu nehmen und einzuverleiben, weil sie andere Personen gefangen nehmen möchte und ihnen die Freiheit rauben will. Sie ist dabei immer wieder respektlos und distanzlos, infam und impertinent, gewalttätig und verbrecherisch.

Wobei im Gegensatz dazu, das Denken der Lebendigkeit, vernünftig ist, und wie zu beobachten ist, sachlich und ihm Widersprüche unvermeidlich eher bewusst werden, im Ansinnen, beachtet, besprochen und verstanden zu werden. Die Lebendigkeit beleuchtet das Leben und seine Vielfalt. Die Tragödie der Lebensfeindlichkeit dagegen, verdunkelt die Welt und das Leben und die darin verwobenen menschlichen Beziehungen. Es findet keine Abwägung statt oder klärende Differenzierung. Wer aber im Leben lebendig steht, wird mit der Logik zu streben versuchen und damit der Rationalität und Vernunft Sinn abgewinnen können. Lebendigkeit kann also weiter gehen, reflektieren, was geschehen war und ist und wird in die Lage kommen, irgendwann zu verzeihen, wenn die Zeit gekommen ist, es werden die Schatten und das Dunkel der Vergangenheit beleuchtet werden wollen. Wogegen die Tragödie der Lebensfeindlichkeit dafür sorgt, Schatten und Dunkel nicht nur in die Einsamkeit hinein zu belassen, sondern sie anderen (oder sich selbst) schmerzlich zu erzeugen.

Wer das Leben feiernd und in ihm aufgeschlossen geht, wird eher aus Krisen, Krankheiten und Leiden mit einem Ja zum Leben hervorgehen und zu seinen unvermeidlichen Schicksalsschlägen eine demütige Haltung einnehmen können. Die Lebendigkeit bemüht sich zu Flexibilität und Verständnis und wird stetig Freiheit, nicht nur für sich, zu verwirklichen suchen. Sie sucht Gedanken anderer zu belassen und in der Schwebe, weil sie nicht nur für sich, sondern auch für andere Freiheit und Achtung zu verwirklichen sucht. Sie sucht den Respekt zu wahren, es sei denn, ein Akt der unmittelbaren, akuten Verteidigung ist sich Bahn brechend und auf die unmittelbare und akute Not und Bedrohung verteidigend zu reagieren. Dies kann verschiedene Grade annehmen, wonach sich die Reaktionen bemessen.

Von einem gewissen Standpunkt aus gesehen, ist das Ende des Lebens, keine Tragödie. Dies werden wir in einem weiteren Kapitel noch ausführlicher besprechen. Doch von dem Standpunkt aus, dass wir Gefallen am Leben haben, dass wir Glück erfahren (haben und können) und das Leben uns auch immer wieder Freude bereitet und darin auch gerade unser Motiv besteht, zu leben und weiter zu leben, zeigt sich Leben als wertvoll und schützenswert.

Wo aber eine Lebensfeindlichkeit des Menschen das Leben anderer zu erschweren und zu zerstören sucht, die Natur verschmutzt und auf Jahrtausende radioaktiv verstrahlen kann und bereits in gewissen Gebieten verstrahlt hat (mindestens in Tschernobyl und Fukushima), müssen wir die Tragödie solcher innerer Bewegungen klar erkennen und benennen und deutlich machen, worin der Schutz und Wert von Leben und Lebendigkeit bestehen, und dass dies unsere Grundlage für die Zukunft ist und bleiben muss.

Die Tragödie der Lebensfeindlichkeit kümmert sich kaum um die Zukunft, aber sie lebt gewiss nicht im transzendenten Hier und Jetzt. Sie ist getrieben durch unbewusste, vergrabene und vergangene Energien, die sie nicht anzurühren wagt, und das aus gewissem Grund. Denn sie lebt für die Zerstörung, aus der sie Nutzen zieht, morbide, monetär und psychologisch stabilisierend. Wenn sie nicht zerstören könnte und stetig verletzen und demütigen, würde sie suizidal in sich zusammenstürzen, wenn sie nicht gleichsam emotional abgefangen und beschäftigt werden würde durch ihren nach außen getragenen Kampf. Wo sie sich aber um Zukunft bemüht, dort plant sie Eroberungen, Kriege und neue Märkte, sowie die Rekrutierung von Ressourcen, die Maximierung von Kapital und die Anhäufung von Vermögen.

Die Klarheit der vorangegangenen Gedanken und Analysen im Blick, muss nun deutlich geworden sein, welche Tragödie dies für den einzelnen Menschen und die Menschheit bedeutet und welch Leugnung der Verantwortung für das Gemeinwesen lebensfeindlich strukturierte Menschen verstecken müssen.

Und genau darin liegt der Wert der Vielfalt der Lebendigkeit und der Vielfalt der lebendigen Äußerungen des Menschlichen und ihr Schutz: Verantwortung für Leben, Gemeinschaft, Wahrheit und Gerechtigkeit zu übernehmen und nicht in den Abwärtsstrudel der Lebensfeindlichkeit zu geraten, der diese Verantwortung nicht nur für den Nächsten, sondern auch für sich selbst, mit Füßen tritt und verachtet, da Lebensfeindlichkeit insgeheim sich selbst verachtet. Lebensfeindlichkeit ist damit Selbstverachtung, die sich zunächst zuweilen gar nicht so anhört, denn das Lächeln der Protagonisten kann täuschen. Es macht sich in den Worten und Sinnzusammenhängen deutlich, wenn man genauer fragt und genauer hört oder mit ihnen in eine Gemeinschaft gezwungen ist, die gemeinsam entscheiden muss und der Prozess der Entscheidungsfindung zeigt, wie sie denken und fühlen und wie sie handeln wollen. Hierzu sind die richtigen Fragen zu stellen, und es ist hinzuschauen und hinzuhören, hinein zu spüren in diese verworrenen Gefühlslagen dieser Tragödie der Lebensfeindlichkeit. Doch es ist nicht immer geduldig zuzuhören, weil die Lebensfeindlichen es auch verstehen, durch Worte zu täuschen, zu blenden und zu vernebeln. Es bedarf vielmehr eines klaren Empfindens und Gefühls für das eigene Lebendige und den bewussten und achtsamen Ausdruck von Gedanken und Sinn, Erfahrung und Wert. Im Falle der Tragödie der Lebensfeindlichkeit ist dieses alles noch verworren, blendend und täuschend und durch den spürbaren Ausdruck eines schlechten Gewissens erkennbar, das sich in Furcht und Misstrauen zu verstecken, zu verheimlichen und zu rationalisieren sucht.

Zum Schluss dieses Kapitels sei hier gesagt: Wo wir Neues entdecken wollen und können und das Leben entdecken wollen und können, weil wir Lebendigkeit schätzen, Sexualität nicht schmähen, Toleranz ins Verstehen ihrer Grenzen bringen, Sinngefüge zu ergründen suchen, Fragen stellen und Antworten wägen, werden wir in die Lage kommen, immer weniger der Tragödie der Lebensfeindlichkeit hilflos ausgesetzt zu sein und immer weniger ihr Opfer oder ihr Spielball werden. Weil wir auch auf uns selbst achten müssen und uns selbst vor Lebensfeindlichen schützen müssen. Wir werden so aber in die Lage kommen, selbst Lebendigkeit zu gestalten, die keiner Verschworenheit und Verletzungslust bedarf, sondern sowohl Sachlichkeit, als auch Mitgefühl zum Ausdruck bringt, sowie Respekt vor denen hat, die uns achten – und die keinen Respekt vor denen haben, die auf Kampf und Krieg eingeschworen sind, wie die Menschen der Tragödie der Lebensfeindlichkeit. Und wir werden in Sachen Toleranz begründete Grenzziehungen inspirieren und somit auch der Gerechtigkeit und Freiheit dienen und dem Schutz des Lebens.

Dass wir Menschen denken und erinnern, erkennen und entdecken, heißt auch, dass wir Wissen haben können. Dass dies eine Tragödie sei, ist noch nicht wirklich bekannt, denn unsere fortschreitend sich entwickelnden Wissensgesellschaften und Forschungslandschaften, die so viel Wert auf Wissen legen, statt auf Weisheit (was etwas anderes ist), zeigen eben auch Probleme und Schatten, die in ihrer äußeren Wirkung als eine Tragödie des Wissens bezeichnet werden kann. Im folgenden Kapitel möchte ich etwas darüber anbieten.

3
Die Tragödie des Wissens

*»Und weiß der Mensch mit Sinn zu sprechen,
wird bald er wissend, weise, gut;
doch ohne Wissen wird Verbrechen
uns werden hin zu eitler Glut –
und wer nichts weiß, der narrt zu viel,
wer zu viel weiß, verdirbt das Spiel.«*

Seit fünfhundert Jahren leben wir in einer Welt, die das Wissen entdeckt hat und gefallen daran findet, weil es einen messbaren und spürbaren, sichtbaren Nutzen für alle Menschen zu erbringen scheint. Die Wissenschaft hat sich mit Logik und Mathematik begründet, mit der Beobachtung und Berechnung der Planetenbahnen um die Sonne und mit der Wiederholbarkeit von Experimenten, die Erfahrungen mit der Natur sammelten und Rückschlüsse auf Regelmäßigkeiten ergaben, an denen Orientierung und Technik gelangen. Dabei hat sie eine Regelmäßigkeit in den Bewegungen der Materie zu entdecken versucht, die auch als Wahrheit bezeichnet werden kann, als regelhafte Ordnung und Erkenntnis der Dinge.

Dieser Wahrheit ist daher ein – anderer – höherer Wert zuzugestehen, als dem Glauben an Dinge, Wesen, Götter und dem einen Gott. Denn die Beweisbarkeit dieser Regelmäßigkeiten durch Wiederholbarkeit von außen-orientierten Experimenten, ist im religiösen Glauben noch nicht überzeugend gelungen. Und da die Innerlichkeit des religiösen Glaubens etwas anderes ist, als die Äußerlichkeit der naturwissenschaftlichen Betrachtung, besteht lediglich, aber immerhin, eine Unvereinbarkeit zwischen Religion und Naturwissenschaft, weil die Innerlichkeit etwas anderes ist, als die Äußerlichkeit.

Wo die Äußerlichkeit der naturwissenschaftlichen Beobachtung durch Erkenntnis ein mittels Anschauung mögliches Wissen erzeugt, vermittelt die Innerlichkeit der religiösen Wahrnehmung durch Wahrhaftigkeit eine mittels Meditation und Kontemplation mögliche Weisheit. Es ist nun als Tragödie zu bezeichnen, wenn das Wissen einseitig vor der Weisheit bevorzugt würde, wenn die Äußerlichkeit vor der Innerlichkeit den Vorrang erhielte.

Das Wissen besitzt die Fähigkeiten zu Erkenntnis, die wirklich mit Wahrheit verbunden ist, wie es die Philosophen des griechischen Altertums bereits vor über 2-tausend Jahren versuchten, allerdings ohne die moderne Methode und das Kalkül der heutigen (außen-orientierten) Wissenschaften angewandt und entdeckt zu haben. Erst Kopernikus, Galilei und Newton trugen entscheidend zu deren erstmaligen und weiteren Entdeckungen, Entwicklungen und Anwendungen bei. Gerade auch der Humanismus heute hat eine 2-tausend jährige Vorgeschichte der Innerlichkeit vorzuweisen und zeigt sich in zahlreichen Vertretern der griechischen und römischen Philosophie in Europa.

Die Religionen sind mit ihrem objektiv unbewiesenen und zuweilen objektiv unbeweisbarem Glauben, die, für manche, leidlichen Antagonisten der Naturwissenschaften. Daher verwundert es nicht, dass auch heute noch, nicht nur intellektuelle Kämpfe geführt werden, die motiviert sind von der Frage, was Wahrheit und was die letzte Wahrheit sei. Die heute als Naturwissenschaft bekannte Forschung, kam so allmählich in die kulturelle Welt des Menschen und wurde zunächst von Einzelnen Genies begründet und vertreten. Die Herrschaft des Glaubens der christlich-katholischen Kirche in Europa dagegen, schuf schon früh durch Gewalt und Intoleranz, Gebote und Verbote, eine Atmosphäre der geistigen, äußeren Beherrschung der Menschen und des verbalen Gehorsams, dem sich das Volk zu beugen hatte.

Die *Tragödie des Glaubens* war und ist es, dass die Religionen ihre als Glaubenswahrheiten genannten Prinzipien, lediglich durch geistigen Druck, intellektuelle Überredung, sich wiederholende Einflößung, zeremonielle Liturgie, absolutistische Dogmenpredigt und Unwissendhaltung der breiten ungebildeten Massen, halten konnten. Selbstständiges Denken war nicht erwünscht, Fragen waren nicht erlaubt oder schon als beantwortet gedacht, Wahrheit lag im Glauben, Zufriedenheit und Glück sollte im Gehorsam gefunden werden und Meditation und Kontemplation wurden nicht als Methode der stillen Versenkung regelmäßig praktiziert, da das Wort des Glaubens und moralische Vorschriften den Ton angaben – und noch nicht die Freiheit des Geistes. Das einzige, als verlässlich erachtete Buch, die Bibel im christlichen Einflussbereich, war Richtschnur und Gesetz; was als eine Tragödie bezeichnet werden kann, aus heutiger Sicht eines aufgeklärten und kritischen, ausgewogenen Geistes, der die vielen Bücher der vielen Wissenschaftsdisziplinen kennt.

Aber auch dieser Glaube war Wissen. Denn unter Wissen verstehe ich in diesem Buch nicht lediglich das wissenschaftliche Wissen, sondern auch das Glaubenswissen der Religionen. Damit ist die Tragödie des Glaubens ebenso eine *Tragödie des Wissens*.

Gerade das Lernen und Erinnern von Worten, Satz für Satz, Zusammenhang für Zusammenhang, aus einem einzigen Buch, speichert sich kognitiv ebenso als erinnerliches Wissen ab, um durch Sprache, Gespräch, Rede, Beichte und Predigt, weiter gegeben und gelehrt werden zu können. Interpretationen spielten dabei nur im anfänglichen Christentum eine Rolle, später lag der Kanon des Glaubenswissens fest in den Händen einer Priestergesellschaft, die den geistigen Glaubenston vorgaben, staatliche Macht besaßen (durch Kaiser Theodosius) und diesen Glaubenston Jahr für Jahr, Jahrzehnt für Jahrzehnt und Jahrhundert für Jahrhundert gleich beließen und dafür sorgten, dass er eingehalten wurde.

Die Hoffnung schwang und schwingt auch heute noch dabei mit, zu glauben, dass dadurch stabile, gesellschaftliche Verhältnisse eintreten könnten und die Menschen in Zufriedenheit und Erfüllung und mit Besänftigung ihrer Furcht vor dem Tod leben könnten. Die letzten Fragen wollten damit beantwortet worden sein und der Anspruch auf Einzigartigkeit und Unverwechselbarkeit, brachte eine rigide, harte und strenge Moral ins Leben, deren Befolgung durch Gehorsam den Menschen der jeweiligen Einflusssphären der Religionen angeraten wurde.

Doch es gab Widersprüche, die im 17-ten Jahrhundert erstmals einer kritischen Menge an kritischen Geistern auffiel und diese, in Form von Büchern und Schriften, teilweise auch anonym, veröffentlichten. Die anonymen Veröffentlichungen dieser philosophischen Schriften, deuten auf die weitere Tragödie des Glaubenswissens hin, nämlich, dass der institutionalisierte Glaube, die freie und kritische Meinung nicht achtete, unter Strafe stellte und Verfolgung, Gefängnis und die Todesstrafe damit verbunden hatte. Das ist Tragödie. Das ist die Tragödie eines Wissens, dass sich für absolut wahr und wichtig hält.

Die Wahrheit des Glaubens ist also auch heute noch ein Wissen, das den kognitiven Menschen beansprucht, fordert und fördert, wenn er denn ein kognitives Talent besitzt. Doch das Kalkül des kritischen Denkens wird in den Glaubenswahrheiten der Religionen meist nicht angewandt, sondern die Annahme, Akzeptanz, Hinnahme und Einverleibung gefordert. Kritisches Denken erfordert die Fähigkeit intuitiv Widersprüche und Unvollständigkeiten verspüren zu können, Unmöglichkeiten sehen zu können, die reiner Fiktion und Phantasie entspringen und nicht bewiesen werden können oder noch nicht wirklich in den vorhandenen Texten als Beweis akzeptiert werden können. Gerade diese Intuition basiert auf einer inneren geistigen Lebendigkeit, die auch das *seelische Element* der Intuition fördert und fordert, da es sich beim kritischen Denken um eine tiefere und höhere Entwicklung des Körper-Geistes des Menschen handelt.

Die Wahrheit wird im kritischen Denken wieder verlangen, zur Geltung kommen zu dürfen, jene Wahrheit, die zuvor noch nur geglaubt, angenommen und akzeptiert werden musste. Das individuelle Denken und die geistige Freiheit und Beweglichkeit werden daher durch das kritische Denken gefordert und gefördert, was zuvor einer starren, geistigen Priesterkaste überlassen blieb, die sich gesellschaftliche Freiheit und Vermögen aneignen konnten, weil sie von den Geldern der religiösen Organisation versorgt wurden. Aber sie konnten keine innere, persönliche, kognitive Freiheit erfahren, die sie geistig unabhängig vom Kanon der religiösen Glaubenswahrheiten hätte werden lassen können, sie waren mehr gebunden an diesen Kanon und damit weniger frei und kreativ. In gewissem Sinne ist ein Glaube, dem keine Beweise zugeordnet sind, eine beliebige und sogar willkürliche Ansammlung von Aussagen, die in sich selbst schon zusammen hängen können und mit historischen Überlieferungen, die aber keinen gegründeten Beweis in und mit der Realität besitzen. Die Innerlichkeit beweist sich nicht in der Außenwelt, sondern in einem lebendigen Sinne durch schöpferisches Tätigsein und einen Frieden, der trägt und leitet und zu dem bei Bedarf immer wieder zurückgekehrt werden kann, ohne in die kriegerische Attitüde zu fallen.

Ungeachtet dieser religiösen Glaubenswahrheiten, machte sich vor fünfhundert Jahren keine Weisheit der Innerlichkeit, sondern ein anderes Wissen, auf den Weg, erkannt, begründet, erklärt, angewandt und erweitert zu werden. Es stellte eine neue Form der Erkenntnis und Wahrheit dar, die sich selbst zu immer wieder neuen Erkenntnissen und Wahrheiten brachte. Dieses neue Wissen erforderte, dass das bereits gefundene, alte und bekannte Wissen, nicht nur geglaubt, sondern verstanden sein musste und das obendrein, durch den neuen Prozess der Erkenntnisgewinnung, zu weiterer Erkenntnis und Wahrheit strebte, die mit der beobachtbaren Realität übereinstimmte und daraus und darin seinen Beweis erhielt. Es brachte eine neue Form Gelehrter hervor, die Wissenschaftler, die das Wissen schaffen und sich nicht mit einem Kanon an Glaubenswahrheiten zufrieden gaben, eben weil die angehenden Wissenschaftler in der Außenwelt nach Evidenz und Wahrheit suchten und nicht in der Innenwelt der eigenen Innerlichkeit. Sie konnten dabei nicht auf ein Wissen zurück greifen, sondern mussten auf bestimmte Weise, durch Intuition und Leidenschaft, Vernunft und Glück, Experiment und Methode, neues Wissen finden. Und damit Wahrheit und Erkenntnis, wie sie den griechischen Philosophen, fünfzehnhundert Jahre zuvor, gefallen hätte, obwohl diese den Anfang der Innerlichkeit spendeten und nicht den der Äußerlichkeit.

Neue Methoden mussten erfunden und erprobt werden, mit dem zu neuen Erkenntnissen und Wahrheiten gelangt werden konnte. Die Wissenschaftler kamen über einen intuitiven und damit persönlichen, individuellen Weg der Erkenntnisfindung zu neuem Wissen, dessen Nachvollziehbarkeit anschließend jedem offen stand, der fähig und willens war und heute noch ist, sich damit gründlich und kognitiv auseinander zu setzen. Das neue Wissen, in diesen frühen Tagen der neuen Wissenschaft der Moderne, die Naturwissenschaft heißt, ist also das Resultat eines zunächst einsamen, langatmigen, mitunter schmerzlichen Weges der Erkenntnissuche und Wahrheitsfindung gewesen. Und wird es heute noch sein, ergänzt durch die Gemeinschaft der Wissenschaftler eines Forschungsgebietes. Dieser intuitive Weg war damit aber kein Weg, der aus altem und bekanntem Buchwissen etwas vermeintlich Neues interpretierte, sondern der neue und bisher unbekannte Zusammenhänge und Eigenschaften der objektiven Naturerscheinungen, durch wiederholbare Versuche Regelmäßigkeiten zu finden hoffte und damit mathematisch formulierte Wahrheiten über die äußere Natur, hervorbrachte und erkannte. Dies war etwas völlig Neues und stellte eine fundamentale Wendung in der kognitiven Wahrnehmung und Erkenntnis der Welt und des Kósmos dar. Es *ergänzt* heute die innerliche Orientierung in Gebet, Glaube, Meditation und Kontemplation der Religionen und kann nicht gegen sie ausgespielt werden.

Die Naturwissenschaft entstand zunächst durch Astronomie und durch die Beobachtungen und Erklärungen der Planetenbewegungen und erst später durch Erkenntnisse der Zusammensetzungen und Funktionsweisen der Sterne und Sonnen am Tag- und Nachthimmel. Die Untersuchung der Strukturen der Materie und des Lichts, führten schließlich zum modernen Verständnis der Naturwissenschaften, wie es sich beispiellos seit der Physik der 20-sten Jahrhunderts, durch Einstein, Bohr, Heisenberg, Schrödinger und viele andere ergab. Dass in diesem Zusammenhang auch Physiker eine zeitlang an ihre unbewiesenen Theorien und Hypothesen glauben müssen, wenn sie noch nicht den experimentellen Beweis vorliegen haben, ist nur eine Randnotiz und sagt eher etwas über den Bereich des Unwissens aus, das allmählich erst auf der Suche nach Bestätigung ist.

Der Glaube dieser Wissenschaftler basiert dabei auf zunächst vermutetem und mathematisch formuliertem Wissen, das in der Folge an der Natur geprüft werden soll. Der Glaube der Religionen, ist, in meinem Verständnis, ebenso ein Wissen im allgemeinen, da die Glaubenssätze gewusst, bekannt und erinnert sein müssen, um durch Identifikation damit, einem bestimmten Glauben sich angehörig fühlen zu können, um dort, in einem sozialen Eingebunden-Sein, Sicherheit und Anerkennung zu erfahren. Diese Glaubenssätze werden daher genauso in der Erinnerung des menschlichen Geistes gespeichert, wie das Wissen der (außen-orientierten) Wissenschaften, das seinerseits nicht wirklich auf solchem religiösen Glaubenswissen, sondern auf der Wiederholbarkeit und Überprüfbarkeit seiner Ergebnisse beruht. Dabei macht eine mathematische Theorie Voraussagen für die experimentell im Versuch ermittelten Werte und Zahlen.

Doch dieser erweiterte Gebrauch des Begriffs Wissen, deutet auf gewisse Schattenseiten hin, bis hin zu den Tragödien, die im Folgenden betrachtet werden.

Die *Atombombe* ist zunächst der offensichtlichste Faktor, mit dem naturwissenschaftlichem Wissen und seinen Konsequenzen, eine Tragödie zugeschrieben werden kann. Denn ohne das physikalische Wissen über die Atome und deren Entdeckung in der Natur, wäre eine solche todbringende Waffe niemals möglich gewesen. Die Tragödie des Wissens besteht hier also in der Eigenschaft des Wissens als zerstörender Faktor, als Waffen produzierender und ermöglichender Faktor gesellschaftlicher und politischer Möglichkeiten und Dramen, sowie einer eskalierend zerstörerischen Gefahr.

Zu oft hört sich der Satz, dass Wissenschaft und damit auch Technologie sowohl Vor- als auch Nachteile habe und es das eine nicht ohne das andere gäbe. Und dass es im menschlichen, politischen Ermessen liege und unabhängig von den technologischen Möglichkeiten, welche technologischen Möglichkeiten letztlich verwirklicht werden. Der Drang des Menschen sei ein forschender und suchender und nicht ein Mensch allein oder die Physik allein oder Naturwissenschaft, könne daher zur Verantwortung gezogen werden für die negativen Folgen und existenziellen Bedrohungen, die daraus folgten. Es liege in der Natur des menschlichen Bedürfnisses nach Erkenntnis und Wahrheit zu streben, dass daraus Folgerungen und Anwendungen in die Wirklichkeit drängen, die nicht nur Nutzen brächten, sondern auch Schaden könnten.

Dass nicht nur der angerichtete Schaden oder die Drohung damit, die Tragödie des Wissens zeitigt, sondern auch der Nutzen, ist zunächst nicht einsichtig. Es ist aber der *kurzfristige* und daher *kurzsichtige* Nutzen, der auf lange Sicht einen Schaden anrichten kann, der noch gar nicht im Blick der Möglichkeiten und der Messverfahren und Erfahrungen liegt, der hier zu beachten ist. Denn beim Thema des Klimawandels zeigt sich die Bedrohung als *langfristig* und allmählich bewirkter Effekt, der erst spät – oder vielleicht schon zu spät – als Bedrohung erkannt ist.

Ich meine daher, dass es die *Pilatus-Strategie* der Wissenschaft ist, die sich in Unschuld waschen will, weil sie nicht anders zu können meint, als sie sich selbst in ihrer Forschungstätigkeit zum Ausdruck bringt, wenn sie den kurzsichtigen und kurzfristigen Nutzen hofiert und propagiert, um sich in der Mehrheit der Vorteile vor den wenigen Nachteilen auf der richtigen Seite zu wähnen. Mir scheint diese Argumentation aus einer Resignation und einem Unwissen heraus zu stammen, die das grundlegend Menschliche in diesem Kósmos noch nicht tief genug erfahren hat und zudem sich nicht darum bemüht, es zu entdecken zu suchen. Der Mensch ist nicht nur kognitiver Schöpfer und Entdecker seiner Welt, der Natur und des weiten und tiefen Kósmos; er ist auch empathischer und sozialer Mitschöpfer von Erkenntnis und Wahrheit in der Welt und der Natur. Und er ist, bei allem Wissen, auch immer Unwissender des noch nicht Entdeckten, Erkannten und Erfahrenen.

Wo aber die Institutionalisierung und die Vorteile einer Disziplin (sei es nun, wie hier die naturwissenschaftliche oder, wie zuvor, die religiöse, auf purem Glauben bezogene) zu sehr gefördert und zu hoch gehalten wird, finden pathologische Verwerfungen und Einschränkungen statt, die dem Einzelnen, Beteiligten die Möglichkeit nehmen, allein aufgrund der dann entstandenen, mangelnden Verfügbarkeit von Zeit und der finanziellen Abhängigkeit, sowie dem festgezurrten Dienst an der institutionalisierten Sache, über den Tellerrand zu schauen, um ein größeres und tieferes Bild der Wahrheit und Wahrhaftigkeit der menschlichen Erkenntnissuche zu erlangen.

Die durch die Institutionalisierung eintretende, geringere Freiheit des Einzelnen und Beteiligten, führt, in der Folge, zu diesen Tragödien des Wissens, da die allgemeine Marschrichtung dieser Institutionalisierung eine Blindheit zur Folge hat, die für diese Verwerfungen und Entscheidungen verantwortlich ist, weil diesem Wissen der Raum, die Zeit und die Freiheit fehlen, es besser zu wissen. So wird also das genannte Unwissen nicht nur immanent im Kósmos enthalten sein und noch nicht entdeckt, erkannt und erfahren, sondern auch durch die angesprochene Institutionalisierung und Spezialisierung, durch den Mangel an Zeit, Raum und Gelegenheit, im Unwissen belassen und nicht ins Wissen gehoben. Wo es dann zusätzlich um eine Gefahr und einen Schaden geht, also einen möglichen und noch nicht recht geglaubten, langfristigen Nachteil, dort ist dieser Schaden, aufgrund langanhaltender Versäumnis, vielleicht zu spät erkannt. Was eine Tragödie ist und werden kann.

So ist es, auf der anderen Seite, aber eine bewusste, bekannte und weitere Tragödie des Wissens der Naturwissenschaften, mit der Möglichkeit von katastrophalen Atomunfällen zu rechnen, die ein großes Gebiet der Erdoberfläche für lange Zeit unbewohnbar machen können. Wer dies nicht für eine Tragödie hält, der ist nicht fühlender Mensch. Es besteht also hierin eine Gefahr des Fortschritts, dass er bereits bauliche Strukturen geschaffen hat, von denen existenzielle Gefahren von großer Unordnung ausgehen und er die *langfristigen* Gefahren dabei kleinredet oder ignoriert, um den kurzfristigen und kurzsichtigen Vorteilen zu genügen.

Auch der Atommüll gehört in diese Tragödie des Wissens, denn die Endlagerung des radioaktiv strahlenden Mülls aus diesen Atomanlagen, ist schwer zu finden und unsicher, ob sie Jahrzehntausende die Erdoberfläche vor dieser todbringenden Strahlung schützen können. Auch dies gehört zur Tragödie des Wissens dazu.

Auch die aktuell gewordene Klimaproblematik gehört zur Tragödie des Wissens dazu, wieder aus dem Grund, dass die Veränderung des Klimas und Wetters und damit die existenzielle Bedrohung einer klimatischen Veränderung von nie dagewesenem Ausmaß, eine Gefahr darstellt, die *ohne* die technologischen Entwicklungen (die aus den Wahrheiten und Erkenntnissen der Naturwissenschaft folgten), nicht zum Tragen kommen würde.

Zudem ist die technologisch bedingte Umweltverschmutzung ein weiterer Hinweis auf die Tragödie des Wissens, die durch Naturzerstörung ebenso an der Zerrüttung der Lebensgrundlagen, durch den Menschen auf dieser Erde, arbeitet.

Doch auch auf *psychologischem* Gebiet ereignet sich eine Tragödie des Wissens, nämlich in der Form der gezeugten Eitelkeiten mancher Wissenden (technologisch, wissenschaftlich, religiös), die sich identifikatorisch und selbstbezogen zu viel auf ihr Wissen einzubilden tendieren. Ich möchte mich daher nicht scheuen, auch diese Tragödie zu benennen, denn sie entstammt meiner beobachteten Erfahrung mit manchen, die sich im wissenschaftlichen oder religiösen Umfeld bewegen (oder was man dafür hält). Und gerade eine philosophische Betrachtung kommt nicht umhin das psychologisch Menschliche und noch nicht ganz Menschliche zu benennen, denn es geht dem Philosophen nicht um eine Abwertung oder Entwertung des Menschen, sondern um eine Beschreibung und Analyse des Menschen, zum Zwecke der Korrektur von Fehlern und der Weiterentwicklung und Vervollkommnung von Unvollkommenheiten, also um Wahrheit, Erkenntnis und Selbsterkenntnis.

Damit zeigt das menschliche Wissen, in Form des naturwissenschaftlichen und in Form des Glaubenswissens der Religionen, in jedem Falle von ihrem Beginn vor mehreren hundert und tausenden von Jahren, eine psychologische Wirkung, die gewiss als narzisstische Eigenheit betrachtet werden kann und die zum Ausdruck bringt, dass hier mehr Bedürftigkeit und weniger Bedürfnis das Verhältnis des Menschen zum Wort, zur Sprache und zum fraglichen Wissen offenbart. Dass dadurch kleine und große Tragödien entstehen können, ist jedem ersichtlich, der schon einmal mit solchen Menschen versucht hat ein freies und offenes, dialogisches Gespräch zu führen. Der Wissende neigt dazu, sein Wissen über die Fragen und Antworten eines anderen zu stellen und scheint gar nicht erst an einem gemeinsamen Gespräch interessiert zu sein, sondern mehr an der egoischen Präsentation seines mehr oder weniger begründeten oder geglaubten Wissens. Dass dadurch erst auch politische Verhandlungen an ihre Grenzen kommen und gesellschaftliche Entscheidungen behindert und verhindert oder deren Entscheidungsfindungsprozess zerrüttet wird, ist jedem offensichtlich, der sich offen und aufrichtig die Fragen und Antworten des menschlichen Mit- und Gegeneinanders anschaut und dort seine Erfahrungen macht. Damit sind die Tragödien des Wissens und die Tragödien der narzisstischen Voreingenommenheit miteinander verwoben, da der Mensch auf seinem für richtig und wahr angenommenem Wissen aufsetzt und daraus resultierend sein Wort ergreift. Doch dass eine gewisse Demut gut tun würde, dass gewisse Fragen angebracht und eine gewisse Rücksicht vonnöten seien, geht nicht wenigen nicht wirklich auf.

Die dadurch erscheinende Blindheit der Wissenden, aufgrund egoisch-narzisstischer Eingenommenheit, wird daher die in der Folge vorhandene Möglichkeit für nicht nur wissende, sondern weise Entscheidungen nicht empfänglich sein. Dass daher eine menschliche Weiterentwicklung und Vervollkommnung, sowohl individuell als auch kollektiv erschwert, behindert oder verunmöglicht wird, ist einsichtig, wenn verstanden ist, dass Wissen zwar notwendig und wichtig, aber Weisheit wichtiger als Wissen ist, da Weisheit das anerkannte und neue Wissen nutzt, um daraus, zum Beispiel, ethisch sinnige Zusammenhänge zu spenden und eine Grundlage zu schaffen, die best möglichen Entscheidungen für Mensch, Gesellschaft,

Natur und Klima treffen zu können. Doch die Blindheit des Wissens sorgt nicht nur für eine Hemmung der Weisheit, sondern wirkt auch auf den Wissensfindungsprozess zurück und torpediert auch dort die Weiterentwicklung und Vervollkommnung und die Kraft für Innovationen. Denn das menschlich noch nicht sehr weit entwickelte Individuum, wird sich auf dem Erfolg des Wissens auszuruhen suchen und die Methode und das entsprechende Muster weiter verfolgen wollen. Doch die Eigenheiten des menschlichen Geistes und Wesens, sprechen eben diese Sprache, dass der Mensch sich institutionalisiert zur Ruhe zu setzen sucht und dann Gewohnheiten etabliert, die negativ wirken (wie oben genannt). Dass dies genauer untersucht werden kann, ist offensichtlich. Tatsache ist, dass Wissen, genauso wie Glaube, blind machen kann, denn dies entspricht den erfahrbaren Beobachtungen der Innerlichkeit des menschlichen Wirkens und Denkens. Was wiederum eine Tragödie ist und werden kann.

Eine dadurch induzierte Fixierung des kognitiven Geistes auf das Wissen oder den Glauben, entspricht dabei der egoisch-narzisstischen Selbstverliebtheit des Menschen und stellt eine Tragödie dar, die beachtet, erkannt und untersucht werden sollte. Denn in der Verabsolutierung des Wortes (sei es nun das Wort der Theorie und Praxis der Wissenschaften oder das Wort des religiösen Glaubens), in der vereinnahmenden und identifikatorischen Weise des *Besitzes* von Wissen und Glaube, finden negative Tendenzen statt, die dem Einzelnen und einer Gesellschaft als Schattenseiten nicht recht bewusst sind. Doch die emotionalisierten Reaktionen dieser Schattenseiten vonseiten der Wissenden und Glaubenden, auf Fragen von Sinn, Wert und Geltung, beweisen geradezu die vorhandene Unvollkommenheit und die eitle Selbsttäuschung, mit der menschlich die Beteiligten keine Glanzleistung vollbringen.

Dass dies eine Tragödie ist, die auch auf die Qualität der *Begründungen* für neue Technologien zurückwirkt, ist dem Verständigen ersichtlich. Und dass eine schlechte Begründung eine neue Technologie, in der längeren oder kürzeren Folge, zu einer schlechten Technologie macht, ist einsichtig, denn die Schlechtigkeit wirkt begründet voreingenommen und hat auch gegenüber dem langfristigen Nutzen daher eine schlechte Wirkung und lässt den Nutzen sich zum Schaden wandeln. Wir könnten dies an den genannten Beispielen noch mehr exemplifizieren. Doch soll dies zunächst genügen.

Die somit einhergehende, egoisch-narzisstische Verabsolutierung und Eingenommenheit von Wissen (technisch, wissenschaftlich, religiös), lässt in der Folge das fatale Diktum vom Wissen als Macht erscheinen, meint aber letztlich nur ein Wissen um Macht und Größe als Folge einer äußerlich gewordenen Hybris, die sich nur die kognitive Leistung zu Nutzen macht und den *empathisch menschlichen* und *sozialen* Teil der Fähigkeiten des innerlichen Menschen, außen vor lässt. Aber diese Tendenz zur Macht brütet damit wiederum ihre eigene Blindheit, die zur Tragödie des Wissens beiträgt und zudem die intuitiv menschlichen Eigenschaften, wie Mitgefühl, Einfühlungsvermögen, Menschenkenntnis und soziales Denken zu diskriminieren und zu disqualifizieren sucht. Dies zähle ich ebenso zur Tragödie des Wissens dazu, denn die *kognitiven* Leistungen sind lediglich die augenscheinlichen Möglichkeiten, die gefördert und gefordert wurden, der Mensch aber noch viel mehr ist, als dies, wie eben kurz genannt.

So erscheint in dieser Tragödie des Wissens der Szientismus, der Aberglaube und die Dogmendiktate der Geschichte und Gegenwart, wonach diese Verabsolutierung eine Gegenbewegung zu Aufklärung und Erkenntnis bedeutet und damit der Suche nach Wahrheit, Sinn und Gültigkeit entgegen stehen.

Die Institutionalisierung des Wissens also ist es, das für die Durchseuchung der gesellschaftlichen Strukturen mit nur *äußerlichen*, starren Funktionen und Aufgaben verantwortlich ist. Und die Besetzung dieser Positionen mit charakterlich, psychologisch und ethisch noch ungeeigneten Wissenden, ist der Grund von einer Tragödie des Wissens zu sprechen. Denn wir haben in den Jahrhunderte alten religiösen Institutionen gesehen, wie diskriminierend und schädigend für den Einzelnen und die Gesellschaft diese wirken, sodass wir auch annehmen können und an den Beispielen gezeigt haben, welche schädigende und die gutartige Entwicklung verzögernde Wirkung von den wissenschaftlichen Institutionen und technologischen Anwendungen ausgehen können, besonders mit Blick auf die langfristige Blindheit und stellungsbezogene Eingenommenheit und Parteilichkeit.

Denn es ist eine post-post-moderne Erkenntnis, dass eine kognitive Stärke nicht gleich gesetzt werden kann, mit der Fähigkeit zu menschlich reifer Höhe, geistiger Ausgewogenheit, fairer Differenzierung, seelischer Tiefe, persönlicher Integrität und ethischer Qualität des langfristig und weitblickenden Denkens. Die kurzfristigen und mittelfristigen Interessen überwiegen in solchen Institutionen meist, da der Aufwand für Kostendeckung und die Last der Verantwortung gegenüber Arbeitsplätzen die langfristigen Nachteile der am Wissen orientierten Erforschung der Außenwelt, zu ignorieren tendiert. Eine Tendenz ist zu verzeichnen, die Innerlichkeit auszuschließen und den kurz- und mittelfristigen Nutzen einer am Außen orientierten Leistungserbringung den Vorzug zu geben.

Dass die Lehrpläne an den Universitäten diese ethische Bildung, diese psychologische Bewältigung und diese menschliche Verwirklichung derzeit (2023) nicht leisten können oder wollen, ist nunmehr ein Anlass dies genannt zu haben, in der Hoffnung, dass zukünftig die Menschlichkeit sich nicht auf einzelne Fachgebiete beziehen wird, sondern über alle Fachdisziplinen hinaus gelehrt und praktiziert werden. Dass also Räume geschaffen und Zeiten ermöglicht werden, in denen die Nachwachsenden Generationen ganz anders als heute, mit mehr Freiheit und Möglichkeit sich menschlich zu bilden (und zwar innerlich, sinnlich und nicht nur objektiv, kognitiv), gefördert werden. Es genügt nämlich nicht, in meinem Verständnis von aufgeklärtem Fortschritt, lediglich im Studium Generale einer Universität die philosophischen Schmankerln dem angehenden Wissenschafter und Mathematiker anzubieten, denn er braucht mehr ethisches Feingefühl und Differenzierung und mehr Entwicklung eines intuitiven Kalküls, dass nicht durch freiwillige Zusatzleistung in einem eh schon vollen, dichten und engen Studienplan Platz fände, sondern verpflichtender Bestandteil des Hauptteils darstellen sollte.

Der Phantasie, wie dies auszugestalten wäre, sollte dabei dennoch Grenzen gesetzt werden, denn Menschlichkeit ist nicht beliebig, wie es die Phantasie zu tun pflegt. Hier bedarf es also eines ethisch durchdachten, psychologisch aufgeklärten, empathisch erfahrenen und philosophisch weit geschulten Auges und Herzens, die in Blick nehmen, wie wir als Mensch und Charakter weiter kommen. Und eben nicht nur kognitiv und spezialisiert und nur am Außen orientiert.

Im Folgenden nun die weitere Betrachtung dessen, was die Tragödie des Wissens bedeutet.

Der Kampf zwischen Religion und Naturwissenschaft, der seit 5-hundert Jahren zu verzeichnen ist, brachte zu Beginn Sieger und Verlierer hervor. Die Sieger hatten Gewalt und Drohungen kund getan, Ultimaten und Hausarrest verordnet und Menschen getötet, waren aber lediglich einem statischen Glaubenswissen verpflichtet (und keinem dynamischen Erkenntnisweg). Sie hatten damit ihren Lebensunterhalt, ihren Einfluss und ihre Macht zu verdanken. Dass sie im Grunde nur zu stolz, zu faul und zu selbstsüchtig waren (und die heutigen Protagonisten heute noch sind), um die Erkenntnisse der Individuen (wie Kopernikus und Galilei) persönlich nachvollziehen zu wollen, liegt in der Psychologie der Furcht und Angst des Menschen begründet, was, wie die psychologische Wissenschaft heute weiß, Tendenzen für das Unmenschliche liefert.

Giordano Bruno, Margret Porete und viele andere, wurden auf den Scheiterhaufen bei lebendigem Leibe verbrannt. Weil Genies das bestehende Glaubenswissen der Herrschenden zu Teilen für ungültig und deren Schlussfolgerungen für das handelnde Leben implizit und explizit als falsch und unvollständig entlarvten und als unhaltbar zeichneten, zeigt die Tragödie des Wissens und Glaubens zuteilen deutlich. Denn durch *Furcht* wurde Gewalt die Folge, eine Furcht das Glaubenswissen zu verlieren; die Drohung wurde als lebensbedrohlich empfunden, den Besitz des fraglichen Wissens (des Glaubenswissen, der Glaubenswahrheiten) korrigieren oder verwerfen zu müssen. Und damit die geistige Selbstzufriedenheit und finanzielle Macht, die daraus erwuchsen. Hier auch wieder die institutionalisierte Starre.

Dass solche unbewältigte und belassene Furcht, großen Schaden für eine gute Gesamtentwicklung in Europa und der Welt angerichtet hatte (und heute weltweit immer noch anrichtet), indem es die gute Entwicklung verzögerte (und heute noch verzögert), ist dem aufgeklärten Geist heute mehr und mehr erkennbar. Denn auch eine Verhinderung und Behinderung durch Intoleranz und Einschüchterungen, Drohungen und Strafen, ist ein Schaden. Wer Schaden anrichtet, auch wenn es lediglich in einer Behinderung eines anderen liegt, zeigt seinen eigenen Schaden und seine eigene Behinderung an. Die Wirkung deutet auf das Symptom seines Emittenten. Und das bezeichne ich als Tragödie.

Das katholische Mittelalter kannte zudem eine mächtige Institution, die für die Reinhaltung der Glaubenswahrheiten ins Leben gerufen wurde, die Inquisition. Es kannte daher die Strafe der Verfolgung, sowie die Gefangennahme und Tötung Andersdenkender (denn: wie sollte es anders sein, bei einem Wissen, das falsch und lediglich aus Glaubensvorstellungen und der Einverleibung von Wahrheit als Glaubenswahrheit resultierte und die nicht äußerlich bewiesen werden können). Dies galt all jenen, die nicht widerriefen oder denen man nicht die Möglichkeit dazu einräumte, aus Erbarmungslosigkeit, festgesetzter Rache, falscher Gutgläubigkeit, Engstirnigkeit, aus Furcht selbst betraft zu werden, wenn der herrschende Kanon nicht verteidigt würde, koste es was es wolle, aus Verbrechertum und letztlich aus Unwissenheit. Hier beginnt die Tragödie des vermeintlichen Wissens, das Unwissen ist und glaubt sich irrig mit Gewalt und Mord durchsetzen zu dürfen.

Das ist also die verbrecherisch inszenierte Tragödie eines Glaubenswissens, einer angeblichen Glaubenswahrheit, die sich des dynamischen Erkenntnisweges verweigert, aus eitler Ruhmsucht, manipulierendem Ehrgeiz, eiferndem Machtgelüste, kompromisslosem Herrschaftswille und letztlich aus Furcht und knochentiefer Angst vor dem Tod, den sie doch eigentlich, mit ihrem Glaubenswissen, für überwunden erklärten. Aber eben nur erklärten, ohne den damit verbundenen Frieden erfahren zu haben. Denn hätten sie den Frieden erfahren, wäre daraus etwas anderes gefolgt als die institutionalisierte Gewalt und Unterdrückung, wie es die Geschichte der Inquisition zeigt.

Wissen, auch wenn es lediglich nur Glaubenswissen ist, stellt ein Objekt der Macht dar. Wer etwas weiß, kann es zum eigenen Vorteil nutzen, denn wir Menschen sprechen mit Worten und entscheiden und handeln aufgrund von Bedeutungen, Fragen und Antworten, die es uns gibt. Handeln entscheidet über die Möglichkeit am Leben zu bleiben, gut am Leben zu bleiben, Einkommen zu erzielen, gerecht behandelt zu werden, Besitz zu erkaufen, Einfluss zu erlangen, sich bei Bedarf zu verteidigen und Freiheit zu finden oder zu verteidigen. In gewissen Grenzen. Der angebliche Vorteil für die einen, zeugt die Tragödie für die anderen.

Welches Wissen aber ist wahr? Glauben heißt noch nicht zu wissen, wenn Wissen am Außen orientiert ist und Glauben an einem Innen. Wie wird Wahrheit bewiesen? Der Beweis geschieht durch intersubjektiven, freien und offenen Austausch von solchen, die am selben Faden ziehen und wissen wollen, was sie da ziehen. Und nicht durch Unterdrückung, Verdrängung oder Gewalt. Wie kann klar werden, dass es sich bei einer Aussage, um eine Lüge handelt? Durch wahrhaftiges Eingestehen, dass das damit verwobene Thema noch nicht klar ist und dass noch Fragen offen sind. Durch Aufrichtigkeit und nicht durch das rationalisierte Rechtfertigen von Ungarem und Widersprüchlichem. Nicht durch egoisch-narzisstische Gewalt. Sondern durch empathische, lebendige Erkenntnis und einer Integrität des Menschlichen, die nicht Lüge nötig hat und daher auf Gewalt verzichten wird können.

Es zeigt sich als Indiz einfacher als gedacht, obwohl auch kluge Menschen über die „Logik der Forschung" bereits geschrieben haben und gezeigt haben, worin wissenschaftliche Wahrheit sich ihr Recht nimmt von Wissen, das aus einem Erkenntnisweg stammt, zu sprechen und nicht von Glauben, Glaubenswissen, Glaubenswahrheit oder wahrem Glauben, der lediglich aus einem einzigen Buch rekurriert wird. Denn: Es ist der erbarmungslose Nachdruck und die morbide Nachhaltigkeit der Gewalt und Drohung, die zuweilen konsequent angewendet wird, um eine bestimmte Haltung, ein bestimmtes Wissen und eben den dynamischen Erkenntnisweg, zu erschüttern, zu diskreditieren, zu schwächen und zu zerstören – der uns zeigt, wo die Lüge ist: bei der Gewalt, bei der Drohung, bei der Verfolgung, beim Krankmachen und der Wegsperrung, bei der Tötung. All jene vermeintlich Wissenden, die dies damals und auch heute noch zu intendieren suchen, sind in der Attitüde des starren Glaubenswissens verhaftet und wollen den dynamischen Weg der Erkenntnisfindung zerstören. Dies ist ebenso ein Ausdruck der Tragödie des Wissens, ein Ausdruck der Tragödie des Glaubens.

Die Gewalt, nicht nur die physische, doch besonders auch die verbale und non-verbale, entzieht sich der Sachlichkeit, wie wir dies bereits bei der Tragödie der Lebensfeindlichkeit gesehen haben. Sie wird persönlich, sucht zu verletzen, zu provozieren und zu stichlen. So entlarvt sich, zumindest zunächst moralisch, die Lüge und die Lügner. Sie entlarven sich durch Polarisierung in Schwarzweiß-Denken und durch die Emotionalisierung in Freund-Feind-Bilder. Sie folgen dem Gut-Böse-Denken und können nicht und wollen nicht nachdenken über differenzierte Bilder und Analysen des Menschen. Die Lüge und die Lügner suchen nicht echtes Wissen, authentisches Verstehen und augenblickliche Erkenntnis und sind auch an keiner Erweiterung von Erkenntnis, Wissen und Verstehen interessiert. Sie wollen bewahren, ohne den Wahrheitsgehalt erneut zu prüfen, ohne sich weiter zu entwickeln. Sie wollen nicht gemeinsam ergründen und begründen, sie wollen dozieren und predigen, sie verschmähen und beschmutzen den freien und offenen Dialog und glauben durch bloße Behauptung schon Wahrheit und Erkenntnis genannt zu haben. Daher provozieren sie gerne und suchen dabei bloß zu stellen. Nicht nur im katholischen Mittelalter, sondern noch heute (2023). Wer in die globale Welt hinein zu schauen versteht, wird es erkennen.

Diese nachlässige Unsachlichkeit ihres Charakters, ist ein weiterer Ausdruck der Tragödie des Wissens und Glaubens, und sie will andere in die Tragödie schicken. Ihre Tragödie ist die Folge ihres im

Die Tragödie des Wissens

Denken fixierten Buchwissens, das sich von einem Erkenntnisweg nichts erhofft und sie daher in ihren einmal sich festgesetzten Widersprüchen auch keinen Anlass zur Korrektur, zur Weiterentwicklung oder zum weiteren Nachdenken sehen. Das Glaubenswissen dreht sich nur immer wieder intellektuell geschliffen um die unangetasteten Dogmen, die sie noch nicht einmal zu rechtfertigen suchen, weil sie die Gewalt als Mittel ihrer Macht für legitim erachten. Und diese Tragödie des Wissens kann auch gar nicht die Wahrheit ihres Wissens und Glaubens beweisen. Sie sucht es zunächst durch verbale und nonverbale Gewalt zu etablieren, die sich durch das Abwerten und Aburteilen, sowie krude Gesten, zeigen können.

Die Tragödie des *Glaubenswissen* im religiösen Zusammenhang ist es also, die ihren elitären Protagonisten einen Glauben an Macht nahelegen und sie daher eine unerschütterliche Überzeugung zu haben meinen, die sie so fixiert sein lässt. Diese Protagonisten sind in einem Zwang der Selbstrechtfertigung verstrickt, die immer wieder nur um ihren eigenen Glauben kreist und sich nicht zu öffnen in der Lage sieht, um der Vernunft eine neue Dimension des Wissens hinzuzufügen. Sie verzichten auf Beweise; und wenn Beweise, die sie noch annehmen, ad absurdum geführt werden; weil sie Widersprüche beinhalten, verharren sie weiter auf diesen Beweisen und gestehen dem Gegenbeweis nicht genügend Kraft und Stichhaltigkeit zu, obwohl er das besitzt.

Die Tragödie des *allgemeinen Wissens* des Alltages ist es nun, dass jeder Mensch etwas glauben kann oder auch nicht. Die Tragödie entspinnt sich durch Vorurteile und Unwissen, durch Halbwissen und zu vielem Wissen. Das allgemeine Wissen des Alltags, führt zuweilen zu einer Unsicherheit und zu Tragödien, die in einen Nachbarschaftsstreit münden können und die in Verleumdungsklagen weiter gehen. Bis hin zum Mord der kleinen Leute und zum Krieg des Mobbing.

Und die Tragödie des *spezifischen Wissens* der Wissenschaft, ist es, dass es (noch) nicht jeder verstehen und nachvollziehen kann, weil die geistigen Kapazitäten und kognitiven Bedingungen dafür, nicht bei jedem Menschen vorhanden sein werden. Noch. Doch da der Verdacht besteht, dass die Menschheit sich erst in die höheren Entwicklungsschritte hinein bewegt und gerade erst beginnt dieses spezifische Wissen der Wissenschaften (der außen-orientierten und der innen-orientierten) kennen zu lernen, bleibt noch die große Masse an Unwissenden und Halbwissenden übrig, die noch keinen Anteil an diesem Wissen erlangen können und damit lediglich an manchen gesellschaftlichen Strukturen, die daraus folgen, wie in der Medizin, Anteil haben können. In diesem Sinne ist die Menschheit noch der Tragödie des Unwissens und Halbwissens ausgesetzt, die auch unter der Tragödie des Wissens eingeordnet werden können.

Im Weiteren kann gesagt werden: Mit dem Wissen, wie ich es hier verstehe, kann betrogen werden, können die Menschen hinters Licht geführt werden, anstatt in die Klarheit und in den gutartigen Nutzen. Den Menschen kann daher willentlich und wissentlich geschadet werden, obwohl sie unschuldig sind. Und dies geschah und geschieht relativ häufig und schon seit langer Zeit. Menschen können mit bestem Wissen und Gewissen betrügen und Schaden anrichten, andere unterdrücken und versklaven, Massen heimtückisch manipulieren und in den kollektiven Untergang schicken. Und diesen Genozid als Erlösungswerk anpreisen. Gerade, weil die Tragödie des Wissens noch nicht erkannt ist, können gesamtgesellschaftliche Entscheidungen getroffen werden, die (langfristig) der Menschheit schaden.

In der Tragödie des Glaubens wurden und werden Menschen unwissend gehalten und mit dem Glaubenswissen und den Glaubenswahrheiten versorgt und manipuliert. In der Tragödie des Wissens wurden und werden Menschen von einer wissenschaftlich-technologischen Marschroute zu überzeugen versucht und ihnen die Vorteile vor die Nase und das geistige Auge gehalten. Aber entweder sind die Nachteile noch nicht bekannt, weil sie erst langfristig sichtbar werden können (wie der Klimawandel). Oder sie werden klein geredet, verharmlost und ihre Vertreter diskreditiert und diskriminiert. Auch in einer liberalen Demokratie. Das ist ein Ausdruck der Tragödie des Wissens und Glaubens, wie ich es hier verstanden sehe. Denn gerade die *Einseitigkeit* des Wissens, das auf ein Außen bezogen ist, brütet die Tendenz die Innerlichkeit zu diskreditieren und zu verachten. Eine Tragödie also des am Außen orientierten Wissens.

Wir können damit auch mindestens drei Arten von Wegen erkennen: 1. den *Erkenntnisweg*, der mühsam ist und vernünftigen Mut bedarf, er wird durch moralisch-ethische Charakterstärke und eine gutartige, integre Persönlichkeit erwirkt; 2. den *Wissensweg*, der leichter zu gehen ist und der Ausdauer bedarf, er wird durch die ausgereifte Erinnerungsfähigkeit und geschulte Denkfähigkeit ermöglicht; 3. den *Glaubensweg*, der noch einfacher zu gehen ist, der durch lethargische Bequemlichkeit und geistige Einfachheit befördert wird.

Bei allen drei Wegen wird, aufsteigend vom Erkenntnisweg über den Wissensweg zum Glaubensweg, die Furcht vor dem Tod (oder vor der Absonderung vom Gemeinwesen) in Seele und Herz zunehmen und stetig stärker dazu beitragen, sich an Worte, Wissen und Erkenntnis zu klammern.

Ein *Erkenntnisweg* wird weniger an Worten, Wissen und Erkenntnis verhaftet sein, wobei das Haften am Wenigsten bei den Worten sein wird und danach aufsteigen wird zur Erkenntnis des Augenblicks. Auf diesem Weg wird der Mensch vielmehr ersuchen, Erkenntnis von Augenblick zu Augenblick, allein oder im intersubjektiven Dialog mit Freunden und Gleichgesinnten, aber auch mit anderen, zu erwirken und zu erlangen. Die *Entfaltung von Erkenntnis im Augenblick*, ist das Wesentliche beim Erkenntnisweg. Er ist am wenigsten in einer Tragödie des Wissens verhaftet. Der Erkenntnisweg ist der freieste Weg im Zusammenhang mit der Tragödie des Wissens. Aber er ist, nachdem, wie unsere geistig-seelische Evolution bisher fortgeschritten ist, auch der derzeit noch einsamste und schwierigste, aber interessanteste Weg kognitiv-seelischer Bewältigung von Sinnfindung und Deutung unserer geistig-seelisch aufkommenden Fragen und Herz berührten Intuition. Der Erkenntnisweg ist der Weg der Forschung und der Entdeckung von Neuem, für alle und in allen vorhandenen Welten (außen-orientierten und innen-orientierten).

Ein *Wissensweg* wird sich weniger an Worte und mehr an Wissen klammern und Erkenntnis noch mit Wissen verwechseln. Es wird seine Erinnerungsfähigkeit nutzen und ersuchen, stetig, für sich selbst, neues Wissens anzusammeln, in dem Glauben, er könne damit etwas finden, das andere noch nicht gefunden haben, um sie zu lehren. Aber was ein Wissensweg findet, ist bereits der globalen Menschheit bekannt und steht in Büchern oder im Internet. Der Wissensweg ist ein gewöhnlicher *Lehrerweg, der das Bekannte lehrt und vermittelt*. Das Wissen kann daher nachgeschlagen werden. Ein guter Lehrer, wird das Wissen aus dem Unwissen heraus oder den vorhandenen Widersprüchen und den aufgeflammten Fragen, entwickeln und den Schülern zur Ansicht zu bringen versuchen. Der Wissensweg ist ein Weg der Vermittlung von Bestehendem und bereits Bekanntem, das falsifiziert und verifiziert, das widerlegt und bestätigt, werden kann und wurde. Daher wird der Wissensweg und Lehrerweg auch die Methoden erklären, die Wissen erst zu echtem Wissen machen und das Glaubenswissen überwindet, das seinerseits auf Beweise und Methoden zu ihrer Prüfung verzichtet.

Ein *Glaubensweg* wird daher sich am stärksten an Worte und Sätze klammern, das es mit echtem Wissen und gewiss Erkenntnis im Augenblick verwechselt. Es hält sehr viel von Worten und Sätzen, die ihm gelegen sind und mit denen es sich identifizieren konnte. Aber eine Prüfung oder Hinterfragung der darin zum Ausdruck kommenden logischen, historischen oder natürlichen Begebenheiten, kommt für ihn nicht in Frage. Deshalb ist hier der Weg auch ein Weg in den sogenannten Aberglauben, der sich an eine Prüfung an der Wirklichkeit nicht hält und fehl geht darin, über die Natur gültige und nachvollziehbare Aussagen zu treffen; sie werden nicht schlüssig, dafür widersprüchlich und unvollständig sein. Die bereits angesprochene *Willkür* dieses Weges lädt *beliebige Interpretationen* und damit Streitigkeiten ein, weshalb auch die zahlreichen Sekten und Gruppierungen im Glaubensbereich der etablierten Weltreligionen so zahlreich und fast uferlos erscheinen. Der Glaubensweg wird für wahr halten, was noch nicht bewiesen ist, daher hält er den

Glauben und die geglaubte Wahrheit vor sich hin, er ist noch von ihr getrennt.

Auch heute noch wird oftmals etwas als Glaube bezeichnet, das doch in Wahrheit und Wirklichkeit Aberglaube ist. Lediglich die lange Tradition und unnachgiebig wiederholten Predigten, lassen den Glauben als Glaubenswahrheit erscheinen, obwohl es doch Aberglaube ist. Was wäre sonst der Unterschied zwischen Glaube und Aberglaube? Beide sind nicht objektiv zu beweisen oder zeigen Widersprüche, an denen nicht gearbeitet wird oder werden will, die vielmehr mit weiteren unbegründeten Ungereimtheiten vernebelnd erläutert werden. Ein Glaube, ein Aberglaube, eine Glaubenswahrheit, ein wahrer Glaube, sind lediglich Worte und Bilder, denen Bedeutungen zukommen, die den Menschen ein wenig in die Entspannung und Hoffnung führen. Was dabei aber erreicht wird, ist eine Abwendung von den tatsächlichen, aktuellen, realen Problemen und Konstellationen, die zu durchdringen wären, wenn Lösungen für gemeinsame Probleme geschaffen werden sollen.

Ein *Glaubensweg* ist daher meist eine Behinderung für die konstruktive Lösung oder das effektive Verstehen tatsächlicher Probleme und Schwierigkeiten. Ein Glaubensweg beendet das freie und offene Nachdenken, verhindert das interessierte Fragen, torpediert die authentische Aufrichtigkeit – und ist damit der eigentlich respektloseste und einfältigste Ausdruck dieser drei Wege. Ein Glaubensweg ist ein Weg der Annahme und Akzeptanz von nicht weiter zu Hinterfragendem, wobei ein Denk- und Frageabbruch, sowie Verbote und Tabus das Fragen und Forschen, Recherchieren und Suchen verhindern sollen. Man hat dies Jahrhundertelang getan und tut es weltweit heute noch. Das ist kein Vorwurf, doch der Ausdruck gründlicher Beobachtung und Wahrnehmung.

In der Moderne des Heute (2023) wird viel von Daten und Informationen gesprochen, einer Unterkategorie von Wissen. Diese Daten und Informationen sind zunächst kein Wissen und zunächst auch kein Ausdruck von Glaube. Sie sind lediglich Wortkonstrukte und Formen aus Buchstaben und Zeichen. Bei Daten und Informationen fehlen die Rahmenideen, in denen sie passen, es fehlen also auch die Fragen, die notwendig wären, um den Daten und Informationen gerecht zu werden und sie einordnen zu können. Die Informationsgesellschaft dieser heutigen Moderne, stellt aber viele differenzierte Fragen und geht in die Details derart gründlich, dass eine grundlegende Fragestellung für den Menschen und seine grundlegenden geistigen und seelischen Bedürfnisse verloren gegangen scheint. So hat auch der Schriftsteller Douglas Adams die 42 erfunden als literarischen Ausdruck einer Antwortfindung auf die technologischen Antworten einer Moderne, die die ursprünglichen und wesentlichen Fragen vergessen zu haben scheint und bei den beliebigen Zahlen stehen bleibt, die so vieles bedeuten können und auch wiederum nichts. Doch da die eigentlichen Fragen vergessen wurden, bedeuten auch die wissenschaftlichen Zahlen nichts weiter, als dass der Mensch in seinen grundlegenden Fragen der Innerlichkeit alleine gelassen wird und ihm die Bedeutung der Zahl nicht bewusst ist, sie aber seinen vorübergehenden Endpunkt bedeuten. Eine Tragödie, wenn er nicht zur Innerlichkeit findet, die ihm einen neuen Kósmos an Bedeutung vermitteln wird. Die Zahl ist nur Quantität, nicht Qualität, nur Menge, nicht Sinn, nur Äußerlichkeit, nicht Innerlichkeit.

Aber diese Daten und Informationen können, wie Wissen behandelt werden und stehen dann dem Glauben oder Unglauben offen und sind ihm und seiner beliebigen Willkür ausgesetzt, eben weil die eigentlichen Fragen vergessen wurden und nicht zu interessieren scheinen. Die Daten und Informationen können damit nicht in die Kategorien der Wahrheit eingeordnet werden, gerade weil die Fragen vergessen wurden. Gerade das ist eine Tragödie, weil so Behauptungen alles Mögliche in die Welt bringen können und Menschen gerne glauben oder nicht glauben, was ihnen irgendwie gelegen oder ungelegen kommt. Wer die Fragen nicht mehr kennt, die zum Wissen passen, driftet in die Beliebigkeit von Glaube und Unglaube und damit in eine undemokratische Willkür, die keine ethisch-moralische Basis mehr hat, auf die sie sich beziehen könnte. Nur die ignorierte Innerlichkeit könnte dem Menschen einen Ausgleich schaffen für die Tendenz der Äußerlichkeit und der Zahl den

Die Tragödie des Wissens

Vortritt zu lassen. Eine Tragödie, wenn diese Einseitigkeit bestehen bliebe.

Wer eine falsche Information streut, kann Schaden anrichten. Das ist Tragödie, die unsere Fähigkeit und Willigkeit an gewisses Wissen zu glauben und Worte ernst zu nehmen oder eben das alles nicht, ausnutzt und damit missbraucht. Die Tragödie des Wissens liegt im stetig möglichen Missbrauch des Wissens (auch der Daten und Informationen) und die damit einhergehende mögliche, verbale und psychische Vergewaltigung, finanzielle Ausbeutung und geistige Unterdrückung und Verdrängung anderer durch dieses angebliche Wissen, dass seine Fragen vergessen hat.

Die Lügen, die dadurch zu Wahrheit mutieren können, fälschlicherweise, sind rein verbale (und damit beliebige, aber unter Umständen zielgerichtete) Ideen und Bilder, Annahmen und Aussagen, die Menschen belasten können oder entlasten, die Menschen beschuldigen können oder entschuldigen, die Menschen verurteilen können oder freisprechen, und so eine verworrene und irrige, verbale Gemengelage entstehen kann, die auch absichtlich herbeigeführt sein kann, weil Schaden angerichtet werden soll. Das ist die Tragödie des Wissens, dass es missbraucht und interpretativ beliebig, aber zielgerichtet, angewandt werden kann. Die Tragödie des so angewandten, angeblichen Wissens, liegt in der Ignoranz, die man diesen Fragen angedeihen lässt, die mit dem eigentlichen Wissen und der wahren Erkenntnis verbunden sind.

Die Diskreditierung der Kultur des Fragens, ist ein Ausdruck der Tragödie des Wissens, weil ein anderes Wissen, das manipulativ eigene, egoisch-narzisstische Interessen verfolgt, mit Macht ausgestattet werden soll, unter Diskreditierung und Diskriminierung gültigen Wissens und authentischer Wissender und Weiser. Und nicht jenes Wissen die Macht behalten soll, die durch Tatsachen, aufgrund der Befragung der Natur und des Bewusstseins durch die (außen-orientierten und innen-orientierten) Wissenschaften, gültiges und für alle Menschen und den Kósmos sinnige Antworten liefert. Die Tragödie des Wissens, liegt in der Leugnung wesentlicher Fragen an die Natur und den Menschen und zeugt die Lügen, die es für fälschlich gültiges Wissen anpreist, was es nicht ist. Wir erkennen solche Tendenzen in den egoisch-narzisstischen Charakteren, die an Macht und nicht an Wissen interessiert sind, an einem Klima der Furcht und daher ein Wissen zu installieren suchen, das nicht gültig ist. Die intellektualisierten und pseudo-intellektuellen Verbrecher aller Kulturen fallen hier darunter.

Die Geschichte zeigt uns viele Beispiele über solche Verworrenheiten und Verschwörungen, wo Menschen Schaden zugefügt wurde, weil sie eine Meinung vertraten, die anderen nicht nur ein Dorn im Auge war, sondern eine Gotteslästerung und die höchste Freveltat, die diesem vorstellig war. In solchen Menschen, die recht wenig wissen und das wenige Wissen, das sie zu besitzen meinen, auch noch bis auf die Zähne bewaffnet glauben verteidigen zu müssen, ist große Furcht vor Verlust ihres kleinen Wissens oder Glaubenswissens vorhanden. Es ist sprichwörtlich die nackte Abgründigkeit, die sich in solchen Menschen auftut, wenn andere ihnen mit anderem Wissen Gegenpositionen zeigen, die diese nicht nachvollziehen können. So werden diese sprichwörtlich Kleingeistigen dann zum Mörder und Verfolger, zum Ankläger und Anschwärzenden, zum Beschmutzer und Verleumder, zum Inquisitor und richterlichen Faschisten, zum Mobber und Verbrecher, weil sie nicht in der Lage sind, das andere Wissen, die andere Erkenntnis, anzunehmen und zu prüfen oder zumindest die andere Erfahrung zu lassen und tolerant stehen zu lassen. Sie können nicht tolerieren, haben in ihrem kleinen Wissen daher auch nur eine kleine Toleranzschwelle und bilden sich anmaßend ein, das rechte und einzige Wissen zu besitzen. Diese kleingeistigen Hirngespinste bestehen aus verworrenen Fäden einer irrationalen Spinne des Denkens, die irgendwie und komischerweise nicht zur Vernunft und zu Verstand kommen können. Für manche nur ein Rätsel dann, wenn wir uns überlegen sollten, wie solche Menschen zu einer Wandlung kommen könnten, die die Wahrscheinlichkeit vermindert, dass sie Schaden anrichten, andere geistig unterdrücken, verbal überfallen, kognitiv berauben und Schlimmeres.

Solchen Menschen wird ihr weniges Wissen und ihr kleinkarierter Glaube auch zur Waffe, was in erster Linie deren Tragödie ist und nicht die Tragödie derer, die sie mit dieser Waffe zu schlagen versuchen. Man kann es hören, wie hart sie reden und eng argumentieren, wie kantig sie formulieren, wie provokativ und verletzend sie Fragen stellen, wie sie diskriminieren und diskreditieren, so, als ob sie jede andere Position gleichsam mit ihrer markigen Rede von Beginn an glauben verunmöglichen und enttäuschen zu müssen. Je weniger echtes und gültiges Wissen ein Mensch besitzt, desto kleiner ist sein Raum des Verstehens und Verständnisses, desto kleiner und enger ist sein Toleranzdenken. Wenn solche Menschen an Wissen, Daten und Informationen gelangen, das ihrem selbst gewählten Feind gehören, werden sie dieses nutzen, um gezielt zu schaden und zu schänden. Sie sind daher leicht zu entlarven, denn sie werden wiederum der Sachlichkeit fliehen und erkannt werden daran, dass sie sich die vermeintlichen Schwächen anderer zu Nutze machen, um ihnen zu schaden. Ihre Unfähigkeit andere anzunehmen, macht es ihnen nicht möglich durch Verstehen und Erkenntnis eine weite Toleranz zu leben. Sie müssen verfolgen. Sie müssen demütigen. Sie missbrauchen Daten, Informationen, Wissen und Erkenntnis, um andere hinters Licht zu führen und nicht die grundlegenden Fragen einer gemeinsamen Menschheit zu beleuchten. Sie sind zynisch, aggressiv, ruppig und unduldsam. Sie vergewaltigen andere mit Hilfe von Daten, Informationen, Wissen und Erkenntnis, indem sie Daten, Informationen, Wissen und Erkenntnis verdrehen, verzerren, umdeuten, missachten, um andere zu demütigen und zu schänden. Das ist der deutliche, innere Ausdruck der Tragödie des Wissens. Auch gerade heute noch im Betracht der modernen Kommunikation des Internetzeitalters.

Sokrates, der Weise des alten Griechenlands, den man der Gotteslästerung anklagte und der Verführung der Jugend und ihn von einer Athener Volksvertretung zum Tode durch den Giftbecher verurteilte – er ist das alte und ewige Beispiel über die Willigkeit gewisser Kräfte in jeder menschlichen Gesellschaft, anderen Menschen durch Behauptungen und Verweigerung des Dialogs, anklagend und gewiss verleumdend, schaden zu wollen, ja zerstören und töten zu wollen. Es ist der Ausdruck der Erbärmlichkeit einer gewissen Menge, die noch nicht gelernt hat und noch nicht lernen wollte und konnte, worin echtes Wissen und die Erkenntnis im Augenblick ihren Wert besitzen und wie wir durch Gespräch, Vertrauen und in der Schwebe lassen von unbekannten Dingen und Bedeutungen, uns einander vor uns selbst zu schützen haben. Denn was solche Anklagen und Urteile eben nicht tun, ist, das Wissen auf echtes, gültiges Wissen zu prüfen, und ist, die Erkenntnis sich gemeinsam entfalten zu lassen; sie machen mehr emotionalisierend Stimmung und gehorchen einer Rache und einem inneren morbiden Zwang schaden zu wollen, zum nur eigenen Profit und Nutzen oder aus Selbstgerechtigkeit und kurzem und knappem Denken. Die Furcht sitzt solchen bis in die Knochen. Sie sind offenbar (noch) nicht in der Lage und Willens echtes Erfahrungswissen zu schätzen und zu achten, jenes echte, gültige Wissen, dass kollektiv oder individuell zu guten Diensten war und Erfahrungen mit sich brachte, die nützlich und wohltuend waren und sind, für viele oder alle. Erfahrungswissen ist auch und gerade das wissenschaftliche Wissen, das anhand des Experiments erfährt, ob die Theorie in diesem Aspekt der Frage an die Natur gültig ist und in wie fern und in welchen Grenzen.

Die Tragödie des Wissens ist also auch (dies zeigt die Geschichte und Gegenwart immer wieder), dass sicher nicht nur eine kleine Minderheit der Gesellschaft gar nicht an echtem, gültigem Wissen und Erkenntnis interessiert scheint, sondern mehr eine pathologische Bedürftigkeit vorhanden zu sein scheint, Urteil und Aburteilung, Verurteilung und Strafe, vollziehen zu wollen. Es scheint die Tragödie des echten, gültigen Wissens und der Erkenntnis zu sein, ignoriert zu werden, auch heute noch, in einer Welt, die sich im Wissen wähnt und der Wissenschaft die Technik abspenstig macht, um daraus Nutzen und Profit für sich zu ziehen. Dass die Ignoranz gegenüber echtem Wissen und Erkenntnis, nicht nur für fälschlich Verurteilte und hinterlistig Angeklagte eine Tragödie ist und war, sondern auch gerade für die Ankläger und erbarmungslosen Richter, soll im folgenden ein wenig ausgeführt werden.

Im Glaubenswissen und in den sogenannten Glaubenswahrheiten, bestand und besteht der Zusammenhang des Wissens aus teils logischen, teils unlogischen und teils nicht objektiv, nicht empirisch und nicht wiederholbar zu beweisenden Sätzen und Behauptungen. Es war Wortlogik und Glaubenslogik, deren Bezug zur Wirklichkeit geglaubt werden musste, und letzte Annahmen als noch ungeprüft (wie in der Mathematik als Axiome oder in der Physik als zu prüfende Hypothesen) nicht verstanden waren, sondern als letztgültige (angebliche) Wahrheiten angenommen wurden, aber daher: für den heutigen, aufgeklärten Geist und Verstand, als nur unbewiesene und phantasierte *Denkmöglichkeiten* und unbegründete Schlussfolgerungen, aus der geschichtlichen, reinen Textüberlieferung, in der Welt standen. Eine genaue Analyse zeigt sogar, dass diese vielen unbewiesenen Annahmen, diese Glaubenswahrheiten sich zusätzlich rational widersprachen. Was aber kaum jemanden störte. Man benutzte diese Sätze nach Belieben und entlang eines gefälligen Gustos. Das eigene Interesse und die Aussicht auf Einfluss und Macht, füttert auch heute noch den inbrünstig Gläubigen und klerikalen Karrieristen mit dem Glaubenswissen, und seine stoisch-gleichmütige Haltung sorgt für Sicherheit bei den Unwissenden und zum Glauben Angehaltenen. Eine Tragödie, weil das selbständige und freie Denken unterbunden wird und nicht ermutigt; eine Tragödie, weil der Innerlichkeit keine Praxis ermöglicht wird und das monotone Wort von der Kanzel tonangebend ist.

Es waren und sind auch nur Gedankenwelten, die Bilder in Beziehung zueinander setzen und einer Geschichte einen Sinn zu geben versuchen. Was dadurch geschah, war, dass den Ungebildeten mit keinem Zugang zu Schrift und Wort, die angebliche Wahrheit vorgegeben wurde, sie musste geglaubt werden. Sie hatten keine Möglichkeit selbständige Gedanken dazu zu äußern oder reflektierend damit umzugehen. Sie wurden nicht angeleitet oder angehalten selbstständig zu denken und sich selbstständig zu beschäftigen, sondern sollten akzeptieren, was ihnen vorgegeben wurde. Gehorsam wurde und wird verlangt, bis in die Selbstverleugnung. Ansonsten drohte Strafe, Verbannung, Kerker und die Todesstrafe. Dass dies eine faktisch eintönige Kultur und einen Niedergang durch Verunmöglichung der Vielfalt an Bildern, Fragen, Antworten und Begriffen mit sich brachte und damit eine annähernde Monotonie des geistigen und kulturellen Lebens sich einstellte, kann nachvollzogen werden. Das ungebildete Volk verarmte und wurde geistig versklavt und in der Folge auch materiell klein und arm gehalten. Ein Bildungssystem für alle wurde nicht verwirklicht. Die herrschende Macht des Glaubens hielt das freie Denken als Gefahr für das Glaubenswissen. So auch die herrschende Macht des Wissens, die das ausgewogene Denken für eine Gefahr hält, da die Macht sich in der äußeren Welt eingerichtet hat und das drohende Potenzial seiner inneren Welt auf andere projiziert und daher die Innerlichkeit diskreditieren muss. Auch heute noch eine Tragödie des Misstrauens des Menschen gegenüber seinem eigenen, inneren Schatz an Kreativität und Zuversicht.

Es ist zu fragen: Nützt es einer Gesellschaft und Kultur, wenn sie in monotoner und einseitigen Weise sich dem einen Glauben, den einen Glaubenswahrheiten, dem einen Buch verschreibt, dem einen Prinzip und alles andere nachrangig darauf aufsetzt und nur in immer wieder etwas leicht veränderter Weise, doch nur dasselbe schlussfolgert und konstatiert? Aus heutiger, aufgeklärter Sicht gewiss nicht. Die damaligen Protagonisten und Nutznießer hätten sicherlich Antworten gefunden, die ihnen aber mehr ihre Sicherheit und Bequemlichkeit erhalten half, als die aufgeworfenen Fragen sinnvoll und aufrichtig zu beantworten. Oder zuzugestehen, dass die Widersprüche nicht aufzulösen sind und sich in alle Begründungen für das letztgültige Dogma einschleichen. Der Unwille sich und seine Widersprüche anzunehmen und zunächst einmal zu erkennen, entstammt einem Mangel an Demut und entspringt einer überbordenden Hybris aus dem überhöhten, geschriebenen Wort und tradierten, widersprüchlichen Glauben. Gerade das ist die Tragödie des Wissens, die hier meint auch noch behaupten zu müssen, dass Demut eine Tugend sei, obwohl sie selbst dies nicht durch ihren denkerischen Ansatz geistiger Durchdringung des Gegebenen zeigt und dagegen die Macht mehr als das Wissen verfolgt, die Fragen erstickt und die Fragenden bedroht, die zu ihm führen könnten. Die Begründungen kommen zuweilen bei den für das Glaubenswissen und die Glaubenswahrheit zuständigen elitären Vertretern, durch pseudo-rationale und prä-rationale Essays und Predigten zum Ausdruck, wobei sie gleichsam versuchen ihr Glaubenswissen und ihre Glaubenswahrheit ungeprüft und unprüfbar als transrational und tiefer, höherwertiger und weiser, darzustellen. Womit ein Machtanspruch verbunden ist. Dass dies nur eine fälschliche und verfälschende Attitüde gegenüber dem Humanen des Menschen darstellt, geht solchen elitären Protagonisten nicht auf. Das ist Tragödie. Es ist die Erhöhung Tragödie, die das Unwissen zum Glaubenswissen und zur Glaubenswahrheit und Wahrheit erhöht; und es ist die Erniedrigung Tragödie, die die gültigen, echten Fragen diskreditiert, diskriminiert, ignoriert und bekämpft. Dies gilt sowohl für die Wissenden, die am Glauben orientiert sind, als auch für die Wissenden, die am Wissen orientiert sind.

Denn nur eine Vielfalt an *gut begründeten und auf echter, gültiger Erfahrung gegründeten* Fragen, Meinungen und Äußerungen, beleben eine Gesellschaft und Kultur, sie ermöglichen Heimat für eine Vielfalt an Bewusstseinsgraden und Bewusstseinsnuancen, wo gerade daher Frieden und Freiheit gelebt werden können. Eine friedliche Welt bedarf also des echten (überprüfbaren), gültigen Wissens und der Erkenntnis, denn eine solche Welt kann sich sinnhafter und vielfältiger entwickeln, als eine Welt, in der eine einzige oder wenige Glaubenskonstruktionen angepriesen, erzwungen oder verteidigt werden wollen oder nur entlang eines guten, aber naiven Glaubens gestrebt wird, der in immer neuen Generationen, dasselbe, in pseudo-neuer Weise, meint lehren zu müssen. Und sich der Evolution verschließt.

Diese (religiösen) Glaubens-Protagonisten rekurrieren dann auch intellektuell und verbal versiert auf gewisse Autoren, die gerade im allgemeinen philosophisch, intellektuell hoch gehandelt werden (zum Beispiel Heidegger und Wittgenstein) und erwecken den Eindruck, mit zeitloser Weisheit und Wahrheit verbunden zu sein und gleichsam in der Aktualität des opportun Zeitgemäßen und hoch Gehandelten gegründet zu sein. In Wahrheit ist es eine Neuauflage des alten, irrationalen und prä-rationalen Gebarens der immer gleichen Täuschungen von widersprüchlichen Begründungen ihrer Dogmen, die geistig am Außen orientiert sind, nämlich am Wort eines anderen. Und die daher ihre eigene Innerlichkeit ignorieren und sich mit dem Wort anderer vergewissern, statt sich auf das eigene Wort zu besinnen.

Was hier vorbereitet wird, ist, dass latente Gewaltbereitschaft und zynische Bissigkeit durch diese Monotonie durch die Jahrhunderte der immer quasi-gleichen Ausführungen, gefördert wird, denn bei Gefahr der Aufdeckung dieser Widersprüche, ist die kognitive Not solcher, größer und schneller wirksam die wenigen Dogmen zu verlieren, und eine Reaktion der Erhaltung des Dogmas fordert so rascher den Kampf und Krieg, die Denunziation und die Lüge, das Zynische und Arrogante, die Unehrlichkeit und die starre Beibehaltung des Irrtums. Was hier gesagt wird, basiert auf echten Erfahrungen des Autors mit solchen Vertretern des Dogmas und des Glaubenswissens, in für religiös gehaltenen Zusammenhängen. Die Tragödie des Wissens und Glaubens ist daher real und beobachtbar.

Daher sind die Ankläger und Richter, über eine monotone, dogmatische, nicht begründende und erforschende Welt des Denkens und Strebens, eher in Sicherheit und Freiheit, wenn sie weitere, gültige Wahrheiten zulassen und dies am besten selbst verständig zu prüfen trachten. Die Furcht, den Glauben zu verlieren und die daraus folgende Aggressivität der vermeintlichen Notwendigkeit der Erhaltung und Verteidigung, wird dadurch besänftigt; gerade mit der wachsenden Vertrautheit vielfältiger Perspektiven echter Wahrheit, echtem, gültigem Wissen und der Erkenntnis aus dem Augenblick der Prüfung mit einem geeigneten Gegenüber.

Wenn also einem Glaubenskonstrukt oder einer Wissenschaft, am Frieden und an der Erfüllung der Menschen gelegen ist, dann muss es offen sein, weitere, ergänzende Sätze des Wissens und der Erkenntnis zuzulassen und zu integrieren. Und nicht bei einem alten Dogma auf immer pseudo-neue Weise prä-rational stehen zu bleiben. Im Himmel nichts Neues. Außer auf der Erde der Staub der Jahrhunderte und das zerfallene, blutleere und widersprüchliche Dringen auf ein illegitimes Alleinstellungsmerkmal und eine einfordernde Sonderbehandlung, die Menschen einfordern, die nicht nachgedacht haben und die Fragen ignorieren, die über die Jahrhunderte mittlerweile, gestellt wurden. So etabliert sich eine ungute Einseitigkeit, die Schaden zeugt und durch Unterlassung hin zu einer Ausgewogenheit verantwortungslose Nachlässigkeit für selbstverständlich erklärt.

Auf der anderen Seite besteht die Tragödie für die Ankläger und Richter einer herrschenden, unbewussten, fahrlässigen Wissensverschwörung (wenn man das einmal so nennen will) also darin, dass sie aufgrund ihres Dranges zur Verurteilung und ihres Willens zu schädigen, selbst lediglich in einem kleinen, geschlossenen System des Denkens agieren und nicht offen sind für Fragen und weitere Antworten, Perspektiven und weitere Bilder. Es wird erkannt werden können, dass sie sich des aufrichtigen Gesprächs verweigern und dass letztlich die Gewalt ihr Motor und Motiv ist, ihr Wille zu schädigen (wie im Sokratischen Fall) und dass dies letztlich, historisch und epochenübergreifend, rational nicht geduldet werden wird und nicht geduldet werden sollte und kann. Liberale Demokratie muss hier auch heute noch, aus dem sokratischen Fall, auch medial und juristisch, lernen, indem sie sich der egoischnarzisstischen Selbstgefälligkeiten der Gesellschaft und ihrer Mitglieder bewusst wird.

Denn die Logik des Überlebens wird langfristig immer nur den Frieden fördern, nicht die heimliche, unbewusste oder offen bewusste, mindestens aber *verbale* Gewalt einer Tragödie des Wissens und des Glaubens, denen es nicht allein um Macht geht, sondern auch unterschwellig um ihre egoisch-narzisstischen Selbstgefälligkeiten, die sie biographisch und identifikatorisch angenommen hat – und es ihr daher nicht um eine authentische und integre Haltung für echtes und gültiges Wissen geht.

Langfristig bleibt die Logik des Friedens und das Bedürfnis der Menschen nach Glück und Erfüllung *der* treibende Motor und letztendliche Richter, um zu entscheiden, wo echtes, gültiges Wissen, echte, gültige Ethik und Erkenntnis aus dem Augenblick des Daseins, wertvoll und sinnhaft, weiter getragen werden können und sollen und wo andererseits, lediglich die raffinierte Lüge, intellektuelle, unbewusste Hinterlist und kognitive Nachlässigkeit, zum drohenden Übel und intendierten Schaden wurden (und immer noch werden). Aber: Unwissen schützt vor Strafe nicht. Es schützt den Menschen nicht davor, sich aufzumachen und die offenen und gestellten Fragen zu sichten, die bisher ignoriert werden und wurden und die dadurch ins Vergessen gerieten. Wer sich hier verweigert, macht sich am Stillstand oder am Niedergang der menschlichen Kulturen schuldig.

Die Tragödie des Wissens ist also in einer solchen Beziehung zu finden, die das Wissen nutzt, um Schaden anzurichten (es bewusst geschehen zu lassen und unbewusst zu sein gegenüber den Gründen für seine Existenz). Den Schaden der Unwissendhaltung, den Schaden der Verwirrung und Vernebelung, den Schaden der Manipulation und des Zwanges, den Schaden der unfreiwilligen Lenkung, den Schaden der Unterdrückung und Ausgrenzung, den Schaden der finanziellen Abhängigkeit, den Schaden der materiellen Begrenztheit und Not, den Schaden der Armut in den kapitalistischen und in den seelischen Welten von Geist, Herz, Gefühl und Gemüt.

Wer dagegen das echte, gültige Wissen sich ergründet und aneignet, prüft und abwägt, erörtert und darzulegen versucht, sowie zu vermitteln trachtet, wird weniger bis kaum in der Attitüde stehen, Schaden anrichten zu wollen. Er will nichts weiter als die Befreiung von Armut und Not, im finanziellen, materiellen, geistigen und seelischen Bereich, nicht nur für sich selbst (oder seiner Glaubens- und Wissensgemeinschaft), er will es für die gesamte Menschheit.

Der Schaden liegt also auch darin, die Massen unwissend zu halten oder sie durch widersprüchliche, verbal hoch intellektuelle Vernebelungen zu täuschen. Aber Intellektualität ist lediglich Ausdruck einer gewissen, kognitiven Höhe und noch nicht Ausdruck einer ethisch-moralischen und empathischen Reife und Erwachsenheit. Hier gibt es sicher manche, die (noch) nicht wissen, was sie tun, aber auch manche, die dies absichtsvoll und strategisch für ihren Vorteil und Einfluss nutzen und daher ihr Publikum bewusst missbrauchen, weil sie in institutionalisierten Bahnen ihre Ruhe und Sicherheit genießen wollen. Eine selbstgefällige, sprichwörtliche Selbstbeweihräucherung innerhalb des sogenannten Glaubenswissen der für religiös gehaltenen Welten, nimmt sich selbst die Chance, im evolutionären Sinn der Bewegung hin zu neuen Ufern, die wesentlichen Dinge des Daseins authentisch und aufrichtig, ehrbar und nachvollziehbar, zu gewahren. Damit nehmen sich solche die Möglichkeiten den Massen Gerechtigkeit angedeihen zu lassen, durch echte Aufklärung und echtes Wissen und Erkenntnis im Augenblick. Diese Attitüden sind prä-rational und sogar irrational, sie denken mehr an sich, als an andere und die Welt. Sie neigen zu Lippenbekenntnissen, lassen aber geistige Durchdringung der eigenen Dogmen vermissen, weil sie das immer quasi-gleiche zu rechtfertigen und zu explizieren suchen. Ihnen mangelt kognitive Bescheidenheit und Rücksicht auf die eigene Fehlbarkeit, also Demut, weil sie immer noch behaupten, was heute unhaltbar ist.

Doch Wissen, selbst und gerade, wenn es echtes, rationales, gültiges Wissen ist, dass wissenschaftlich begründet werden kann, ist gerade *auch* in der Lage Schaden anzurichten. Wir haben in der Anwendung der Wissenschaft, der Technik, die Möglichkeit Maschinen herzustellen, die gleichsam nicht nur nützen, sondern auch schaden können. Das ist nun nicht nur Tragödie, sondern gleichsam auch Dilemma. Doch Dilemma nur dann, wenn man nicht auf die angeblichen, kurz- oder mittelfristigen Vorteile dieser schädigenden Techniken verzichten will. Die möglichen, langfristigen Schäden zu verstehen und ernst zu nehmen, ist gerade die ethische Herausforderung, der sich die wissenschaftlich-technische und die politische Welt sowieso, kaum stellt.

Wie will man einem Dilemma entkommen? Geht es dabei immer nur um Schadensbegrenzung? Und die Minimierung von möglichem Schaden? Die Ethik sucht hier Regeln zu finden, die stets Kompromisse sind, aber auch Warnungen und Verbote sein können, um Wissenschaft und Technik in die Welt zu bringen und zu halten und diese technisch weiter zu entwickeln, gleichsam aber Grenzen zu finden sucht, wohinter das technisch Mögliche keinen Schaden anrichten würde. Das Problem ist dabei das der Kontrolle. Wer also kontrolliert das Wissen? Und damit die Technik? Wer oder was sagt der Ethik, wo oder wann sie welche Grenze für gewisse Technik zu setzen habe? Und wer überwacht die Einhaltung des Beschlossenen? Wer oder was sagt der Ethik und den Ethikern, wo die Grenzen zu ziehen seien? Sind nicht auch Ethiker befangen und begrenzt in ihrer Wahrnehmung und ihrem Wissen? Sind nicht auch die Ethiker in einer Blindheit verfangen, die das langfristig Katastrophale nicht im Blick haben können und daher etwas durchwinken, was der Menschheit noch vor die Füße fallen wird? Sind nicht auch Ethiker kurzsichtig und nur an kurzfristigen Möglichkeiten interessiert? Und haben sie philosophisch verständig durchdrungen, dass die Außenorientierung des herrschenden Wissens die Innenorientierung und Wirklichkeit der Innerlichkeit missachtet und diskriminiert? Dass also eine Einseitigkeit der Suche nach Wissen und Erkenntnis auch sie lenken und leiten und damit irre führen könnte? Weil das Ding vergöttert würde und nicht Sinn und Bedeutung mit ins Boot geholt würde? Weil der materielle, kurzfristige Nutzen im Vordergrund stünde und nicht dem langfristigen Schaden einsichtig genug Beachtung geschenkt würde?

Wer prüft also die Ethiker, was deren Prämissen sind? Welchen Dogmen folgen *sie*? Welchen Annahmen, die sie nicht weiter hinterfragen wollen, gehorchen sie? Welcher Art Dialog folgen sie? Gibt es hier Erkenntnisse des Augenblicks, die persönlich gewürdigt werden? Oder folgen sie selber jenen Sätzen, die sie woanders gelesen haben? Wie viel Aufrichtigkeit findet sich dort? Wie viel Furcht vor Einkommensverlust und Interessenverlust? Wie viel Furcht davor an Ansehen zu verlieren? Den sicheren Posten in einer Institution? Und wo wird dadurch das Unheil für die Menschen technisch in die Welt gebracht und die Menschheit davon überzeugt, es hätte ja seine Vorteile auch (gehabt)? Wer durchschaut das mögliche Augenwischen? Wer durchschaut die Ablenkung von dem Problem der

Furcht vor dem Tod? Denn *die Furcht vor dem Tod ist* der Motor, der den Tod erst in die Welt bringt. Hiroshima, Nagasaki, Tschernobyl, Fukushima sind dabei die politischen und technologischen Katastrophen der Tragödie des Wissens, die auf eine Ethik hindeuten, der das Leben gleichgültig zu sein scheint und ihr die menschengemachten Mutationen in der Natur, durch diese Katastrophen der Technik, die Kollateralschäden eines Krieges zu sein scheinen, die diese Ethik uns weiszumachen sucht, sie seien nicht vermeidbar (gewesen) und müssten akzeptiert werden. Wiederum ist dies die Entlarvung einer Ethik, die Schaden anrichtet und glauben machen möchte, er müsse zum Wohl der Vielen akzeptiert werden und könne nicht verhindert werden, weil es Restrisiken gäbe, die jede Technik mit sich brächte und die nicht vermieden werden könnten.

Aber das ist der Glaube an das *Dogma der Unvermeidlichkeit* und angeblichen Folgerichtigkeit der herrschenden Wissenschaft und Technik, der herrschenden Macht, die nur an kurzfristigen Erfolgen interessiert ist und daher auch kurzsichtig agiert, aus Bequemlichkeit, sich den langfristigen Gefahren zu stellen. Und hier kommt auch die Attitüde der Opferung zum Vorschein, und die Fratze der Verstrahlung wird den menschengemachten, wild wuchernden Krebs der fühlenden, fleischlichen Bewohner auf dieser Erde bewirken. Die Höherentwicklung des Lebensstandards durch diese Technologien, wird erkauft durch die Ethik der Opferung und des Glaubens an neue Dogmen der Wissenschaften, durch Dogmen des rationalen Wissens, das sich damit als pseudo-rational und unvernünftig erweist.

Aus der einstigen und heutigen Furcht vor dem Tod, wird so die Frucht vor dem niedrigen Lebensstandard. Elektrische Geräte, Automobile, neueste Kommunikationstechnik. Soll denn die gesamte Menschheit zu Autofahrern werden und zu Internetnutzern? Das sind alles nur Arbeitsbeschaffungsmaßnahmen, die die Menschheit davon abhält, sich über Leben und Tod Gedanken zu machen und zu echtem Wissen und echter Weisheit und der Erkenntnis aus dem Augenblick zu gelangen. Weil man die grundlegenden Fragen vergessen hat und den Menschen glauben machen will, sie würden beantwortet werden. Aber nicht durch den Menschen selbst, sondern durch die, aus der Tragödie des Wissens folgenden, Technologien. Das sind somit (unbewusste) Ablenkungsmanöver, die nur wenigen wirklich dienen und die Mehrheit lediglich zerstreut in technischem Komfort, der ihnen nicht dabei hilft, nachzudenken und selbstständig zu denken, warum die Menschheit so Schwierigkeiten hat, miteinander vernünftig zu kommunizieren und in Frieden zu leben. Es dient daher nur den wenigen, weil die Zeit der Sklavengesellschaften noch nicht lange her ist und es dennoch weltweit etwa 32 Millionen Sklaven noch gibt (2023) bei 8 Milliarden Bewohnern insgesamt. Und dies darauf hinweist, dass die feudale Situation in der Welt den wenigen Mega-Reichen am meisten dient, die die Mehrheit der Menschheit als Leibeigene besitzt. Daraus folgt ein Rattenschwanz, der mit der unvollendeten Französischen Revolution beginnt und sich mit den ungleichen Einkommen für die arbeitende Bevölkerung fortsetzt und über die zu hohe, tägliche und wöchentliche Weltarbeitszeit fortsetzt.

Statt zu lehren, wie wir vernünftig miteinander, friedlich ins Gespräch kommen können und dass dies Not wendig ist, wird die Menschheit mit Massen von technischen Geräten ausgestattet und überhäuft, die bald nur noch Gerümpel sein werden, weil sie durch den fortschreitenden, technischen Fortschritt wiederum rasch veraltet sind. Das Müllproblem, nicht nur dieses Gerümpels, sondern auch der Entsorgung der radioaktiven Hochtechnologie, wird zum Müllproblem der Milliarden Menschen deren Leben in den materiellen Luxus driftet, aber in der emotionalen und empathischen Wüste verharrt. Der Mensch wird nicht innerlich erfüllt und glücklich, sondern äußerlich überhäuft mit Ablenkungen, die durch den weltweiten Konsum für Verschmutzung von Land, Wasser und Luft sorgt; ein Symptom der Tragödie des Wissens.

Vielleicht wird man mir es gerade nicht glauben, aber ich bin *kein* Feind des Fortschritts. Die Frage ist, *welcher* Fortschritt gemeint ist und welcher der Menschheit hilft – und *welcher* sie belässt auf ihrem schädlichen Niveau.

Es bleiben so die alten, kognitiven Strukturen des nicht weiter hinterfragten und hinterfragbaren Dogmatismus, der impliziten Respektlosigkeit und blinden Rücksichtslosigkeit, erhalten (resultierend aus den egoisch-narzisstischen Selbstgefälligkeiten), weil selbst rationales, gültiges, echtes Wissen verabsolutiert wird und damit missbraucht und ungefragt und unkritisch in technische Anwendungen umgegossen wird, allein, weil dem Luxus und äußeren Wohlstand gedient werden soll (und nicht dem inneren, seelischen Menschen). Die Gefahren des Wissens und seines Missbrauchs liegen daher gerade in der *selbstgefälligen Haltung*, die ein einseitig, außen-orientiertes Wissen begründet, denn was aus ihm folgt, trägt einer Blindheit Rechnung, die an der Erzeugung und Gewinnung des Wissens gar nicht beteiligt war und nur ihr Nutznießer sein will. Das ist die Tragödie des Wissens, die kurzsichtige und kurzfristige Befriedigung des Ego (auf allen seinen Ebenen).

Wissen ist damit auch ein Einfallstor für Unwägbarkeiten, Unsicherheiten, Gefahren und Schwierigkeiten der Kontrolle, obwohl doch dieses Wissen ein gewisses Maß an neuen Sicherheiten und Gewissheiten gebracht hat. Rätselhaft. Das ist damit Tragödie, eine rätselhafte Tragödie, weil doch das Streben nach Wissen, ein vergeblicher Versuch ist, Sicherheit zu erreichen. Denn das neue Wissen wird immer mit neuen Fragen einhergehen und damit nur vorübergehend Sicherheit erlangen. Und weil mit neuem Wissen zwar neue Gewissheiten da sind, aber zugleich neue Unsicherheiten erschienen sind, die eben neue Fragen aufwerfen und die Vorstellung nicht befriedigt werden kann, dass mit Wissen ein für alle Mal eine Sicherheit einträte.

Doch damit tritt die angebliche Notwendigkeit hinzu, immer neue Antworten des Wissens zu suchen. Eine Tragödie, da die *Suche* und die Forschung zur Schließung neuer Lücken des Fragens ein menschliches *Leiden* ist und eigentlich keine ehrbare und edle Anstrengung. Sondern eine Bürde, eine Last, eine Schuld. Nur die moderne Umdeutung, dass die Suche nach Wahrheit und Erkenntnis ehrbar seien (weil dies schon die alten Griechen und römischen Philosophen so sagten), tritt dieser Sicht entgegen. Aber die Suche an sich, ist für die meisten Menschen ein Leiden, eine Anstrengung, ein Sisyphus-Syndrom. Es endet nie und zeigt nur kurzfristige Momente des Glücks. Daher spreche ich auch von Tragödie, weil es den Menschen noch nicht völlig befreit.

Damit ist das Streben und die Suche nach Wissen, doch ein letztlich vergeblicher Versuch, Frieden und Glück zu erlangen und zu sichern. Oder etwa nicht? Wahrscheinlich aber muss der suchende Mensch sich irgendwann verabschieden von seiner Empfindung der Last bei diesem suchenden Unterfangen. Tut er es nicht oder wird es ihm nicht, bleibt sein Leiden als Last bestehen und er wird nicht glücklich. Er wird in Tragödie verstrickt sein, weil er immer wieder das langfristige Glück verpasst auf seiner ewig einsamen Suche nach einem Kiesel am Meer des angeblich unendlichen Wissens.

Und es ist zudem ein Trugschluss zu glauben, Wissen könne uns Freiheit gewähren oder garantierend ermöglichen. Wissen ist selbst dazu in der Lage den Mensch unfrei zu halten, abhängig und bedingt, denn auch echtes Wissen kann den Menschen versklaven (nicht so sehr die Erkenntnis aus dem Augenblick) oder von ihm per Gesetz zum Gott erhoben werden, zum falschen Gott, der verspricht, was er nicht halten kann, weil er nur eine Verlängerung der unvollkommenen Vorstellungen des Menschen ist und er lediglich ein Sammelbehälter seiner nicht weiter hinterfragten Antworten darstellt, seines Glaubens (seiner Glaubenswahrheiten und seines angeblich wahren Glaubens, seiner angeblichen Glaubenserfahrungen), seiner Ideale und Hoffnungen, seiner Ideologien, seiner Annahmen und Haltungen, an denen er festhalten muss, wie er meint, um dem wahrgenommenen, umliegenden Chaos der ungeordneten Natur und der Wildheit des leidend denkenden Menschen, etwas beizukommen – egoisch-narzisstisch gefärbt und nicht geschaut und verstanden.

Der Mensch *sucht* nach Wissen und Erkenntnis, ja. Aber das ist *nicht* sein direkter Ausdruck von Glück und Erfüllung, denn er ist noch auf der Suche und kommt wohl nie ans erhoffte Ziel, wenn er seine vorgenannte Last nicht abwerfen kann, ohne dabei das Suchen und Finden aufzugeben. Das scheint ein Paradox zu sein, ein nur scheinbarer Widerspruch, der keiner ist. Denn dem Menschen ist zunächst ein Durcheinander und eine Unordnung vorausgehend, die er durch sein kognitiv-seelisches Streben mehr zudeckt als entdeckt, mehr wegwischt als auftischt, mehr belässt als verlässt, mehr bewirkt als verwirkt, mehr ignoriert als kapiert, mehr fördert als läutert. Er schaut sich kaum die Bedingtheiten an und lässt sich identifizieren mit Glauben und Wissen, und meint dann das wäre genug. Das ist auch die Tragödie des Wissens, dass es uns trügerisch die falschen Schlüsse der Beruhigung ziehen lässt, wo doch die Gefahren allgegenwärtig sind. Achtsamkeit und Aufmerksamkeit würden helfen, wenn wir Menschen allzeit dazu in der Lage wären. Wir sind nicht vor Fehlern gefeit, und die Fehler können kollektiv das Ende bedeuten.

Wir müssen etwas weiter gehen und sehen, dass es einen Drang des Menschen gibt, das als gewisses Leiden beschrieben werden kann, das den Menschen dazu bringt, nach Wissen und Erkenntnis zu forschen, zu suchen, um im Glauben an die Hoffnung, sich selbst zu finden und zu befrieden. Denn die Idee steht im Raum von Herz und Geist, es könne eine Erkenntnis geben, die zu einem einschneidenden Wandel der Menschheit und des Menschen führe, hin zum Guten, hin zum Frieden und zur Gerechtigkeit für alle. Er müsse nur sich selber finden und dann wäre er in Frieden. Dies ist allerdings eine verkürzte Form einer monologischen Idee, die als fixe Vorstellung seit der Zeit der Griechen und Römer gehandelt wird. Erkenne dich selbst. Nur wie? Und was erkenne ich dann? Was ist das, was ich erkennen soll? Wenn ich nicht weiß, was ich erkennen soll und nicht weiß, was ich bin, kann ich es auch nicht erkennen, wie sollte dies möglich sein? Wir können nur erkennen, was wir kennen und damit nur immer wieder wiedererkennen. Aber, was wäre das Unbekannte? Wäre es etwas Neues? Inwiefern? Wäre das Unbekannte im Bereich des Wissens? Oder der Weisheit? Wo wäre das Neue zu finden? Wo, wann und wie das Unbekannte? Nur der *Erkenntnisweg* ist dafür offen. Und er ist, wie gesagt, derjenige unter den drei genannten Wegen (Glaubensweg, Wissensweg, Erkenntnisweg), der am wenigsten der Tragödie des Wissens ausgesetzt und unterworfen ist. Aber er ist nicht unbedingt ein Meister des Wissens, er weiß wahrscheinlich weniger als ein Protagonist auf dem Weg des Wissens. Aber er kann eher erkennen, wo die Tragödien der Unaufrichtigkeit und der Lebensfeindlichkeit hier Wurzeln geschlagen haben – und kann damit eher in die Aufrichtigkeit und Lebendigkeit gelangen und dort bleiben, als die Lehrer des Wissens und die Bestimmer der Ethik.

Die Beantwortung der eben genannten Fragen, geht über Wissen hinaus (und gewiss über Glauben), wird aber als Tragödie des Wissens verstanden, weil dieser Erkenntnisweg scheinbar daran arbeitet, das Wissen nur etwas weniger wichtig zu gewichten und freier davon zu sein, als die Buchstaben treuen Gläubigen oder die Wissen festen Lehrer, wo aber dennoch auch der Erkenntnisweg, sich vom Leiden des Wissens, nicht ganz frei machen kann, wenn auch freier als die anderen beiden Wege.

Und dies könnte für eine Wissensgesellschaft, die gerade angefangen hat, die Ungerechtigkeit der selbstgerechten Belehrungen von Monologen des Glaubens aufklärend zu überwinden, eine etwas entmutigende, ja tragische Entwicklung sein. Aber nur scheinbar. Denn ist es in diesem Kanon bereits erfahren worden, dass eine Vielfalt an geistigen Perspektiven Toleranzen ermöglicht, die ebenso erweitern, was eben entmutigt gedeutet wurde und es damit doch nicht so mutlos erscheint, dann wird die Tür weit in einen schöpferischen Raum hinein geöffnet, in dem es breite, fruchtbare Felder und Wiesen gibt, hohe Berge und tiefe Täler, Möglichkeiten des Ausdrucks und der Suche und des Forschens. Und damit freudvolle Hoffnung und helle Sichten, klare Sprache und weite Herzen. Gerade der vertrauensvolle intersubjektive Dialog auf dem Weg der Erkenntnis, wird hier das Vertrauen der Hoffnung spenden, die lichten Sichten der Perspektiven ermöglichen, eine klare Sprache zu üben haben und damit persönlich die Herzen der Menschen einander näher bringen. Dies wäre die größte Abschwächung der Tragödie des Wissens durch den Weg der Erkenntnis, im intersubjektiven Austausch der empathischen Begegnung.

Wer das Wissen bis zur Logik und Rationalität mitgehen konnte und die friedlichen und freiheitlichen Chancen daran und darin selbst erfahren konnte, der wird sich wohl natürlich weiter entwickeln wollen, weil er dem Grund des Daseins doch letztlich den Geschmack der augenblicklichen Ewigkeit entlocken will. Der Grund des Daseins spricht durch alle Sinne hindurch und sucht sein Inneres nach Außen zu bringen. Innen und Außen sind eins.

Und selbst die Grenzen des Wissens, die ja faktisch durch das Denken gestaltet werden, das nur in der Zeit funktioniert, können und sollen dann nicht als Einengung dienen, sondern als Fakt dem Menschen Demut und Bescheidenheit beibringen, sie ihm vermitteln und erfahren lassen.

Wer in der Tragödie des Wissens allerdings zu sehr gefangen ist, wird durch immer mehr Wissen vergeblich an den Grenzen des Wissens scheitern und einem Aberglauben aufsitzen, der ihn nicht weiter gehen lässt, sondern, Sisyphus gleich, auf der Stelle immer wieder dasselbe bestätigen und tun lässt: Bisheriges Wissen lediglich durch anderes Wissen pseudo-neu auszutauschen und doch an seinen Grenzen zu bleiben. Nichts Neues, nichts weiter Unbekanntes, dasselbe Muster der Akkumulation, der Speicherung und des Vergessens. Und er wäre nicht in einem glücklichen Sisyphus-Prozess zu Hause, sondern erführe dies als Plage und Last, als Enge und Bedrängung, die er doch abzulegen aufgefordert ist.

Da Wissen begrenzt ist, erfahren die Wissenschaftler in ihren schöpferischen Prozessen und Eingebungen, dass Intuition das Wesentlichere dabei ist. Da sie sich auf den Prozess der Entdeckung und Findung verlegen und nicht auf den der Ansammlung von Wissen, um es zu ordnen, zu speichern, zu lehren oder anzuwenden, sind sie in einer tieferen Weise verbunden mit der schöpferischen Energie des Lebens und des Geistes. Das bloße, echte Wissen zu nutzen, ist mehr Mittel und Übung in Logik und Rationalität zu bleiben, als Zweck an sich. Und die Intuition erfährt, dass bekanntes Wissen schnell durchschaut ist, wenn das Tor der Intuition sich öffnet und die Dinge in weiterem Licht sich entfalten.

Und das ist nur die kleinste Tragödie des Wissens: dass es vergessen werden kann. Information veraltet, Daten werden ungültig – echtes Wissen aber bleibt bestehen, da es in Verbindung mit Natur und seinen Gesetzen gefunden wurde und Natur und Kósmos in seiner Grundessenz eher stabil angenommen wird, als ein irdisch-geistiges Leben der Erinnerung an diese gefundenen Gesetze. Aber es wird selbstredend nur daher bestehen, wenn die menschliche Kultur es tradiert und weiter gibt. Die letztendliche Gewissheit, dass Wissen bestehen bleibt, können wir nicht wissen, da wir annehmen müssen, dass das, was für das Leben gilt, auch für das Dasein der Natur an sich gilt und damit für menschliches Bewusstsein und Denken, das dieses Wissen formuliert und eventuell weiter gibt. Das echte Wissen muss nicht ewig stabil sein, weil der Mensch nicht ewig da sein wird, um es zu erinnern, nachzulesen, zu lehren und zu lernen, nachzuvollziehen und zum Wohle auf dieser Erde (und vielleicht anderswo) zu nutzen. Das Wissen wird mit dem Menschen sterben, individuell und kollektiv. Aber die Gesetze und die Wirklichkeiten, die es beschreibt, bleiben natürlich erhalten.

Die Erkenntnis aus dem Augenblick, wie sie dialogisch erfahren werden kann, füllt den Menschen lebendig an, zeigt ihm Wahres für den Augenblick. Und es muss nicht bestehen bleiben, weil die Evolution weiter geht; eine Akkumulation ist daher nicht wirklich essenziell notwendig, obwohl sie nicht vermieden werden wird. Aber die Speicherung hat nicht Vorrang vor dem Erleben der Erkenntnis im Augenblick. Der Augenblick ist der essenzielle Part, der Raum des eigentlichen, lebendigen Geschehens, der Vollzug von Leben, Geist und Wahrnehmung auch des anderen, des Gegenüber, der Dinge und Sinne, die gerade eben jetzt angeboten werden, aus dem Kontext gemeinsamer Begegnung. Hier und nur hier, kann lebendige Aufrichtigkeit und Lebensbejahung erfahren werden – oder eben nicht. Doch beides wird Erkenntnis spenden, die intuitiv erspürt und gelassen wird, sich entfaltet in Zuge der Begegnung im Augenblick und zum Ausdruck gebracht wird, sowie auch ohne unseren Willen zum Ausdruck kommt. So wird Leben und Augenblick wertvoll – durch die *Erkenntnis* im Augenblick. Und nicht durch das Hervorholen von altem, in der Erinnerung gespeichertem Wissen oder bloßem, unbewiesenem und unbeweisbarem Glauben oder Aberglauben. Nur die lebendige Frische im Augenblick der Begegnung mit dem Dasein allein oder mit dem subjektiven Austausch menschlichen Kontaktes, kann uns Wertvolles vermitteln, weil der Augenblick lebendig ist. Nur hier ist die Chance zum Glück und zur erfüllenden Verwirklichung.

Denn, was will der Mensch mit *all dem Wissen* anfangen? Er hat gerade mal begonnen die Fast-Ewigkeit des Kósmos in seinen Naturgesetzen zu ergründen. Und schon kann er durch ein paar hundert Bomben das Leben des Menschen und der Tiere auf dieser Erde vernichten. Oder durch technische Unfälle gebietsweise und stückweise auf Jahrtausende unbewohnbar machen. Was hat das Wissen hier für eine Tragödie geschaffen? Und warum wird die Erkenntnis des Augenblicks vernachlässigt? Warum wird die lebendige Begegnung im Augenblick so gefürchtet? Warum wird dem Außen vor dem Innen der Vorzug gegeben?

Der Mensch leidet und er kann sein Leiden noch nicht flächendeckend wirkungsvoll läutern, lindern und heilen, er ist noch auf dem Wege dazu, er hat gerade erst begonnen. So muss er zwanghaft, fälschliche Wege gehen und erntet die Zerstörung und den Schaden an Natur, Klima und sich selbst.

Denn, wie ist es anders zu nennen als Tragödie, im Angesicht der wenigen dutzend Jahrzehnte der Wissenschaft und des Strebens nach Erkenntnis und Glück und Erfüllung, wenn nun die daraus entstandene Technik das Leben auf dieser Erde vernichten kann? Über den Weg des langfristig wirksamen Klimawandels, der vielleicht zu spät erkannt worden ist?

Und ist es viel weniger das Streben nach Wissen, Wahrheit und Erkenntnis oder mehr die *Nutzung* von Wissen, Wahrheit und Erkenntnis, die nichts anderes darstellt, als eine menschlich ureigene Tragödie? Weil die Nutzung aus egoisch-narzisstischen Motiven heraus angestrebt wurde und wird? Und nicht aus ethisch reifen Gründen, die eine langfristige Sicherung von Leben und Frieden im Blick haben würden.

Denn gerade die Bewegung der suizidalen Tendenz, die darin sichtbar wird, ist tragisch – und erschreckend. Abgründe tun sich auf und das Werk eines Ungeheuers, das sich Mensch nennt, zeigt sich mal erhaben und wahr – und mal vernichtend und erbarmungslos. Und dabei ist die ganze irdische Schöpfung in Gefahr.

Über 460 Kernkraftwerke weltweit in brennendem Betrieb – und zwei sind bereits havariert (Tschernobyl und Fukushima). Was hat die kurzsichtige Nutzung des Wissens hier nur angerichtet? Was wird die kurzsichtige Nutzung von Wissen hier zukünftig noch anrichten? Die Tragödie des Wissens ist deutlich. Der Zwang zu handeln, der Wille zu überleben und die Furcht vor dem Tod, zeitigen Entscheidungen, die scheinbar nicht rückgängig gemacht werden können, sie zeitigen eine Kultur des Kampfes und des Krieges, der das Wissen egoisch-narzisstisch missbraucht; sie zeitigen eine Kultur des Wohlstandes, die sich in Sicherheit wähnt und doch existenziellen Gefahren ausgesetzt bleibt, die sie sich kaum anzuschauen wagt und daher einer langfristigen Blindheit erlegen ist.

Den meisten Menschen ist dafür nicht der Sinn, sie suchen irgendwie zu leben und zu überleben, bei ihrer Arbeit keine Fehler zu machen, den Leistungsanforderungen des Berufszweiges zu genügen und den Anweisungen zu gehorchen, die ein reibungsloses oder reibungsarmes Gelingen ermöglichen. Und dazu brauchen sie Wissen, Fähigkeiten und Fertigkeiten, die sie lernen müssen, um in der so gewordenen Welt zu überleben. Kein Platz für Nachdenken, kein Platz für Fragen, es werden Antworten gesucht, die sie in den Dogmen und im vermeintlichen Wissen zu finden meinen, im Halbwissen, im Pseudowissen und falschem Wissen, in den Fake News und den Internetblasen und Echokammern der modernen globalen Kommunikationsmöglichkeiten. Das so eingeschlossene und enge Nicht-Wissen zeugt damit auch seine eigenen Tragödien. Und nur, weil die meisten Menschen kurzfristigen Befriedigungen hinter her rennen und daher nur kurzsichtige Ziele verfolgen. Wer könnte es ihnen verdenken? Wo es keine gleichen Bedingungen für alle Menschen gibt, die das Leben lebenswert machen, wird die Ungleichheit sie trennen voneinander und in die täglichen Kämpfe ums Überleben verwickeln. Ein Leben, das vergeblich versucht glücklich zu werden.

Und mit dem naturwissenschaftlichen Wissen kommen Menschen ums Leben, bei der Rettung der havarierten Maschinen, werden auf Jahre hin verstrahlt und bekommen Krebs, sterben früher und leben weniger erfüllt und mit Schmerzen und Krankheit einem verunglückten Leben entlang. Wer hier eine perfide Rechnung aufmachen wollte, die angeblich zeigte, wie die gesamte Menschheit dennoch mit welcher Wahrscheinlichkeit einen Nutzen davon hätte und daher insgesamt überleben würde, hätte die Tragödie des Wissens mitnichten begriffen. Ihm fehlt jene Bescheidenheit und Demut, die ihn weiter führen könnte auf den leidvollen Weg, dem Wissen weniger Wichtigkeit zu geben und seine Grenzen zu schauen und zu spüren, wo das Neue und Unbekannte dem Leben und Bewusstsein des Menschen Fülle, Achtsamkeit und Ernsthaftigkeit schenkt, anstatt in der Eitelkeit des Wissensbesitzes und der blinden Attitüde der technischen Machbarkeit erneut in noch größere Gefahren zu gelangen, die bei Havarie und Unfall noch mehr Schaden anrichten könnten. Oder die Gefahren werden derart sein, dass die Menschheit allmählich daran arbeitet ihre eigenen Lebensgrundlagen abzuschnüren. Und die Menschheit ist ja bereits schon auf einem solchen Wege dazu – beim Thema Klimakatastrophe, wie schon angedeutet.

Die Tragödie des Wissens entstammt auch unserem Unvermögen, auf das Denken nicht verzichten zu können, sondern es zu benötigen, wenn wir Mensch sein wollen. Das Denken ist unser Duft und entwickelt sich als Knospe und Blüte im Idealfall zu einer Frucht, die gefahrlos gegessen werden kann. Oder vielmehr ist es unser Geist, der sich derart entfalten kann, aus dem dann dieser Duft des Denkens entströmt. Die Frucht des Geistes kann schon reif sein oder doch schon faul. Wissen und damit Technik lässt unser Leben angenehmer gestalten, wir können eher andere Kulturen und Denkweisen verstehen lernen, wenn wir Wissen klug und rational schaffen, wenn wir unsere Beobachtungen darlegen, unsere Eindrücke mitteilen und andere daran teilhaben lassen. Stets, um zu vermitteln und nicht, um irgend jemandem zu schaden oder einzuschüchtern, zu drohen oder zu bestrafen.

Aber Wissen und Technik schaffen uns auch neue Möglichkeiten uns gegenseitig zu bekämpfen, zu terrorisieren und zu vernichten. Wo der Mensch ein unzivilisierter ist, einer, der Verbrechen begeht, wird er jedes Wissen dazu missbrauchen, Schaden anzurichten. Und wir werden sie erkennen, wenn sie es tun. Sie werden im Unwissen darüber sein, wie man sich Menschen gegenüber zu verhalten hat, dass man ihnen nicht schadet, weil einem selbst nicht geschadet werden soll. Und sie werden doch Wissen besitzen, aber das falsche, dasjenige, das sie noch nicht tragen können, für das sie noch nicht reif sind. Diese Frühreifen also, diese Verbrecher, werden aus Wissen Waffen machen, werden Techniken nutzen, um zu schaden, einzuschüchtern oder zu beherrschen suchen. Das ist die Tragödie des Wissens, dass es in den falschen Händen, Unrecht anrichtet und die Menschheit zerstören kann.

Wem gehören die richtigen Hände? Wer hat die richtigen Hände, die mit Wissen und Technik so umgehen werden, dass die Gefahren der Technik keine Katastrophen zeitigen, sondern gefahrlosen Nutzen? Sollten wir uns allen Ernstes mit der Dichotomie der Technik abzufinden haben? Dass Technik immer neben dem Guten und Nützlichen auch das Ungute und Schädliche mit sich bringe? Das wäre eine Einladung für die Rücksichtslosen und Gleichgültigen ihren nur eigenen Profit zu rationalisieren und würde uns erpressbar machen ihre langfristig daraus folgenden Katastrophen und ihre Schuld zu akzeptieren. Das wäre ein Ausdruck der Tragödie des Wissens. Eine Gleichgültigkeit würde aufkommen, die ein Ausdruck unserer langfristigen Blindheit für diese Tragödie des Wissens wäre.

Um es noch einmal zu formulieren: Die Tragödie des Wissens konstituiert sich aus seinem Dilemma, sowohl zum Guten kurzfristig gebraucht, wie zum Bösen langfristig missbraucht werden zu können, und dass daher auch allein die langfristige Nutzung des kurz- und mittelfristigen Guten, zu einem langfristigen Schaden werden kann (Beispiel Klimawandel).

Wissen ist ein Mittel, das ein Heilmittel sein kann oder eine Waffe. Der Weg zum rationalen Wissen der Wissenschaften, ist *kein*

Königsweg für Frieden, Freiheit und Gerechtigkeit. Es eröffnet lediglich die Möglichkeit etwas weniger Irrtümer zu begehen. Doch, da mit jedem Wissen auch neue Unsicherheiten und Unwägbarkeiten erscheinen, gleicht sich das Potenzial der Irrtumswahrscheinlichkeit wohl wieder aus und der Frieden bleibt sogar nicht nur in gleicher Weise bedroht, sondern im Zuge der höheren Energie und präziseren Gerichtetheit der Waffensysteme, in noch größerer Gefahr gebrochen zu werden.

Wissen ist kein Gott, aber der Mensch macht nicht nur aus Gott eine Wissenschaft, die den Namen nicht verdient, wie wir heute verstehen. Die Tragödie der Wissenschaft liegt in ihrem Ansinnen, zu glauben, stetig über ihre Grenzen hinaus gehen zu müssen und zu wollen, und sie wird niemals an ein Ende des Wissens und der Erkenntnis gelangen, so die Idee der evolutionären, nach oben offenen Entwicklung menschlicher Erkenntnis. Einerseits wirkt dies inspirierend und motivierend, andererseits ist dies ernüchternd oder sogar frustrierend oder erschreckend, für manchen. Das ist damit das Dilemma, das die Tragödie des Wissens darstellt, eine Gabelung von gleichsam vorhandenen, sich widersprechenden Potenzialen.

Da der menschliche Geist und sein Denken nicht ohne Worte und Begriffe auskommt, ist die aufgehende Gabelung durch das Wissen, ein Ausdruck des Geistes, nicht zur Ruhe kommen zu können und nicht zu wissen, wie sie zur Ruhe kommen könnte. So wird die Tragödie des (außen-orientierten) Wissens zur Tragödie des nach Frieden und Erfüllung suchenden, inneren Menschen, der in der irrigen Annahme über die ihm zur Verfügung stehenden Möglichkeiten, dem (außen-orientierten) Wissen den Vorrang gibt, weil es ihm offensichtlich das Naheliegendste erscheint, das sich ihm Aufdrängende – und er doch sodann immer noch nicht weiß, was er damit anfangen soll, um seinen Frieden zu erlangen. Die dadurch aus Hilflosigkeit erscheinende Entscheidung für das kurzfristig Offensichtliche, das Wissen, das sich ihm aufdrängt und dem er sich nicht erwehren kann, ist wiederum eine Tragödie und Unvermeidlichkeit die Dinge letztlich nicht in den eigenen Händen zu halten und letztlich nicht alles bestimmen und kontrollieren zu können.

Was seine Tragödie wiederum bestätigt.

Die hier vielleicht vorgebrachte Meinung, dass wir dies Dilemma akzeptieren müssten, weil es immanent in der Logik des Gegebenen enthalten sei, gehört zu der Haltung der kurzfristigen Erfolge und Ziele eines Wissens, dass sich dem langfristigen Schaden verblindet gegenüber sieht und von diesem nichts wissen will. Diese Meinung ist Ausdruck egoisch-narzisstischer Selbstgerechtigkeit.

Aber die Vorstellung kursiert, im Zusammenhang mit dem wissenschaftlichen (außen-orientierten) Wissen, dass mit ihm Kontrolle, Sicherheit, Gerechtigkeit und Frieden erreicht werden könnten, da, so der Glaube, wenn erst einmal die Wahrheit mit ihr entdeckt sei und bekannt, würden sich die Menschen gemäß verhalten und damit die Prämissen verwirklicht werden können. Jene Prämissen, die der Wahrheit zugesprochen werden: Frieden, Freiheit, Gerechtigkeit. Wahres (außen-orientiertes) Wissen als Friedensbringer. So wird es heute noch verstanden. In einer 5-hundert jährigen Laufbahn des Erfolges des (außen-orientierten) Wissens. Eben weil in vergangenen Jahrhunderten die Erfahrung gemacht wurde, reaktiv, dass Wissen (im Allgemeinen daher auch Glaubenswissen), das nicht recht bewiesen werden kann, als Mittel der Lenkung und Unterdrückung benutzt worden war und heute immer noch wird. Vielmehr: Missbrauch und Betrug stattgefunden haben, um es harmlos zu formulieren. Damit wird aber der reaktionäre Charakter dieser Attitüde ersichtlich.

Aber diese damalige Zeit hatte es nicht vermocht die Innerlichkeit in einer Weise zu tradieren, dass daraus lebendige, gerechte, friedliche und freiheitliche Traditionen wurden. Denn sie hatte sich mit ihrem Dogmenwissen an die Äußerlichkeit (der Sonne, Sterne und Planeten) gewagt und dort behauptet, was sie nicht hätte behaupten dürfen, weil die Innerlichkeit ein anderes Feld ist (als die Äußerlichkeit der Sonne, Sterne und Planeten). Es begann so vor 5-hundert Jahren die Differenzierung zwischen Innen und Außen; die Innerlichkeit blickte auf eine tausend-jährige, äußerliche Institution zurück, die sich in die Äußerlichkeit wagte, irrtümlich; und die rationale Äußerlichkeit des Geistes befasste sich erstmals systematisch mit der Sonne, den Sternen und den Planeten – und war erfolgreich.

Und es ist eine Tragödie, wenn diese Erfolgreichen nun meinten, behaupten zu dürfen, dass es eine Innerlichkeit gar nicht gäbe, da diese bei der Vorhersage der äußeren Bewegungen der Planeten und Sonne versagt hätten, weil sie keine Beweise geben konnten, die nun – hurra – sie erbracht haben und daher nun sie allein mit der Äußerlichkeit und Veräußerlichung des Geistes das Sagen hätten und haben müssten, weil sie den Schlüssel zur Wahrheit und zum Frieden in Händen behaupten. Und doch nur damit bessere Waffen zu erfinden suchen, mit denen sie einander noch effektiver töten können. Eine Tragödie des Wissens, dass das Kind der Wahrheit mit dem Bade ausschüttet und einen eklatanten Mangel an Innerlichkeit aufweist, die ihnen etwas über Vertrauen, Liebe, Zuversicht, Hoffnung, Freiheit, Frieden und Erfüllung sagen könnte.

Doch wir können beobachten, nach inzwischen 5-hundert Jahren (außen-orientierter) Herrschaft des naturwissenschaftlichen Wissens, dass die Menschen in Sachen Vertrauen immer noch Misstrauen, in Sachen Liebe immer noch zu Hass neigen, in Sachen Zuversicht immer noch zweifeln, in Sachen Hoffnung schnell resignieren, in Sachen Freiheit sich täuschen, da sie der Außenorientierung den Vorzug vor der Innenorientierung geben, in Sachen Frieden zielsicherere und tödlichere Kriege als noch zuvor anzetteln, und in Sachen Erfüllung der Mensch durch eine zahllose Masse an Ablenkung äußerlich zufrieden scheint, aber innerlich leer und wüst, trocken und unglücklich, seelisch vertrocknet ist.

Und so hoffen sie durch äußerliche Beweise in die Richtigkeit zu gelangen und damit in richtiges, friedliches und gemeinschaftliches Handeln. Aber das naturwissenschaftliche Wissen, das empirische Beweise aus theoretischen Vorhersagen gestalten kann, ist nicht unbedingt auf der Ebene des menschlichen Handelns anzuwenden. Und nicht für die Innerlichkeit und die Tragödie der institutionalisierten Veräußerlichung innerer Weisheiten. Das scheint mehr der Triumph der Erfolgreichen zu sein, wie diejenigen Sieger eines Krieges, die sich darüber auch noch freuen.

Beweise der Ethik zeigen sich nur aus persönlich hingebender Haltung und Lebensverwirklichung. Nicht: über den Weg der Objektivität der Mathematik mit Bezug auf die reale Welt der Materie da draußen. Hier wird selbst die angeblich rationale Wissenschaftlichkeit zu einem Szientismus, einem Absolutismus, der ihre hoffnungsfrohen Prämissen nicht richtig anwendet und in diesem Gefolge, die Institutionalisierung vorantreibt, was uns erst die Industrien hervorbringt, die für die ungute Seite der Wissenssuche und des Erkenntnisforschens, verantwortlich sind: nämlich solche, die Atomkraftwerke bauen und Technik für die neuestes Waffen nutzt (allgemein formuliert).

Dass die Mathematik ihren Kurt Gödel hatte und hat, der gezeigt hat, dass es formale, rationale Systeme gibt, die wahre Sätze beinhalten, die nicht bewiesen werden können, zeigt eine weitere Tragödie, wenn bisher verstanden wurde, dass allein mit rationalen Mittel des kognitiven Geistes jede Wahrheit gefunden und bewiesen werden könne. Aber dieser Irrtum, der durch die Gödelsche Kränkung offensichtlich wird, ist der Ausdruck von Tragödie mancher, die annehmen, der Mensch wäre allein durch sein Denken in der Lage alle Wahrheit zu beweisen. Dass das rationale Kalkül Wissen nutzt und nicht Weisheit, ist seine Tragödie, denn mit Weisheit erlebte der rationale Mensch eine Erweiterung seiner Erkenntnisfähigkeit, die ihm durch die Fixierung auf die rationale Ebene verschlossen blieb. Eine Tragödie des Wissens.

Auch ist es die Tragödie aller guten Absicht, dass sie ins Negative verkehrt wird, wenn ihr eine absolutistische Heilbringung zugesprochen wird. Und der Szientismus, der Absolutismus des Strebens nach Wissen und Worten, die Nutzung des Wissens, gehören hier dazu. Er ist eine undifferenzierte Blindheit aus einer projektiven Selbstgerechtigkeit stammend, gepaart mit der Not, mit den eigenen kognitiven Anlagen, einen Lebensunterhalt zu verdienen, die meint, sich die eine Lösung einverleiben zu können. In Wirklichkeit ist es ein Ausdruck von Selbstgerechtigkeit, die noch nicht richtig verstanden hat, was der *Weg der Erkenntnis* eigentlich ist und bedeutet, jener Weg, den die Ersten und Beginnenden allen neuen

Wissens und aller Revolution gegangen sind, wie Kopernikus, Galilei, Newton, Einstein, Bohr, Heisenberg und Schrödinger – und daher diese Selbstgerechtigkeit noch den Wissensweg mit dem Erkenntnisweg verwechselt und nur den einfacheren und bequemeren Wissensweg geht. Es spielt hier sicherlich auch ein Zug der Gnade mit eine Rolle, die damit den nur im Wissen strebenden in Schutz nimmt und ihm keinen Vorwurf daraus macht. Denn die Gnade ist zu gewissem Grade auch Schicksal, das bekanntlich nicht unbedingt in der eigenen Hand zu liegen kommt.

Denn das Erkenne-dich-selbst der Suche nach Selbsterkenntnis, Erfüllung, Glück und Gerechtigkeit, wird zur Forderung: Verkenne nicht den Herdentrieb, den *Lemminge-Effekt*. Die Lemminge, die ja bekanntlich einer nach dem anderen, in alle möglichen Richtungen gehen, in denen einer meint, die anderen führen zu müssen – und dann alle auch noch nach und nach in den Abgrund stürzen. Früher oder später – oder alle gemeinsam sich sonst wohin verirren, in der Sackgasse landen und sich gegenseitig behindern, da wieder raus zu kommen und schließlich stecken bleiben.

Und in der Tat, gerade auch heute, im Zuge der digitalen Speicherung von Wissen, Daten und Information, wird mit der Attitüde der Selbstgerechtigkeit und Selbstgefälligkeit, Wissen missbraucht, werden Daten missbraucht, gestohlen, eingesehen, um Menschen zu schaden, in der Vorstellung, Wissen sei Macht – und dabei ihre vergewaltigende Attitüde nicht beachtet. Das globale Internet ist hier der Tatort, in dem das Wissen und die Informationen in die falschen Hände gelangt und dort allen zur Verfügung gestellt werden kann und wird. Die Offenlegung von Millionen Passwörtern ist das Paradies für alle Cyberverbrecher. Und die Offenlegung von Bauplänen für Bomben im Internet ist das falsch verstandene, angebliche Recht, das Wissen allen zur Verfügung zu stellen. Freiheit des Wissens als heruntergeladene Hinführung zum Mord. Eine Tragödie.

Denn hier findet nicht ein Ausdruck von Macht statt, sondern von Machtmissbrauch. Und Wissen wird erst für manche zur Macht, wenn sie glauben, Macht an sich reißen zu müssen und andere glauben damit unterdrücken zu müssen. Wissen aber, ist nicht Macht, Wissen wird mitunter erst in den falschen Händen der Verbrecher zu einem Mittel des Verbrechens und des Machtmissbrauchs, das solche Leute mit Macht verwechseln, denn sie missbrauchen Macht und Technik zum Schaden für andere. Das ist Tragödie. Das ist die Tragödie des Wissens in den falschen Händen.

Solche missbrauchen also die Macht der Technik und vergewaltigen damit andere, die mit diesem Wissen in Verbindung gebracht werden. Macht dagegen, die auf echtem Wissen beruht und einer guten Ethik des Dienens am Menschen und der uns umgebenden Schöpfung, wird lehren und belehren – und nicht kurzfristige Ziele, Siege, Verletzungen oder Schaden anrichten wollen. So behindert solcher Machtmissbrauch die Menschen oder manche Menschen und lässt auch diejenigen, die die Macht missbrauchen, wie Lemminge in den Abgrund stürzen, obwohl diese doch meinten, sie gingen als Sieger davon. Aber diese Lemminge-Führer, haben das größere Bild der Bewegung und Dynamik ihres Tuns und ihres vermeintlichen Charakters noch nicht verstanden und sind ihm noch nicht einsichtig geworden – eben weil sie die grundsätzliche Idee des Erkenne-dich-selbst, des Erkenntnisweges und die Forderung des Verkenne-nicht-den-Herdentrieb, ignorieren, wie die Lemminge und blind einander folgen, unkritisch und unreflektiert. Und dadurch, als solche, daran mitwirken das ganze menschliche Geschlecht in den Abgrund zu führen oder nicht mithelfen, aus den Sackgassen des Durcheinanders der menschlichen Gesellschaften herauszukommen, sondern dies, aus Eigennutz und mit Machtmissbrauch, behindern und verhindern. Statt das Wissen zu ordnen oder wirklich neues davon zu schaffen, wird es missbraucht durch die Verbrecher der Tragödien des Wissens in den falschen Händen.

Und wohl verstanden: Der Abgrund liegt nicht vor uns in der Zeit, sondern ereignet sich immer wieder, allmählich, kontinuierlich, im Hier und Heute. Es ist das bereits genannte *Suizidale* in der großen Bewegung der Menschheit der letzten Jahrtausende, das hier gemeint ist. Wer hier zweifelt, soll nur mal einen beherzten Blick auf das 20-ste Jahrhundert werfen: Thema Weltkriege, Thema wissenschaftliche Erkenntnis über das Atom, Quantentheorie und Atombomben. Wer hier am Vorhandensein eines Abgrunds zweifelt (und dass auch schon Lemminge verschlungen wurden), sollte den Blick schärfen und klüger und tiefer nachdenken. Wer hier den Machtmissbrauch des Menschlichen nicht erkennen sollte, liest oder empfiehlt entweder die falschen Bücher und Autoren oder kann die Tragödie darin einfach noch nicht nachvollziehen. Die Tragödie des Wissens ist auch eine Tragödie des Lemminge-Effekts. –

Das echte, allgemeine oder private Wissen in den Händen von Verbrechern, stellt ein Machtmissbrauch dar, der stattfindet, weil diesen Leuten das Wissen fehlt, wie einander keinen Schaden zugefügt werden soll, und weil sie ein monetäres Eigeninteresse verfolgen. Das ist das, was die Tragödie des *Unwissens* genannt werden kann. Und das ist die Tragödie der Verbrecher, die wieder einmal nicht wissen, wie man Wissen *richtig* anwendet und richtig verwendet oder auf sich beruhen lässt und in der Schwebe. Sie missbrauchen Wissen und damit auch ihre Möglichkeiten menschlich zu sein, das heißt, in Frieden, Freiheit und Gerechtigkeit zu streben. –

Die Tragödie des Wissens ist auch darin zu sehen, dass zu einem gewissen Wissen Information hinzugefügt werden kann oder anderes weggelassen. Was manipulative Möglichkeiten besitzt aufgrund der Mengenartigkeit und Bruchstückhaftigkeit des Wissens. Wiederum ist es die Frage der verantwortungsbewussten Nutzung von Wissen, die darüber entscheidet, ob eine friedliche Nutzung und eine erkenntnisreiche Lehre erreicht werden können oder ob damit versucht wird Menschen zu diskreditieren, in Misskredit zu bringen, sie moralisch anzuschwärzen, in ein Zwielicht zu stellen und in den Argwohn der Vorverurteilung.

Die Tragödie des Wissens ist also wieder seine beliebige Verfügbarkeit und Nutzbarkeit, seine variable Möglichkeit zusammengesetzt zu werden und sein Potenzial Missbrauch unterworfen werden zu können.

Aber es ist zugleich die Möglichkeit gegeben, sich um das echte Wissen zu bemühen, um die Erkenntnis im Augenblick, es für sich selbst oder dialogisch gemeinsam zu erarbeiten, zu bewegen, zu betrachten und zu befragen, zu wägen und zu prüfen, um vorbereitet zu sein für die morbide Möglichkeit des Missbrauchs und der Ergreifung einer Macht, die gezielt schaden will und einseitige Pfründe rücksichtslos zu sichern sucht. Aber auch der unbewusst verursachte Schaden kann nicht geleugnet werden, durch jene Verabsolutierung der Äußerlichkeit und Ignoranz gegenüber der Innerlichkeit, jene diskriminierende und dann doch bewusst werdende Haltung, die Sokrates (den Weisen) zum Tode verurteilt, die Jesus von Nazareth (den Heiligen) kreuzigt, die Giordano Bruno (den Freidenker) auf dem Scheiterhaufen verbrennt, die Margarete Porete (die Liebesdienerin) ebenso verbrennt, die Oscar Wilde (den Schriftsteller) ausgrenzt, einsperrt und physisch und psychisch ruiniert.

Das echte Wissen und die Erkenntnis des Augenblicks aber, ist einzig das, was durch tatsächliche Arbeit und Aufrichtigkeit erworben wurde oder sich augenblicklich von selbst entfaltet – und kein auswendig gelerntes, einverleibtes oder gestohlenes Wissen darstellt. Denn echtes Wissen und die Erkenntnis des Augenblicks, bedarf eines eigenständigen Denkens und Forschens, das durch Selbsterfahrung und Vergegenwärtigung von Strukturen und Logik, zum Beweis seiner in diesem Rahmen gültigen Richtigkeit vorgedrungen ist. Das andere genannte Wissen, benutzt lediglich den informationellen Charakter des Wissens, um Vorteil für die entsprechenden Akteure und Nachteil für andere zu erwirken.

Wer das Wissen im menschlichen Bereich erarbeitet und Ethik ergründet, wird zu einer menschlichen Haltung kommen, die ihn in die Verantwortung setzt vernünftig zu denken. Wer dagegen einer ungesunden Stimmung ausgesetzt ist, wird Nützlichkeitserwägungen anstellen und damit seine Verantwortung dem Nutzen unterwerfen, was bedeutet, dass ein Nutzen für ihn, ein Nachteil und Schaden für andere bedeutet. Echtes Wissen und die innere Haltung dabei, die mit ihm vertraut ist, wird eine solche Attitüde der Verantwortungslosigkeit zu verwerfen tendieren und die Verantwortung über die Nützlichkeit stellen, besonders bei der langfristigen Verantwortung, bei der eine Äußerlichkeit es weniger wichtig nimmt und damit verantwortungslos scheint, da ihr der innere Kompass der Vernunft nicht vor dem inneren Auge ist, da sie ja die Innerlichkeit schmäht.

Und wer mit bloßem Wissen (Information, Daten, Glaubenswissen, bruchstückhaftem Wissen) einen Kampf unterhält und füttert, der ist sowieso der Ignoranz gegenüber dem echten Wissen, der Erkenntnis des Augenblicks und gegenüber einer echten Ethik ausgesetzt. Er ist Opfer seines eigenen Unwissens, denn er setzt das, was er glaubt zu wissen und was richtig und gerecht sei, über anderer Erkenntnis und Wissen, anmaßend und überheblich, um es zu bekämpfen. Das ist damit sein Ausdruck der Tragödie seines Wissens, das anderes (echtes, innen-orientiertes) Wissen ignoriert und bekämpft. Das ist der Ausdruck des Verbrechens des Lemminge-Effekts, der vorausgeht und andere, die ihm folgen, in den Abgrund stürzen lässt, in den er selber bereits voraus gefallen ist.

Die Lemminge sind auch Meister in der Projektion ihrer eigenen, dunklen Geheimnisse auf andere. Dass die Projektion eine eigene Kategorie von Tragödie ist, wird im folgenden Kapitel erläutert.

4
Die projektive Tragödie

»*Verborgen aus den dunklen Welten
erwirkt der Mensch sich seine Welt
und will so durch die Kämpfe gelten
und opfert sich und stets den Held –
und merkt es nicht, dass er es ist,
der da-bei noch das Glück vermisst.*«

Was die gefallenen Helden, die andere Helden zum Fallen brachten, stets vermissen, sind sie selbst, sind sie selbst in ihrer morbiden Freude, die aufrichtig sein könnte, doch die sie vermissen und von der sie nicht wissen, dass es sie gibt.

Was hierdurch induziert wird, ist eine Projektion des eigenen Inneren auf ein anderes Außen. Es wird die eigene Tragödie zu anderen hin verlagert, diesen angedichtet, unterstellt und andere dadurch tragisch Opfer werden lassen. Das Feuer der Unterstellung trägt sich mitunter weiter, wenn es nicht ausgeblasen wird, das Feuer der Projektion entfacht das langanhaltende Unverständnis und Schweigen der Beteiligten. Um es harmlos zu formulieren.

Das Misstrauen der Unaufrichtigkeit, wie wir es vorangehend besprochen haben, hat etwas weiteres zur Folge, nämlich die Projektion des eigenen Leides und der eigenen Verwirrung auf andere und die Induktion einer weiteren Tragödie, die projektive Tragödie. Was ist darunter zu verstehen?

Es ist die Tragödie der Projektion, der nach außen verlagerte, innere Konflikt, der im Außen dargestellte Konflikt einer inneren Zerrissenheit und Unsicherheit, die sich durch Unruhe, Widerspruch und Furcht, Einbildung, Widerstand und falsche Ansichten, glaubt durch Siege über andere, im Außen, einen Sinn ergreifen zu müssen und ventilhafte, kurzfristige Linderung von eigenem, unbewusstem Leid zu erhoffen. Doch der Sinn kann nicht ergriffen, er muss erfahren werden und der Mensch *von ihm* ergriffen werden. Was solch ein nach außen verlagerter Kampf also findet, ist lediglich die seelenlose Inszenierung einer sich groß wähnenden Verzerrung, aus der eigenen Hilflosigkeit und dem Mangel an Fähigkeit Tränen zuzulassen, eine veräußerlichte Täuschung des verinnerlichten Selbstbetrugs und des innerlich vorhandenen Leides. Es ist die trockene Darstellung der eigenen Agonie, die in die Figuren hinein gedichtet werden, mal mehr, mal weniger hinzugedichtet, und der Staub der Jahrtausende der Menschheit, mit ihren Kriegen und Kämpfen, mit ihren Heldenstürzen und Königsmördern, verdeckt und verdreckt den friedvollen Blick auf ein schönes, warmes und lebendiges Gefühl der Anteilnahme an dem Leben anderer. Das Leben bleibt dunkel, die Welten trübe, und unter dem Staub der Geschichte, gärt immer wieder dasselbe heran, die projektive Tragödie, die Verlagerung seines Lebensproblems weg von sich, in das dunkle Andere und Fremde.

So können solche Tragödien auch nicht Licht spenden, sondern mehr dazu dienen, die dunklen Tendenzen und Kräfte darzustellen, die uns Menschen innerlich bewegen oder beherrschen können, mit denen wir mehr oder weniger ringen und die mit Schmerz und Leid verbunden sind und uns vor uns selbst entfliehen lassen. Die Projektion geschieht eben aus dem übervollen Potenzial an schmerzlichen Energien, die sich nur weg von der eigenen Wesenheit hin auf die Bühne, in die Geschichte eines Buches hinein oder in die Filmdarstellung hineinprojizieren.

Wir wissen, dass in den Figuren der Romane, der Erzählungen und auch darstellenden Bühnenkunst, sich die Autoren zuweilen selbst zeigen, zuweilen verborgen halten wollen oder einfach zuweilen zugespitzte Feindbilder, projektiv hinein inszeniert werden. Wer also als Kulturkritiker und Beobachter wissen will, was aus den Werken der Dichter, Denker, Schreiber und Autoren zu lernen ist, der sollte auch immer auf der Suche und Analyse nach der Psychologie der Erfinder solcher Werke sein und besonders mit klugem Auge auf die Ethik, die darin zum Ausdruck kommt, beobachten und analysieren. Er muss auch die Schatten und Umdeutungen zu erkennen suchen, die nicht genannten Tabus, die unterschwellige Gewalt und die egoisch-narzisstische Selbstverliebtheit, Selbstgerechtigkeit und Selbstherrlichkeit der Autoren. Er muss dabei selbst in Ethik gegründet sein, muss das Licht *und* die Schatten zu nennen wissen und diese stetig zu ergründen und zu entfalten suchen, er muss stetig dabei sein, Ethik im guten, wahren, schönen Sinne entfalten zu lassen. Das heißt, nur wer sich selbst stetig in diesen ethischen Zusammenhang stellt und den Unterschied zwischen Ethik und Moral kennt, wird gewappneter sein die moralisierende und zurechtweisende, Gewalt versteckende Attitüde der Moral erkennen, was etwas anderes ist als Ethik. Und er muss die Projektionen deuten können.

Ethik legt dar, inwiefern Differenzierungen notwendig sind, um Integration in das lebendige Gefüge der Gemeinschaft zu ermöglichen und damit den Vielen die Möglichkeit eröffnet wird, zu verstehen – und nicht lediglich bestimmter Teile der Gesellschaft eine monotone Orientierung und Bestätigung angeboten wird, wie in der Moral, die eben mit Gewalt, Strafe und Drohung agiert, im Gegensatz zur Ethik. Wer dies nicht beachtet und nicht ersehen und erspüren kann, wird auch nicht die Schattenseiten der Moral erkennen und damit nicht die projektive Tragödie, die dabei zum Ausdruck kommt, erkennen.

Gerade das Verborgene zeigt sich in den Projektionen auf den Bühnen der Welt. Denn es ist die Tragödie des menschlichen Bewusstseins, dass es nur zu einem kleinen Teil bewusst sein kann und daher die unbewussten Kräfte sich durch die Kanäle der Sprache, Schrift, Handlung und Inszenierung, Aspekte des Inneren im Außen, darzustellen sucht.

Der Leid behaftete Mensch und Künstler, der aus seiner inneren Not ein äußeres Werk sucht zu erwirken, der ein Einkommen sucht zu erlangen und – mehr als bedingte Notdurft – dahin gerät nicht anders zu können, als seine umgedeutete Verzweiflung dem Publikum anzubieten – dieser Mensch, Künstler und Autor, steht auch hier und da im Verdacht, einem noch drängenderen Verlangen zu gehorchen, nämlich seiner Bedürftigkeit, Gewalt inszenieren zu müssen, weil er am Leben krankt und das Leben hasst. Daher sind auch zuweilen – natürlich nicht stetig und überall – Gewaltprojektionen und versteckte Hassäußerungen in den Werken der Bühnen der Welt zu finden, in den Filmen der Kinos und des Fernsehens. Und es treibt diese Autoren eine Not dazu.

Die innere Hilflosigkeit am Leben bleiben zu wollen und doch nicht zu wissen, wie genau zu leben ist, zeugt gerade die Tragödien, die nach außen verlagert diese Hilflosigkeit in ihre Protagonisten hinein zu legen tendiert. Eine aus innerer und bewusster Verdrängung nach außen verlagerte Hilflosigkeit, die den Helden am Ende noch sterben lässt und die das Scheitern so dunkel dargestellt wissen will. Dies ist gerade nicht in der Lage ein Licht und Vertrauen zu spenden, sondern mehr träge und dumpf zu belassen, was im Publikum selbst noch träge, dumpf und dunkel ist, will doch das anscheinend interessierte Publikum sich mit seiner eigenen Weisheit vertraut machen, wenn es gesund fühlt, denkt und handelt. Doch in der projektiven Tragödie der Autoren wird das Dunkle dunkel belassen und nicht Helle oder Sicht gespendet, die Aussicht und Erkenntnis bedeuten. Eine Tragödie also, weil Leid im Leid belassen wird und die Chance zur Befreiung und Hindeutung auf Licht und Erfüllung von Sehnsucht, unterlassen wird. Weil diese Autoren es nicht anders können und in ihre Leiden verstrickt sind, das in ihren Werken zu finden ist, hoffnungslos zuweilen, zynisch und gewiss kalt. Eine Tragödie also.

So ist solche projektive Tragödie der Ausdruck von Enttäuschung hoffnungsloser Geister, die kein Licht anzünden, sondern Helden sterben lassen und nicht verspüren, wie sie ihren eigenen suizidalen Impuls finalisieren und doch dabei noch so viel Leben in sich zu haben scheinen, es nicht für sich selbst zu vollenden. Vielleicht auch ist es ein Stück Feigheit, ein als dunkel erfahrenes Leben, das sich nicht anders zu helfen weiß, als dunkle Szenen zu inszenieren, der Erbärmlichkeit der eigenen Weltanschauung ein Ende zu bereiten. Hier geht dann die persönliche Tragödie in den Nervenkitzel des Thrillers über, wo auch gleichsam die innere Unruhe eines Autors durch fürchterliche Darstellungen und Erzählungen in die Erregung getrieben werden soll, um die innere Unruhe überspielt nicht wahrnehmen zu müssen. Und dabei doch ein Einkommen zu erzielen, weil leider ein weltliches Publikum allzu gern solchen Nervenkitzel annimmt. Dass dies eine andere Tragödie ist, nämlich die der Langeweile, Unempfindlichkeit und Gleichgültigkeit gegenüber Gewalt und Leid, wäre in einem weiteren Kapitel zu beschreiben. So gehen die projektive Tragödie mancher Autoren eine Symbiose ein, mit der Tragödie der Langeweile und Beliebigkeit, der Tragödie des Desinteresses und Selbstgefälligkeit, eines Großteils des Publikums.

Die Projektion der inneren Tragödie auf andere hin, sei es auf Figuren in einem Stück oder auf Mitmenschen und Bürger der eigenen Lebenssphäre, ist damit ein Ausweichen vor der eigentlichen Verantwortung, sich lebendig erfahrene Antworten auf die existenziellen Lebensfragen zu finden und zu geben. Sie entspricht lediglich einer Verlagerung des inneren Leidens in szenische Bilder in entsprechenden Stücken oder auf andere Menschen, die in ihnen selbst etwas von ihrer Lebendigkeit voraushaben, die sie in sich unterdrückt und verdrängt halten und die sie verurteilt haben – und so nun diese Lebendigen verurteilen müssen. So stirbt der Held in ihnen selber als aller Erstes, und er wird sterbend, stellvertretend im Außen darstellend, inszeniert.

Es ist jenes erstarrte Blickverfangen-Sein, das aus dem traurigen Inneren der verstaubten und vertrockneten Geist-Seele heraustritt und letztlich doch verzweifelt sich danach sehnt in einem Außen, irgendwo da draußen, sich doch noch zu finden. Die Erstarrung der Freude, die das wirklich Lebendige sein könnte, findet kein Wasser der Erfrischung, keine Wärme des Vertrauens, keine Bewegung im Wind des guten Wetters. Wie denn auch? Das gute Wetter ist nicht bekannt, wurde nie wirklich erfahren; das schlechte Wetter der Dunkelmalerei, die irgendwann übernommen wurde, weil die

Agonie überhand nahm und die Ohnmacht den Sieg davon getragen hatte, wurde zum Normalzustand der Gemütsverfassung. So sind die Tragödien der Welt, die Thriller und Tatorte und die Tragödien der Bühnen der Welt, Reproduktionen und Verlagerungen innerer Tragödien, sie zeigen die Agonie ihrer Autoren, die Projektionen der inneren Agonie verzweifelter Geister und gleichsam ohne Eingeständnis dieser Verzweiflung, sich durch das Sterben lassen des Helden sich eine Macht über Leben und Tod zu illusionieren.

Und kein Licht am Himmel zu haben und nur das Dunkle siegen zu lassen, die Projektionen des Ergebnisses aus den Betrachtungen und Schlussfolgerungen der Geschichte und Gegenwart, erbarmungslos dunkel siegen zu lassen. Und das heißt, den Tod und das Verderben.

Und nicht die Wärme des Augenblicks, nicht die Freude der Gegenwart, nicht den Frieden der gewöhnlichen und erfahrenen Gemeinschaft, nicht die Weite der gesunden Seele und des ruhigen und geordneten Geistes, nicht die Erkenntnis der Wahrheit in der Wahrhaftigkeit des Augenblicks.

Die projektive Tragödie ist daher die Projektion des Dunklen in der Menschenwelt, ihre missglückten Beziehungen, ihre falschen Freunde, ihre eitlen Feinde, ihre verderbte Gesinnung. Doch das Leben besteht nicht nur aus solchen dunklen Begebenheiten, nur die projektive Tragödie lässt dieses Dunkle herausstreichen. Und bietet kaum bis gar nicht Lösungen an, gibt kaum gute und gelingende Erfahrungen an, die das Helle und Wahrhaftige zeigten, das nicht erfunden ist, sondern einfach nur zu wenig berücksichtigt und kaum beachtet. So erscheint auch die Missgunst, das Misstrauen, der Neid, die Eifersucht und die Aggression, weil der Mensch zu sehr in Projektionen lebt, denkt und fühlt. So lebt er aber nicht wirklich, so strebt er nicht wirklich hin zu einem eigenen Glück, das auch für die Vielen anderen werden soll.

Das Leben, das noch nicht gelebt wird, wird als gescheiterter Held auf den Bühnen der Welt inszeniert, und der Tod, der unvermeidlich ist, wird strategisch, erzählerisch und szenisch gestaltet. Und es wird darauf hingewirkt, dass die Tragödie, wieder einmal, ein Ausdruck der suizidalen Tendenz jener Menschen und Autoren darstellt, die insgeheim am Leben verzweifeln und zuweilen, allzu gerne, andere in Verzweiflung stürzen wollen. Nicht in jedem Falle natürlich, aber beobachtbar und nachvollziehbar in so manchen anderen.

So ist die projektive Tragödie überwiegend ein Ausdruck der Erbarmungslosigkeit und Narrheit des Menschen, der aus einem unaufrichtigen, erbärmlichen Leben eine pseudo-edle Heldenpose zu inszenieren beabsichtigt, die mehr zu einer Posse gerät, um sich wenigstens selbst in einen Glauben der eitlen Genugtuung zu wiegen. Aber er wiegt nicht viel. Das Leben ist ihm kein Schwergewicht, denn er nimmt es zu leicht, weil die inszenierte projektive Tragödie doch letztlich den Ernst des Daseins nicht begriffen hat. Denn im Ernst liegt Gewicht (auf den Humor dabei, komme ich im übernächsten Kapitel zu sprechen). Denn wer den Ernst des Daseins begriffen hat, der wird sich auf die Suche machen und gerade nicht aufhören kluge Fragen zu stellen, er wird lernen, bei Zeiten zu schweigen und weiter zu gehen, anstatt den Helden zu spielen, der den unvermeidlichen Tod vorwegnimmt und ihn selbst, bewusst herausfordert und sogar intendiert, indem er sein morbides, unbewusstes Inneres nach Außen verlagert.

Der Held und Autor, der den Tod ersehnt, weil er das (oder sein) erbärmliche(s) Dasein nicht (mehr) zu ertragen im Stande ist, wird seine innere Verzweiflung anderen andichten, sie nach außen verlagern und sich dadurch, morbide getröstet, gefunden glauben und doch noch nicht zufrieden sein und doch noch nicht in Frieden sein können. Und es sind daher solche Helden zu befragen: Sollte dies die letzte Wahrheit deiner irdischen Tragödie sein? Sollte dies der letzte Schluss für dein ganz persönliches Leben sein? Sollte die Verschiebung deiner Tragödie deine finale Bemerkung über das Leben sein, wo du dich dort gar nicht siehst und findest und glaubst über das Leben etwas ausgesagt zu haben? Wo bist du? Und wann bist du? Wo und wann bist du der sterbende Held, den du inszeniert hast? – Die projektive Tragödie lässt die Fragen offen oder resigniert als das, was sie ist: eine Tragödie.

Denn wenn der Held und Autor begriffen hätte, wo und wann

er selber zu finden sei, wäre er gar nicht auf die Idee mit dem sterbenden Helden gekommen, er hätte seine eigene Tragödie gar nicht erst inszeniert, weil er sie nicht von sich weg empfinden würde und nicht vor sich hin stellen müsste oder anderen präsentieren. Er kennt sie ja schließlich deutlich genug. Nur ein Held und Autor, ein Pseudoheld und Schreiber, der andere Helden sterben lassen will, wird sie ersuchen auf den Bühnen und Leinwänden der Welt sterben zu lassen. Nicht unbedingt immer am Ende, doch gerade durch seinen Hohn und Spott und gespielten Humor, mit dem so mancher Autor sich verrät.

Die projektive Tragödie setzt nur woanders fort, was es sich selbst nicht zugestehen mag oder was es zum Muster, Ideal, zur Ideologie, zur Phrase oder zum Glauben erhöht. Unglauben in das Lebendige, Misstrauen in die Nächsten, Aberglauben im Abstrusen, der glauben will, was er glauben muss, was er aus seiner Ohnmacht heraus sich zu glauben gezwungen sieht. Seine Verweigerung gegenüber Schönheit, seine Verdrehung der Klarheit, seine Verzerrung der Sichten, seine Einfältigkeit in der Deutung der Wahrnehmungen, seine Dummheit vor der schöpferischen, irdischen und kósmischen Vielfalt – die ihn staunen machen sollte und still und nicht, wie er, überheblich und eingebildet anderen unterstellend, was er selbst in sich nicht anzuschauen wagt. Nur weil er seine eigene Tragödie nicht schaut und nicht deutlich genug spürt, kann er anderer Tragödien inszenieren und präsentieren. Aber ihm fehlt Selbsterkenntnis. Das ist eine Begleiterscheinung der projektiven Tragödie.

Die projektive Tragödie ist also ein Ausdruck der Feigheit seiner Protagonisten, sich auf den Weg der Erkenntnis zu begeben, weil sie es nicht wagen, sich selber anzuschauen, die feinen Gefühle, die verführerischen Spiele der Schöpfung, die Gefahren der eitlen Wertungen des kruden Geistes. Diese Art Tragödie weißt sich selbst ab, weißt von sich, was sie ist, verneint und verweigert die Innerlichkeit und Feinheit eines Daseins, das den Helden verwirrt und er sich vergeblich woanders Befriedigung zu suchen gezwungen empfindet – und dabei doch nur unterstellende Absicht und Misstrauen sät.

Die Projektion, aus der verirrten Innerlichkeit heraus, die uns die kruden Welten zeugt, ist der Ausdruck einer Wahrnehmung, die aus dem Druck der inneren Verzweiflung gar nicht anders kann, als sich im Außen, woanders, im Anderen, im Fremden, zu suchen. Aber es ist noch nicht einmal eine Suche, es ist die Darstellung und Erzeugung einer Realität, die das verworrene und verdorbene Innere in die Welt hinein zum Ausdruck bringt und sich selbst glauben macht, es hätte die Wahrheit gepachtet. Die projektive Tragödie erkennt nicht, dass sie dieses Außen *ist*. So entstehen Feindschaft und die Spaltung von gut und böse. So entstehen Kriege und die Trennung des Menschen von sich selbst. So entsteht ein Ast der Menschheit, am Baum des Lebens, der abzubrechen droht und gleichsam noch den ganzen Baum bedroht.

Es ist jene Anmaßung damit verbunden, zu glauben, den Anderen, den Fremden rechtens taxiert zu haben, ihn gerecht bewertet zu haben – und doch nicht zu begreifen, dass er sich selbst gerade verurteilt und verdammt. Die projektive Tragödie ist daher so verloren für sich selbst, dass die Hohlheit ihrer Protagonisten einen deutlichen Ton von sich gibt, wenn man nur freundlich und sachte mit den richtigen Fragen anklopft. Der Hohlkörper, deren Geist-Gemüt, ist ein repulsiver und widerständiger Raumkörper, der für sich stets dazu tendiert, mehr Platz einzunehmen, als die Luft einnimmt, die er selber einschließt. Denn seine Tendenz zu implodieren und suizidal zu werden, entstammt einem Unterdruck, den er sich selbst hat angedeihen lassen, indem er sich einerseits selbst austrocknen hat lassen und andererseits sich selbst die Luft zum Leben hat nehmen lassen. Indem er zuließ, dass andere ihn beherrschen, muss er nun versuchen, andere und anderes zu beherrschen. Er hat es zugelassen, dass man ihm das Leben nimmt, Stück für Stück, über Jahre. Und so muss er diese Schandtat anderen andichten, sie moralisch verwerfen und sich mit Gewalt und fäkal-analer Sprache notdürftig am Leben halten. Film und Fernsehen zeigen das hin und wieder.

Die hell- bis dunkelbraune Masse, die man ihm eingebrockt hat, will er nun auch anderen einbrocken. Und so projiziert er seinen

Die projektive Tragödie

Kampf um das rechte Mahl auf andere, und erfindet Feinde und Scheingründe, um seinen Kampf führen zu dürfen. Seine Tragödie will den Tod, weil er sich selbst verloren hatte, weil er den Kontakt zum Lebendigen verloren hatte oder weil er selbst dazu erniedrigt wurde, dass ihm der Appetit am Lebendigen verloren gegangen ist und verdorben wurde. So vermiest er dem Anderen, dem Fremden ebenso den Appetit, kein anderer darf es besser haben als er. Und wer genauso ist, wie er, wird ignoriert, weil er uninteressant auf ihn wirkt – oder er wird als Verschworener rekrutiert, um dem gemeinsam halluzinierten Feind eine Gegenmacht darstellen zu können.

Solche begreifen ihre projektive Fäkalsprache nicht und nicht ihre analen Anzüglichkeiten, die von ihnen zuweilen zu hören sind oder in ihren Inszenierungen zu finden. Diese sind ein Ausdruck ihrer eigenen, geistig-seelischen Abfallprodukte, die sie nicht loswerden können. Und sie machen gleichsam andere damit schmutzig, geben ihnen die Verantwortung und fordern sie auf, für sie in den Tod zu gehen. Schuldprojektion und Hassverworrenheit. Ihre geistige Verdauung des Lebens ist nicht in Ordnung, und so leiden sie an Verstopfung ihres Gemüts und müssen ihre braune Füllung anders loswerden und eitel kundtun.

Sie sind die bei lebendigem, geistig-seelischem Leibe verrottenden Kothaufen, die sich an Tragödie ergötzen, weil sie den Helden gerne sterben sehen und sich dort getrost finden wollen in der Ansicht, dass andere es nicht besser haben als sie, dass andere es nicht besser haben dürften und nicht besser haben sollten als sie. Wer lebendig ist, ist ihnen verdächtig. Wer neugierig ist, ist ihnen Streber. Wer auf dem Bett liegt und nachdenkt, ist ihnen faul. Aber sie sind verdächtig unlebendig, sie sind die uninteressierten Streber, sie sind die denkfaulen Geister träger Gesinnung in einem verkoteten Bett. Ihre Projektion wird dadurch deutlich.

Denn ihre innere Resignation ist alles, was sie kennen und sie glauben daraus einen Sieg gestalten zu müssen, sei es im Leben gegen andere zu siegen, im Sport, im Beruf, im allgemeinen Wettbewerb um die besten Früchte und Gehälter, den besten Nutzen für sich selbst. Oder sei es auf der Bühne sich ihren tragischen

Sieg zu illusionieren und projektiv glauben zu machen, sie hätten Recht oder Macht. Aber die projektive Tragödie ist ein Ausdruck der Machtlosigkeit gegenüber Leben und Lebendigkeit, ein Ausdruck des morbiden Mechanismus das Leben und die Lebendigkeit zu unterdrücken und zu verdrängen.

Und so wird auch die Bedürftigkeit zur Macht geboren, die nicht befreien will, sondern unterdrücken und letzteres dann jenen zu unterstellen tendiert, die fern suizidaler Impulse das Lebendige feiern, die feinen Gefühlswelten zu ergründen bereit sind und die sachlichen Gespräche vertrauensvoll zu leben suchen. Aber die Protagonisten der projektiven Tragödie suchen nicht, sie erbeuten, sie fragen nicht, sie verurteilen, sie suchen nicht zu befreien und zu trösten, sie wollen unterdrücken und in Schande werfen.

Jeder anale, verkotete und verkotende Geist, wird zu einem Protagonisten der projektiven Tragödie werden, er wird mit solchem, aus seiner inneren, sich selbst vergärenden Welt stammenden Material, verbal um sich werfen und es in die Handlungsstränge seiner szenischen Stücke hinein darstellen. Wer dies zu lesen versteht, wer selbst noch lebendig genug ist, wird hier gesunden Argwohn empfinden und verstehen lernen, wie die projektive Tragödie ein Missbrauch darstellt, ja, eine Vergewaltigung. Und sie ist der Ausdruck einer Anwendung von Gewalt, die den Tod intendiert und ihn vorzeitig anderen zuzufügen sucht.

Und diese Gewalt wird auf die Bühnen der Theater gebracht, wird dort nachgespielt, mit den entsprechenden Mitteln der Inszenierung und der Musik. Es findet allerdings eher eine Imitation eines Kultur schaffenden Beitrags statt, als dass ein sinnhaftes und vielschichtiges Werk gezeigt würde. Die notdürftige Absicht zu schaden, zu drohen und zu zerstören, lenken von der inneren, eigentlichen Tragödie der Autoren ab, die nicht anders können, als ihren gewalttätigen Phantasien zu gehorchen. Das Publikum merkt wohl dabei nicht, was ihm vorgesetzt wird, soll dabei aber emotionalisiert und mit kruden und platten Handlungssträngen emotional gefüttert werden.

Der anal-verkotete Geist ist auch in jenem Sinne daran interessiert zu beschmutzen, wenn er sich in seiner Gespaltenheit in sich, durch den öffentlich erzeugten Schmutz, besser in Sicherheit wähnen kann und glauben machen kann, der andere sei schmutziger als er. Dass aber der Schmutz von ihm selbst stammt und er dessen Erzeuger ist, geht ihm nicht auf. Es ist ja der Charakter der Projektion, die von sich weg zeigen muss und auf andere, die das eigene Unzulängliche dem anderen unterstellt und es dort bekämpft, anstatt es bei sich selbst anzunehmen – oder es zu reinigen, immer und immer wieder.

Wer aber in Sachen Moral und Verhalten, etwas als indiskutabel signalisiert, zeigt ja bereits ein Verhalten und eine Moral, die etwas zu verbergen sucht, weil sie sich nicht getraut offen, frei und vertrauensvoll in Austausch zu gehen. Was solche tragischen Protagonisten stets mit sich führen, ist die Aggressivität der Anmaßung über Recht und Unrecht Bescheid zu wissen. Ihr innerer, persönlicher Druck, ihre eigenen, biographischen Niederlagen, müssen endlich in Siege verwandelt werden; das aggressive Wollen der sie bedrängenden Vorstellung, nicht Verlierer sein zu dürfen, mündet in die projektive Unterstellung und den Krieg. Was eine Tragödie ist.

Die projektive Tragödie leugnet die eigenen Niederlagen und gleichzeitig die eigene Verantwortung. Sie gibt keine Antworten, sie stellt die eigene Tragödie als Krieg, Kampf, Niederlage, Enttäuschung, Suizid, Mord und Schändung öffentlich dar, in Buch, Stück und Film. Eine Antwort wäre, das Fragen stellen zu lernen, und Fragen zu beleuchten, die bisher unter der Decke gehalten wurden. Das ist ein Bild für solche, die sich schämen, im Angesicht der Natürlichkeit menschlichen Lebens und Fühlens. Denn sie sollen sich nicht schämen. Und gerade im Angesicht der Freiheit ist die Decke zu heben, das Ganze natürliche Dringen und Drängen anzuschauen, und zu erkennen, wie die projektive Tragödie diese freiheitliche Schönheit zu beschmutzen beabsichtigt, weil sie nicht anders zu können meint, als ihren anal-fäkalen aggressiven Zwang in die Darstellung zu bringen, anstatt dem Dringen der Freiheit das Recht auf Dasein zuzugestehen – und so Raum und Zeit und Widmung zu gewähren.

Aber so wird Moral verdorben, wähnt sich anmaßend im missbrauchenden, schändenden Recht und verdirbt den Menschen die Freude am Leben, jene Freude, die sie so dringend suchen und die so leicht wieder vergeht und die einfach nur immer wieder erneuert werden müsste. Aber da der Ast der Menschheit am Baum des Lebens, schon ein wenig alt ist, war schon viele Jahrtausende lang den Menschen der Appetit am Leben verdorben worden, weil die Menschheit es bis heute noch nicht in Gänze geschafft hat, sich den Genuss im Leben zuzugestehen und stattdessen die innere Trockenheit und Leere durch äußere Eroberungen und Beutezüge suchte zu füllen und zu wässern. Vergeblich natürlich. Was ebenso ein Ausdruck der projektiven Tragödie des Menschen ist.

Wer nicht an sein Lebendiges rührt, wird verdorben werden. Wer nicht sein Lebendiges spürt, wird verdorben sein. Und wen nicht sein Lebendiges führt, dem ist Verderben fein und er dem Verderben gewogen. Solchen ist also am Prozess des Verderbens ein Sinn erwachsen, aber ein täuschender, missbrauchender, und er ist an Zerstörung, Vernichtung und Verdrängung morbide interessiert.

Denn gerade das eigene Verderben kann nicht angeschaut werden, es ist zu schrecklich, zu schmachvoll, zu schändlich, zu schmerzlich. Daher wird es nach außen verlagert, in die Figuren der Geschichten, dort verdichtet und fassbar gemacht, erzählbar, bewegbar, behandelbar, als Muster vorgestellt, als Bilder der inneren Tragödie. Aber es sind Projektionen der inneren Befindlichkeiten, Darstellungen der eigenen Phantasien, Abbilder der gewollten, aggressiven Absichten. Denn Aggression ist immer eine Begleiterscheinung ungelebten, unerfüllten Lebens, eines trockenen Lebens, dass sich die Rührung mit dem eigenen Lebendigen durch eine ebensolche irrige Moral verwehrte.

Der anal-fäkale Geist also, wird aus den schönsten Absichten und Worten, aus den wertvollsten Stücken und Perspektiven, eine schmutzige Angelegenheit machen, weil es ihn morbide dazu drängt: – Er wird aus einem Bild des Lächelns, das Gesicht einer spitzfindig-höhnischen Genugtuung lesen. – Er wird aus dem Wort der Freude die Schadenfreude für sich verbuchen wollen. – Er wird aus dem Freudenmädchen eine ehrlose Nutte machen. – Er wird in dem Sohn einer Prostituierten einen Hurensohn verachtend sehen wollen. – Er wird aus dem Vertrauen eines Sohnes zu seiner Mutter, einen Motherfucker kognitiv abstempeln wollen. – Er wird einer Lust zu leben, eine anrüchige Gesinnung unterstellen. – Er wird ein freiheitliches Streben als eine verbrecherische Attitüde abstempeln. – Er wird die Individualität und Einzigartigkeit als verschlagene Form der Persönlichkeit eines Menschen diskreditieren. – Er wird eines Menschen Schwäche, als Sünde verteufeln und einen solchen erbittert zu bekämpfen suchen. – Er wird eines Menschen Stärke nicht anerkennen und mehr ignorieren, wenn sie ihm nicht unmittelbar nützt. – Er wird ein Angebot zum vertrauensvollen Gespräch, misstrauisch als Versuch der Indoktrination interpretieren. – Er wird Gesprächsverweigerung unterstellen, wenn Gesprächsbereitschaft vorhanden ist – Er wird den Frieden nicht lieben, weil er ihm zu langweilig scheint. – Er wird der Suche nach aufrichtiger Liebe die Lüsternheit des angeblich allzeit Geilen unterstellen. – Er wird aus einem Heterosexuellen einen Homosexuellen machen, weil letzterer Begriff für ihn noch mit Schmutz, Sünde, Teufel, Verbrechen und Tod verbunden ist. – Er wird in der sachlichen Kritik eine persönliche Beleidigung empfinden. – Er wird noch nicht einmal im Nachgeben eines anderen ruhig werden und hält obendrein seine aggressive Indoktrination irrig für Vernunft. – Und so weiter. Die projektive Tragödie ist vielschichtig.

So zeigt er sein Verdorben-Sein, sein Verdorben-worden-Sein, so zeigt er uns sein Verderben ganz ungeniert und eitel, indem er projektiv seine innere verborgene Welt des seelisch-geistigen Morast und Kotes nach außen stülpt. Und indem er so für andere über nur scheinbar andere die Tragödie inszeniert, die ihn innerlich gefangen hält, hat er sich als Held selbst geopfert. Leider ein weiteres Mal, leider in einem mehr und mehr verbissenen Sinne. Sein Herz wird mehr und mehr kalt, seine Seele mehr und mehr trocken und sein Geist mehr und mehr hart.

Aus dem Protagonisten der projektiven Tragödie, ist im Extremfall schon früh eine Art Verbrechertyp geworden, der, selbst auf der Suche nach einem richtigen Leben, Unrecht begeht und andere des Unrechts bezichtigt und hartnäckig verfolgt. Dies ist der Ausdruck einer Selbstverfolgung in den inneren, dunklen Reichen der Geheimnisse seiner Psyche. Ihm ist irgendwann die Faszination an diesem Leben verloren gegangen oder er kam nie an die Gabelung seines Lebensweges, wo er sich hätte dafür entscheiden können. So wurde sein Leben trocken und langweilig, und die notwendigen Entscheidungen und Handlungen stellten ihn zusätzlich unter Druck. Sein langweiliges Leben sucht er durch das Streben nach alltäglicher Macht und dem vermeintlichen Recht des Besserwissers interessant zu machen. Aber er ist eitel in seiner Langeweile und nicht weise und klug, er ist gerissen und niederträchtig, und das wurde ihm zur Flucht aus der schmerzlich empfundenen Langeweile.

Wo er einmal begonnen hatte klein zu werden, weil er das Lebendige in sich stetig mehr und mehr erstickte, der innere Raum kleiner wurde und seine Luft zum Atmen dünner, wird er stetig in den Sog der projektiven Tragödie gezogen und die Welt für seine Bühne missbrauchen. Er wird sich nicht klar bewusst selbst auf die Bühne stellen oder dort inszenieren, doch andere, stellvertretend für ihn, werden seine Handlanger sein und seine Opfer. Der dargestellte Missbrauch ist ein stellvertretender Versuch, am Ende doch der moralische Sieger sein zu wollen. Aber wer Geschichte vergewaltigt, Ereignisse erfindet, Wahres verleugnet und Eigenes verdrängt, zeigt damit lediglich sein eigenes Opfersein, er zeigt sich selbst als gefallener Held der Tragödie seines Lebens.

Vertrauen ging ihm verloren und so er sich. Die projektive Tragödie stellt kein Vertrauen her, es ist mehr eine dunkle Suche nach Bestätigung für Untaten, für Verschwörung, für Krieg, für Niederlagen, für Mord. Vertrauen wäre licht und hell, bunt und vielgestaltig, perspektivisch abwechslungsreich, farben- und nuancenreich. Die projektive Tragödie kennt nur den Helden oder fallenden Helden, um den herum gespielt wird. Es ist darin so mehr Monotonie und Einfältigkeit, das Ende soll bekannt sein, die Helden sterben und bleiben doch groß und lange erhalten – oder auch nicht. Und das ist die auffällige Projektion: Der unvermeidliche Tod, der zur Ausstattung gehört, einerseits, und die moralische Lehre, andererseits, dass es sich lohne mutig zu sein, denn die Nachwelt ehre die mutigen Helden. Eine Projektion aus der eigenen, inneren Unlebendigkeit auf die belebte Bühne, wo sich der innere Held veräußerlicht hat und sich für den Kampf ermutigt und sich selbst suggeriert, es lohne sich zu kämpfen und zu sterben, das Leben sei selbst in der Niederlage des Helden keine Tragödie, weil die gefallenen Helden doch irgendetwas Ehrenhaftes haben sollen (so die Phantasie der Autoren, wenn sie aus dem tragischen Ende doch noch etwas Positives zeichnen wollen): das ist die halluzinierte Projektion der eigenen Tragödie auf die Bühne, in das Buch oder auf die Leinwand.

Es ist Kriegspropaganda, die aus den vielen inneren Niederlagen und der hartnäckigen und starrsinnigen Resignation eine inszenierte, äußere Genugtuung erzeugt. Es ändert aber nichts an der Resignation, das Äußere ist halluziniert, man nennt es aber inszeniert. Es ist eine Pose, die zeigen soll, was gewollt wird, nach was man sich zu richten habe, was erzwungen wird: der eitle Kampf der Ohnmächtigen, der mörderische Krieg der Einfältigen, die morbide Schlacht der Hinterhältigen, der ausdrückliche Missbrauch der Verbrauchten, das verzweifelte Verbrechen der Verzweifelten. Und vernachlässigt dabei die eigentliche Grundlage der Tragödie sinnig empfinden zu können: die innere Trockenheit der Seele und die kalte Leere des Herzens, die verworrene Trägheit des Geistes und die schmerzliche Langeweile der Einsamkeit, im Angesicht eines sinnlos empfundenen Daseins, das nicht eingestanden wird. Hier schließt sich ein Bogen zur Tragödie der Unaufrichtigkeit, wie ich es vorangehend dargelegt habe.

Und Gut und Böse im Wettstreit, das ewig morbide Lied der Menschheit, seit sie sich selbst zu erkennen anschickt, ist der Tanz der Weisen und der Teufel, denen die Geschichte bereits zahlreiche Bühnen geboten hat. Sie sind bekannt. Und um nur ein paar wenige zu nennen: SOKRATES und die athenischen Bürger, die ihn wegen

Gotteslästerung und Verführung der Jugend zum Tode verurteilt haben – JESUS VON NAZARETH und der Hoherat der Priester um Kaiphas, die ihn zum Tode am Kreuz verurteilten – MARGUERITE PORETE und die Inquisition in Frankreich, die sie, wegen eines Buches über die Liebe, auf dem Scheiterhaufen verbrannten – GIORDANO BRUNO und die Inquisition in Italien, die ihn durch Europa flüchten ließen und am Ende, nach sieben Jahren Kerkerhaft, auf dem Scheiterhaufen verbrannten – GALILEO GALILEI, dem sie mit Scheiterhaufen drohten, er, in letzter Minute, ein heute als Wahrheit anerkanntes wissenschaftliches Faktum widerrief und dennoch zu lebenslangem Hausarrest verurteilt wurde. – Und zahllose andere, die von den Protagonisten der projektiven Tragödie immer wieder angegriffen und verfolgt wurden und werden und diese, stellvertretend für die suizidale Morbidität der Protagonisten der projektiven Tragödie, um das Leben brachten und heute noch weltweit bringen.

Und die Protagonisten der projektiven Tragödie, andererseits, bleiben entweder unbekannt oder steigen zu den dunklen und kruden Persönlichkeiten der Geschichte hinab, jene Persönlichkeiten, die wir fürchten, weil sie Fürchterliches begangen haben. Denn die projektive Tragödie intendiert und inszeniert die eigene innere Furcht in die äußere Welt hinein. Wer sich fürchtet und es sich nicht eingesteht, wird Furcht erzeugen und im Extremfall Fürchterliches tun. Er wird seine Furcht nach außen projizieren, nicht eigentlich nur, wie in einem Film durch einen elektrischen Projektor. Sondern in die Realität seiner Lebens- und Einflusssphäre hinein, spürbare Furcht hervorrufen. Die projektive Tragödie hat ihn ergriffen und er muss sie in seiner Hilflosigkeit und Verzweiflung in die Welt hinein weiter geben.

Gerade hier, dieses Kapitel damit abschließend, sollten wir uns der Freude des Lächelns entsinnen. Wir sollten spüren, wenn wir weniger von der projektiven Tragödie uns erfassen lassen wollen, dass wir das stetige Zurückkommen zu einem Lächeln der Entspanntheit üben können und uns die Wichtigkeit der Tragödie des Lebens nicht allzu sehr in Beschlag nehmen sollte – nicht in einem

Maße, wo uns die Tragödie erfasst und zu beherrschen sucht. Es ist eine Aufforderung, den Ernst des Lebens ernst zu nehmen und die Freude dennoch nicht zu vergessen. Es sei der Vorschlag genannt, das Wichtige vom Unwichtigen zu unterscheiden zu suchen und zu lernen und den Protagonisten der projektiven Tragödie nicht mehr Raum als nötig einzuräumen. Denn diesen Raum suchen sie zu erobern – und hier beginnt die entspannte Verteidigung und die klare Sicht, die in der Lage ist die Projektionen zu durchschauen und sich nicht einreden zu lassen, das Problem läge einzig dort, wo deren unterstellende Gewalt hindeutet und wo sie Schuldige erzeugen will, gefallene Helden, Niederlagen und die Schande. Denn das Problem liegt auch gerade dort, wo die Aggressivität der Projektionen ihren Entstehungsort besitzt, bei den *Protagonisten* der projektiven Tragödien.

Wer zu lächeln versteht und gesunde Freude kennt, wird auch den Weg versuchen, Gespräche des Vertrauens zu führen. Ein in der projektiven Tragödie verhafteter Mensch, wird sich vertraute Gespräche (oder was er dafür hält) lediglich halluzinieren und inszenieren, weil er sie in gewiss nur verschworener Attitüde mit anderen zu führen sucht oder sie vorzeitig und misstrauisch abbricht. Oder indem er weitere andere für seine verschworenen Zwecke, unwissend einzubinden beabsichtigt. Echte Freude wird echte Gespräche finden und führen. Für die eigentlich Tragischen aber, die Protagonisten der projektiven Tragödie, bleibt die Projektion eine bloße *Notdurft* und ein reaktives Ablassventil, das sie freilich nicht wahrnehmen können und wollen, weil sie ihren kognitiv projizierten Hass mit lebendiger Kreativität verwechseln. Und mit dem friedvollen Lächeln einer ungetrübten Freude.

Dass sich daraus eine Art doppelte Tragödie ergibt, soll im nächsten Kapitel gezeigt werden.

Die Tragödie der Tragödie

> »Unwissend und auch unempfindlich
> ist jener Held, der sich selbst tötet,
> er ist nicht Unschuld und nicht kindlich,
> weil stolz nur er ist und nicht flötet –
> und doppelt ist sein Heldenfall,
> er sorgt für all der Kriege Knall.«

Die Tragödie vor der Tragödie oder die doppelte Tragödie, ist jene solcher Menschen, die Kriege in die Welt hinein beginnen und betreiben. Sie leiden an einer ganz persönlichen Tragödie und erzeugen absichtsvoll anderen dasselbe Leid, dieselbe Verzweiflung und eskalieren zuweilen die Wucht der einst selbst erlittenen Gewalt. Die ersichtlichen und bekannten Tragödien der öffentlichen Welt von Gesellschaft und Geschichte, haben also weitere Tragödien im Vorfeld ihrer Entstehung als Bedingung und Nährboden. Das bezeichne ich als die Tragödie der Tragödie.

Das Augenscheinliche hat das *Unscheinbare, Unerkannte*, das ins *Schweigen* gebrachte und im Schweigen gehaltene Unheil, als Vorbedingung und Nährboden. Das Offensichtliche des Augenscheinlichen daher, hat zuweilen das Geheime als Vorläufer und Grund. Dies gilt nicht nur für irdische Zusammenhänge, besonders für die Tragik der Verbrechen, sondern auch für das kósmische Geschehen. Wir kennen und finden immer mehr Gesetze, wir suchen weiteres Wissen damit umzugehen und quälen uns mit den Gesetzen uns darin zurecht zu finden, ignorieren sie zuweilen und gehen fehl damit im Irrtum zu bleiben. Das Geheimnis der Herkunft dieser Gesetze, wird uns wohl ewig bleiben.

Das für den Verständigen Offensichtliche der Naturgesetze der Physik, zum Beispiel, die in den letzten 500 Jahren gefunden wurden, lässt die Frage der Herkunft und Begründung ihrer spezifischen Ausgestaltung und ihr Werden noch im Unentdeckten und Unbekannten. Daher sollte der Mensch hier Vorsicht walten lassen und *langfristig* zu denken suchen, denn das rätselhafte, noch nicht gelüftete Geheimnis dieser und weiterer, noch unentdeckten Gesetze, könnte Weiteres und noch Unerkanntes beinhalten, das uns schließlich von der Macht und dem angeblichen Erfolg der Wahrheitssuche, zum Schock der neuerlichen Erkenntnis führen könnte, da die Geheimnisse unbekannt sind und doch offenbar werden könnten und damit die Nutzung durch den Menschen Gefahren mit sich brächten, besonders, wenn die ethische Entwicklung des Menschen nicht mit den Anforderungen die Gefahren langfristig zu erkennen, Schritt halten würde.

Wer weiß schon, was in 2-Tausend, 20-Tausend oder 2-Millionen Jahren sein wird? Ist der Mensch sich für diese Zukunft sichernd? Was also für diese Naturgesetze gilt, dass nicht klar und sicher ist, was sie uns langfristig an neuen Geheimnissen zu lüften verstehen und bereit sind sich entlocken zu lassen, gilt auch für die geheimen Tragödien vor den offensichtlichen Tragödien in Gesellschaft und Geschichte: Dass Vorsicht und Rücksicht walten sollte, das Offensichtliche der augenscheinlichen Tragödien nicht als letzte Erkenntnis der Welt und des Kósmos anzunehmen, sondern es sich zu öffnen ist, für weitere, noch unerkannte Tragödien, die ihnen voraus gingen und nachkommen könnten.

Das Geheimnis drängt durch den Menschen an die Oberfläche und wird Form, Wort, Handlung, Tat, Geschehen. Das Geheimnis geschieht stetig, und wir schauen es nicht, finden es, wenn es sich zeigt, peinlich, und Privates soll Privates bleiben. Doch die Tragödie beginnt mit der Vergewaltigung des Geheimnisses, mit der Fixierung, der eingebildeten Furcht vor dem Unbekannten des Geheimnisses. Das Leben selbst ist ein Geheimnis, und es lebt durch uns und wir durch es, wohl für alle zukünftigen Zeiten, wie weit auch immer entfernt.

Es ist derzeit kaum daran zu denken, dass es ein endgültiges Wissen über sämtliche Gesetze der Natur und des Kósmos geben könnte, denn derzeit scheinen Natur und Kósmos zu groß und zu mächtig, als dass der Mensch durch sein Denken sämtlichen Geheimnissen auf die Spur kommen könnte. Wenn es doch geschehen sollte und der Mensch sich dahin entwickeln würde, ginge es wohl zukünftig weiterhin darum, sich innerhalb dieser Gesetze zu bewegen und zu leben. Ich glaube nicht, dass der Mensch dadurch unsterblich würde, wenn er sämtliche Gesetze entdeckt hätte. Denn er weiß ja bereits, dass dieses Universum in 50 Milliarden Jahren den Kältetod sterben wird, wie die Kosmologen unter den Physikern sagen (wenn es nicht neuere Erkenntnis von ihnen gibt, dies dies korrigieren sollte).

Für manche ist das eine Tragödie, dass es nichts Ewiges zu geben scheint. Sie ignorieren den Tod und wollen über diese Grenze hinaus weiter bestehen, ohne dieses Gesetz des Todes, das so offensichtlich und augenscheinlich ist, zu würdigen. Gerade solche Menschen, die den Tod ignorieren, glauben an ein ewiges Leben, sei es in Form eines göttlichen Paradieses oder in Form der futuristisch anmutenden, wissenschaftlichen Entdeckung, Menschen in der Zukunft wieder zum Leben erwecken zu können. Sie sind Phantasien ausgeliefert, die ihnen ihre Furcht einflößt und ignorieren das Offensichtliche und Augenscheinliche des Todes. Das ist also eine Tragödie vor der Tragödie; die unbewältigte und geheime Furcht vor dem Tod, nährt die Phantasie ein Naturgesetz überwinden zu können, den Tod zu überwinden, was unmöglich scheint.

Die Tragödie der Tragödie missachtet das Geheimnis der Natur, verachtet es, trocknet es aus, weil die Tragödie der Tragödie nicht das Leben schätzt, das vergänglich ist, sondern den ewigen Tod anbetet, der in einem ewigen Leben zu finden sei. Doch auch dieses Leben ist ein Geheimnis. So wird der unbekannte Tod zur Tragödie des Geheimnisses am Leben zu sein. Wo das Offensichtliche und Augenscheinliche des Todes spürbar wird, sorgt das Geheime und

Unerkannte der Tragödie für deren Wirkungen und lässt die Furcht vor dem Unerkannten und Geheimen in die Welt hinein ihr Unwesen treiben.

Diese Tragödie ist ein trockener Boden, der keine Feuchtigkeit aufweist, in das nichts Lebendiges gepflanzt wurde oder werden kann und konnte, was beinhaltet, geboren zu werden, sich zu entwickeln und zu sterben. Kommt ein anderer in die Nähe dieses trockenen Bodens, wird sich gewiss eine weitere Tragödie ereignen, wenn der Bereich des trockenen Bodens nicht wieder rasch verlassen wird und fruchtbareres Land aufgesucht wird. Wer zulange trockenem Land ausgesetzt ist, wird vertrocknen, verhungern und verdursten. Eine doppelte Tragödie ereignet sich, und die eine bedingt die andere.

Der Krieg beginnt mit dem Austrocknen des Bodens. Zum Einen geschieht dies durch die umweltbedingte Lebenssphäre und zum Anderen, durch die bewusste Entscheidung, aus dieser vertrocknenden Lebenssphäre nicht in eine feuchtere, lebendigere Gegend weiter zu ziehen. So wird stetig der Boden getrocknet und die Tragödie nimmt ihren Lauf. Wobei das Austrocknen des Bodens die erste Tragödie ist, auf die bald die zweite folgt. Und es ist die Verschachtlung der Tragödien zu bedenken, denn irgendwo hat selbst die erste Tragödie ebenfalls immer ihren Beginn. Doch wo nur? Das ist die Frage. Das ist die Aufgabe.

Denn wer den Beginn dieser sogenannten Ur-Tragödie erkennt, versteht und beschaut, der – so lautet die Stimme der Hoffnung (und auch zuweilen Erfahrung) – kann die Tragödien beenden und vermeiden, der – muss doch – die Tragödien der Agonie und Verzweiflung, der Kriege und der Ungerechtigkeiten, des Schmerzes und des Hasses, beenden helfen. Zumindest *beenden helfen*, um irgendwann in einer glücklicheren Zukunft der Menschheit, den Menschen sinnvoll und vertrauensvoll am Leben teilhaben zu sehen. So eine berechtigte und legitime Hoffnung. Was nützte sonst dies Leben, wenn wir nicht zu glücklicheren Menschen werden wollten?

Die eigentliche Tragödie liegt im Beginn der Tragödie. Wann

und wo geschieht dies? Warum *geschieht* die Tragödie, die Ur-Tragödie heißt? Kann der Mensch die Scheidung erkennen, die eingetreten ist, seit diese Existenz Existenz heißt? Sollten wir vorschnell annehmen, sie wäre so real und nicht aus der Welt zu schaffen, wie die Erde und die Sonne in ihrer physischen Existenz? Oder macht uns die Hoffnung etwas vor und sucht uns zu betrügen, indem sie die Lösung des Problems auf morgen verlagert, erhofft, und nur erhofft? Sollte in der Hoffnung bereits die Tragödie ihre geheime Natur zeigen und dadurch den Menschen in einem nur hoffnungsfrohen Lichte in die Zukunft streben lassen, anstatt in einem gegenwärtigen, realen Sinne für das Geheime des Augenblicks?

Eine Tragödie ist immer eine leidvolle Tragödie. Das ist ihr Doppelgesicht. Eine fast tautologische Wahrheit. Und sie ist eigentlich immer auch ein Verbrechen oder mit einem solchen verbunden, weil das Leid, das darin wirkt und schwelt, sich weiter gibt. Betrug, Mord, Hass, Verschwörung. Der ganze abgründige Morast menschlicher Unvollkommenheit, die ganze eitle Gesinnung verbrecherischer Gestalten der Geschichte. Wo und wann hat dies alles ihren Beginn? Wann und wo beginnt der Betrug? Wo und wann beginnt die Verschwörung? Wann und wo erscheinen der Dieb, der Vergewaltiger, der Verbrecher, der Mörder auf der Bühne der eigenen Inszenierung, in Geist und Herz und Seele? Wann und wo schaltet sich der Verstand aus und korrumpiert die Vernunft sich selbst? Wenn sie überhaupt schon ausgebildet waren.

Die Tragödie beginnt auch, in dem diese Fragen nicht sprechen, nicht rühren, für uninteressant gelten, langweilig, trübe. Die Tragödie schwelt, wenn diese Fragen umgangen, ignoriert und vernachlässigt werden sollten, vermieden, vertagt. Und die Tragödie zeigt ihre morbide Fratze, wenn diese Fragen abgewertet, diskreditiert und verunglimpft werden sollten, den Fragenden verletzen, demütigen, erniedrigen sollten.

Denn die Tragödie erscheint im Ersticken des eigenen Angesichts, im gemiedenen Blick auf den Grund der Tragik des Leides und der Verdrängung einer aufrichtigen Anteilnahme an den Möglichkeiten zur friedlichen Bewältigung unseres Daseins. Die Tragödie beginnt in der Leugnung des gegenwärtigen Augenblicks des Friedens und der Liebe, die keine auf Morgen gerichtete Hoffnungen sind auf sich selbst, sondern lebendige Naturgesetze und Geheimnisse zugleich, die erfahrbar und erkennbar sind.

Die Tragödie beginnt also, wenn Fragen an sich nicht interessieren und der Mensch sich seines Wesens und Geistes nicht bewusst werden will. Wenn er sich verweigert, sich in seinem Denken, Erkennen und Empfinden zu üben, wenn er sich anhält, in der Wahrnehmung seiner Gefühle ein schlechtes Gewissen zu belassen und er so eine Kluft aufgehen lässt, die ihn stürzen lässt – und die andere stürzen will und vernichten.

Wenn der Mensch in einem Krieg – und sei er ihm auch nur aufgezwungen – tragisch sich zu verteidigen gezwungen wird, weil die unbewältigten Tragödien der trockenen Welten ihn dazu nötigen, dann kann er nur drei Dinge tun: 1. sich vernichten lassen, 2. sich zu verteidigen suchen und in den Krieg hinein ziehen lassen oder 3. das ganze tragische Unterfangen, das an ihn herankommt, in einer starken Weise, als unwichtig entlarven und ihm nicht die Wichtigkeit zugestehen, wie die an ihn herankommende, sich aufplusternde Tragödie, es von ihm zu verlangen scheint.

Im dritten Fall wird er nicht verhindern können, nun doch existenziell von der Tragödie erfasst zu werden – und vernichtet. Aber das ist zunächst auch nicht ganz klar. Im zweiten Fall wird alles verworren, verdreht, vermischt und verwechselt. Und beide können verlieren, die Tragödie wird eine doppelte sein. Und im ersten Fall war es das. Alles weitere, wie jede posthume Zukunft, liegt in der Hand der Geschichte und der Geschicke der Vielfalt der menschlichen Interessen und des Engagements.

Am letztgültigen Ende der Geschichte und Geschicke: was wird dort übrig bleiben? Wahrscheinlich nichts und niemand, die darüber reden könnten, niemand, der noch etwas daraus lernen könnte, keine weitere Entwicklung, keine lebendige Zukunft, da das Leben und der Geist und Verstand zu einem Ende gekommen sein werden. Und wenn wir uns dies vorstellen, sind dann nicht die ganzen, gewollten Tragödien Zeitverschwendung gewesen? Ist dann nicht die *Verhinderung* der Veräußerlichung der Ur-Tragödie, lediglich eine *vernünftige* Entscheidung, jetzt und hier, auf die Unaufrichtigkeit und die Projektion zu verzichten? Und wäre dies ein gangbarer Akt des Willens?

Das wäre es, wenn der Wille magische Kräfte hätte und stets bewusst entscheiden könnte und unmittelbare Wirkung besäße, was er gerade bekommen will und er stets augenblicklich richtig und angemessen entscheiden, sprechen und handeln könnte. Dies setzte allerdings äußerste Freiheit voraus oder Zurückgezogenheit, und das ist einem weltlichen Leben so nicht möglich.

Die Tragödie beginnt also auch hier, in den Unwägbarkeiten des Augenblicks, der augenblicklichen Aktivität und Reaktivität, der Notwendigkeiten und drängenden Stimmungen, der scheinbaren Klarheit und zuweilen Verworrenheiten, die in Klarheit gesehen werden, die einem glauben machen, was nun richtig sei und was nicht oder was gerade gewollt wird und was nicht. Wo also nicht nur der Druck des inneren Leidens sich gerade hin entlassen will, als Verteidigung, Rechtfertigung, Suche und Findung, wo es seine Ruhe wieder haben kann, seinen Frieden wieder sicher weiß; sondern auch der Druck der inneren Freude und dessen, was als Freiheit wahrgenommen wird, als weiter Raum, als Rücksicht, als Vertrauen, als Liebe.

Sowohl das Leid als auch die Freude inspirieren ein Entscheiden und Handeln, das zur Ruhe kommen will, zum Frieden, zur Stille, zur Liebe. Aber die hier behandelte Tragödie vor der Tragödie, die Doppeltragödie, die Ur-Tragödie, wird zur Erreichung dieses eben genannten Ziels der Entlassung des Leides und der Erlangung der Freude, die Vernichtung erstreben – und wird beides nicht erreichen. Denn eine letztliche Vernichtung wird immer nur sich selbst vernichten und kann der letztgültigen Vernichtung nicht entkommen, da letztlich auch die Vernichtung vernichtet werden wird und werden will. Das Paradoxe inspiriert hier ein Dauerndes, eine Existenz, ein Dasein, was die Vernichtung wiederum als unmöglich zeigt. Warum sollte der Mensch also nach Vernichtung streben?

Das wäre die Ur-Tragödie aller Tragödien, wenn man sie dann

alle noch Tragödien nennen wollte, weil sie lediglich der kósmische Humus ist, auf dem alles gedeihen kann: der trockene, staubige, rohe Boden der irdischen Tragödien oder die feuchte, warme, freie Vielfalt schöpferischer Erkenntnis und der Gewächse, für die dann alle eigenen, irdisch-geistigen Tragödien bereit stünden.

Das irdisch-geistige Denken des Menschen, das sicherlich im Laufe der Evolution sich von zunächst groben Formen zu dem Feineren entwickelt hat, wie es heute uns mehr oder weniger vor Augen kommt und das einen beträchtlichen Anteil daran hat, Tragödie zu erzeugen, ist gleichsam auch nur ein Mittel der Kommunikation, nämlich des deutlicheren Bellens und des schwammigen Beißens, des geschliffenen Kämpfens und des feineren Verachtens.

Als Mittel der Kommunikation sucht das irdisch-geistige Denken, Tragödien zu meistern, zuweilen selbst welche zu intendieren, andere abzuwenden und sich mitunter nicht in sie hinein ziehen zu lassen. Als eine Art Managementwerkzeug ist es nur Folge und Wirkung vorangegangener Tragödien, ein verwundetes System krumm gewordener und schief gewachsener Äste von Lieblingssätzen, Lieblingsworten, Lieblingsideen und Lieblingstragödiendichter, denen es etwas abgewinnen kann. Und anderen nicht. Somit erscheint es sehr bedingt und wählerisch, eigenwillig und für Eitelkeit anfällig und daher selbst eine Tragödie zu sein. Denn es ist ein Mittel, spezifische Absichten zu äußern, geheim verpackte Drohungen zu gestalten und Verletzungen, über die Hintertür der Mehrdeutigkeiten, zu lancieren. Damit hat dieses Denken ein tragisches Potenzial. Das von wem ausgeschöpft wird?

Die Tragödie beginnt, könnte man trübe meinen, mit der Zeugung der Existenz und des Daseins. Und für nicht wenige ist auch der Drang zur Zeugung bereits eine Tragödie – und kann in der Tat zur Tragödie werden. Was aber tun? Ohne dies alles, ist doch das Leben noch weniger als nichts. Die krude Moral der Verdrängung und Verteufelung zeugt im Gegenzug nicht Freiheiten und Wahrhaftigkeit, sondern Unterdrückungen und Zerstörungen. Das kann leicht an den gesellschaftlichen Debatten abgelesen werden, an der Geschichte gewordenen Zeit und an den die Kriege begleitenden

Forderungen und Beschmutzungen, die manche Moralgesellen in ihrer vermeidenden Tragik taktisch kalt ausbreiten.

Es ist schon etwas Feigheit dabei, den natürlichen Verführungen des Dranges zur Zeugung, eine Absage zu erteilen. Und es ist eine Portion Verbrechertum dabei, darauf zu dringen, dieses Drängen nicht nur zu kontrollieren, sondern zu fordern, es zu beenden. Wie sollte bitte dies denn möglich sein? Wieso fordern solche Zaubergesellen die Tragödie noch mehr heraus? Wieso stellen sie nicht die Fragen eines respektvollen Umgangs damit? Wieso greifen sie zu dem Mittel den Ekel zu erregen vor dem eigenen, natürlichen Körper? Vor der eigenen Natürlichkeit? Wieso vergiften solche Leute Debatten über Verantwortung, durch Ergüsse von Verbindungen und Vermischungen von Grobem und Feinem, von Verwerflichem und Anständigem? Wieso bewerfen sie ein sensibles Thema krude mit Abweisungen und Anrüchigkeiten? Wie in früheren und aktuellen Zeiten geschehen.

Gerade die Moraldebatte darum, muss erkennen, was an Natürlichkeit nicht zu ändern ist. Und sie sollte nicht mit unterschwelligem, schlechtem Gewissen arbeiten und den Menschen für ihre Natürlichkeit Schuld einflößen. Denn gerade das einander Schuldigmachen für eine natürliche Angelegenheit, zeugt später die Gewalt, die aus falschem Moralgefühl erwächst, weil es von Anfang an als Schuld und Schmutz gesehen wird. Und nicht als göttliche Zugabe zur schöpferischen Natürlichkeit. – Ich glaube, solche Leute haben vor sich selber Angst, vor ihrer eigenen Natürlichkeit, vor ihrem eigenen, eitlen, gewalttätigen Gott. Das ist die Tragödie vor der Tragödie, die doppelte Tragödie der Verbrechertypen aller Zeiten.

Denn hier äußert sich bereits der Tragödie zweiter Teil oder sogar vierter Teil. Auf jeden Fall teilen sich hier die Ansichten und zwar vehement, sodass klar wird, dass hier ein enormes Potenzial an Aggression und Hass auf das Leben und andere vorhanden ist. Die Tragödien sterben solchen Zaubermeistern der Moral nicht aus, sie wollen sie, sie zeugen sie, sie inspirieren sie, sie propagieren sie, sie hofieren sie, sie infiltrieren sie, sie insistieren für sie, sie widersprechen widerspenstig und gereizt – und teilen sich nicht sachlich, klug und verständig mit, setzen sich nicht vertrauensvoll damit auseinander. Und werfen den ersten Stein, immer wieder, beginnen den Krieg, setzen ihn fort und wollen ihn unbedingt gewinnen, auch wenn sie selbst dadurch Schaden nehmen sollten. Ist das gesund? Das kann nur Furcht sein, das kann nur der trockene Boden einer fürchterlichen Tragödie sein, in deren wasserlosen Einflusssphäre sie in emotionaler und seelischer Dürre gefangen sind.

So wird ein verzweifelter Versuch zur Befreiung aus der Tragödie der Existenz und des Daseins, immer nur eine weitere Tragödie inspirieren. Doch das Ende selbst herzustellen ist auch keine Lösung. Aber die Kriege tun es, indem sie es anderen angedeihen lassen, stellvertretend für die abgrundtiefe Verzweiflung, die wahrgenommen wird. Fürchterliche Furcht, große Kleinheit, gewaltige Feigheit. Und: man traut seinen Augen und Ohren kaum, die kommen sich dann auch wirklich posenhaft groß vor, diese Hexenmeister, diese Hexenjäger, diese Entzündenden von Scheiterhaufen und Erbauer von Konzentrationslagern und Gaskammern, diese Orwellschen Großen Brüder und Internetverfolger, diese Überwacher und Kontrolleure mit Zwang zur Unterdrückung und Beherrschung. Sie sind die Tragödienzeuger, sie sind die Propagandisten eines angeblich anrüchigen Lebens.

Doch sie wissen es nicht: Das sind doch alles sie selbst, das ist doch alles ihr eigenes Leben, ihre eigenen derben Witze, ihre eigenen verdorbenen Phantasien, ihre eigenen Abwertungen und Verurteilungen zum Tode – oder ihre Verfolgungen von anderen auf Lebenszeit. Das sind doch die Feinde des Lebens (und Freunde des Todes und Sterbens), die Feinde des Anstands (und Freunde der Unterstellung, Anmaßung und Beschuldigung), die Feinde des Respekts (und Freunde der Verletzung und Demütigung des ersten Steines) und die Feinde des Vertrauens (und Freunde des Argwohns, Misstrauens und morbiden Zweifels).

Die Tragödie setzt sich fort und zeigt sich auch schon dadurch, wenn dies Gesagte hier nicht verstanden würde. Denn wäre *Vertrauen* nicht eine Haltung und Tatkraft, die einer Tragödie den Helden nimmt und ihn normal leben ließe? Wäre *Respekt* nicht eine

Forderung, die der Tragik des Misstrauens den bissigen Stachel nehmen könnte? Wäre *Anstand* nicht ein Ausdruck der Toleranz, die zu reden bereit wäre, vermitteln würde, anstatt den ersten Stein der Intoleranz zu werfen und einen Krieg ohne Kriegserklärung vom Zaun zu brechen? Wäre das *Leben* dann nicht sicherer und wärmer, weil wir uns weniger voreinander fürchten müssten?

Ein Konjunktiv ist manchmal auch von Hoffnung begleitet. Die bio-psycho-materiellen Fakten halten eine lichte Hoffnung aber in Grenzen und sollten uns an die Wirklichkeit erinnern und an die Kluft zwischen dieser und den Idealen. Der Tragödie erster Teil, ist auch diese immer wieder auftretende und aufklaffende Kluft, zwischen der Realität und den Wünschen, zwischen der Wirklichkeit und dem Wollen, zwischen der Gegenwart und dem Können. Wer die Kluft zu schließen versteht, ist dann zumindest gut angepasst. Wer die Kluft nur überwindet und überbrückt, lässt den Kern der Tragödie immer noch wirken, wird sich aber glauben machen, er sei der Tragödie entronnen. Und wird, weit gefehlt, Tragödien gar nicht erst wahrnehmen können, weil er zu ihrem Kern keine spürbare Beziehung besitzt und er, mehr abgehoben, darüber hinweg geht, arrogant und selbstverliebt.

Nur vom Standpunkt der Endlichkeit und Unversehrtheit des Lebens und der Existenz an sich, zusammen mit der Wertung, dass diese Endlichkeit und Unversehrtheit wertvoll sind, ergibt sich die Möglichkeit eine Tragödie zu konstruieren oder zu erleben. Denn wo ein Wert vorhanden ist und dann verloren geht oder vernichtet wird, und auch wo er bereits verletzt worden ist, ist Tragödie zu empfinden, nirgends sonst. Und da der Wert mit einem Sinn assoziiert ist, einer Freude und einem Wohlbefinden, mit Möglichkeiten, ist dessen Verlust ein Schmerz und eine Trauer. Tragödien zeugen also den Schmerz und die Trauer, die als Gegenreaktion auf den Verlust des Wertes, des Sinnes, der Freude und des Wohlbefindens, folgen.

Zur Tragödie dieses Standpunktes gesellt sich also eine weitere Tragödie hinzu. Es ist dies die Absicht, die grundlegende Tragödie hervorzurufen und zu bewirken; sie zeigt sich dabei, die Endlichkeit beim Wort zu nehmen und die Unversehrtheit zu gefährden. Dies ist der Versuch die Endlichkeit zu vervollständigen und damit zum Abschluss zu bringen, sie zu ihrem Ziel und ihrer Vervollkommnung zu führen, *vor* der eigentlichen Zeit, die jedem bliebe. Es ist also der *Versuch* zu töten.

Und es ist der etwas harmlosere, aber immer noch gefährliche Versuch, die Unversehrtheit zu verletzen und Versehrte, Gedemütigte und Unterdrückte zu erzeugen. Es ist der Versuch der Beherrschung und der Schikane, der Gefangennahme oder Versklavung, damit verbunden. Dies ist die Tragödie, die uns die Ur-Tragödie sucht zu erwirken und herauszufordern, die Endlichkeit zu vollenden und die Unversehrtheit zu negieren. Diese Tragödie der Tragödie sucht den Krieg gegen und will den Tod für andere. Sie ist Verbrechen ersten Ranges, sie ist das Böse uneingeschränkt.

Aber diese Tragödie der Tragödie ist nicht nur Krieg gegen andere, sie ist auch Krieg gegen sich selbst. Sie ist nicht nur des Mörders Plan, wie er mit anderen verfahren will, sie auch die schattige Bewegung des Mörders, die ihm suizidal selber gelten soll, von dem er aber freilich keine Ahnung besitzt, da sein Grad der Selbsterkenntnis äußerst beschränkt ist.

Wer diesem begegnet, begegnet gleichsam dem tiefsten Abgrund des Menschlichen und damit dem Unmenschlichen. Er begegnet einer Unart im Charakter, die rücksichtslos und schamlos sich ein Unwesen angeeignet hat, das ungehörig und frech sich eines anderen Lebens zu bemächtigen sucht. Diese Tragödienwelt ist eine Inszenierung, die strategisch plant und raffiniert argumentiert, sodass zugleich nicht nur die eigentlichen Absichten verwirklicht werden, sondern auch diese verborgen und geheim bleiben können. Die Mehrdeutigkeiten schützen diese Tragödien davor, erkannt und entlarvt zu werden, und der Rahmen der starren Verfasstheit eines geistigen Korsetts der fixen Gesinnung, befeuert der Tragödien Wirkungen.

Diese Tragödienwelt hat keine Grenzen, an denen sie zu einem Ende kommen könnte, keinen Punkt, an dem sie halt machen wollte, keinen Raum, in dem sie atmen und sich befreit fühlen könnte. Die Tragödie der Tragödie ist getrieben von sich selbst und ihrer Furcht vor sich selbst, und kann sich nicht in Ruhe finden. Sie kommt gar nicht auf die Idee sich Ruhe zu gönnen, sie wird einen Abwärtsstrudel entlang fliehen und am Ende selbst verschlungen werden oder andere damit hinein und hinunter ziehen. Solche werden auf dem Sterbebett ein jämmerliches Bild abgeben, weil ihnen die Furcht vor ihrem leeren Leben, das hinter ihnen liegt, in die Knochen hinab steigt und sie schwitzen und hecheln lässt, vor Jammer. Und das, obwohl sie vielleicht zu weltlichen Erfolgen im Leben gekommen sein könnten. Aber diese nützen ihnen am Ende nichts, denn ihre Furcht wird sie besiegen.

Der Mangel an Halt und der gegenläufigen Menge an Bedürftigkeit, zeugen ihre Sucht, die Tragödie zu verfolgen, das Drama zu inszenieren und sich selbst so auf der Bühne zum Ausdruck zu bringen. Wer lernt aus der Tragödie? Wer empfindet die Realität der Ur-Tragödie und der unter bestimmten Bedingungen gewordenen weiteren Tragödie? Wer empfindet den suizidalen Impuls der Bewegungen hin zur Finalisierung der Endlichkeit und der Verletzung der Unversehrtheit? Wer kann tagtäglich spüren, was hier geschieht? Und wer schaut es nicht nur in der Welt, sondern ist dabei sich selbst bewusst? Und was wird er tun? Was muss er tun? Und aus welchen Gründen?

Die Tragödie, die auf die Ur-Tragödie hinzuwirken sucht, ist selbst aus zahlreichen Vortragödien hervorgegangen. Die kleinen Kämpfe des täglichen Daseins; die gewordenen Ecken und Kanten der verletzten Eitelkeiten; die platten Sichten aus den Aggressionsventilen heraus; die scharfen Kanten der spitzen Zungen; des Messers Schneide der Doppelzüngigkeit; die eitle Zunge einer Pseudo-Moral, die erniedrigt hat; die erstickten Tränen in einer fordernden Welt, die das Handeln will und nicht das Fühlen oder Denken, Fragen oder Sinnen; die noch unbewussten Verletzungen und Demütigungen, die zu halb bewussten Lügen führen, Unwissen belassen und Erinnerungslücken reißen –, dies alles sind die kleinen, vorgeschichtlichen Tragödien, die uns später eine weitere Tragödie einleiten, sie provozieren, sei es absichtlich oder unabsichtlich.

Gerade die absichtlich herbeigeführten Tragödien, die Verbrechen, die Doppeltragödien, die Niederträchtigkeiten, sind jenen Untaten des Menschen zuzuschreiben, wo er in einem verlorenen Sinne nicht mehr erreichbar ist für das Feine und Wohlige, für das Verständige und Sinnige. Er ist in einem Widerstand versteckt und agiert daraus hervor, wie aus einem Versteck, das ihn zu schützen sucht. Den Schutz, den er, unbewusst allerdings nur, zu benötigen meint, gesteht er sich nicht ein, ihm fehlt Demut und Bescheidenheit. So soll aus seiner Schwäche, die gar nicht angeschaut und zugegeben werden will und kann, eine Stärke werden, die er sich nur dadurch zu greifen meint, dass er Gewalt ausübt, Verbrechen begeht, schikaniert, terrorisiert, Krieg führt. Solche Gesellen und Gesellinnen sind alltäglich zu erkennen, wenn sie sich verbal über andere stellen, diese abqualifizieren, deren Nase bewerten und persönlich werden, statt sachlich zu bleiben. Dies ist eine Tragödie, dies zeugt die Tragödien erst, weil sie die Vorbedingung liefern für Misstrauen und Kampf.

Diese Doppeltragödien sind auch in einer Weise der Dynamik gehorchend, Trennungen hervorzurufen, die durch einen Argwohn, der sich verfestigt hat und verfestigen will, genährt werden. Aber es ist Furcht, unbewusste Angst, halb bewusste Unsicherheit, die ein Maß an Intensität erreicht hat, dass solche Protagonisten sich gestochen fühlen und wie gejagte Hühner gackernd durch den eigenen Stall hetzen. Als Bild für deren innerpsychische Verfasstheit. Solche Tragödien zeigen sich eben dann auch in der ernst gewordenen Hetze, in der Verleumdung, auch in Zeitungen, in den Internetforen und an den zynischen Kommentaren darin. Dort wurde in jüngster Zeit die Tragödie des kommunikativen Menschen deutlich: er ist nahezu unfähig und zuweilen meist unwillig, vernünftig mit anderen in Austausch zu treten. Das ist eine Tragödie. Es gibt zwar auch Inseln der vernünftigen Kommunikation, doch die immanente Vernetzung bewirkt, dass diese Inseln infiziert werden von geistigen Haltungen, die uns die Tragödien speisen.

Die Trennungen also, können den Menschen nicht geeint sehen, sie unterminieren die Möglichkeiten zu Vertrauen und sind selbst Folge der Verschworenheit der trennenden Geister. Deren Herzen sind verstockt und kalt und deren Seelen trocken und erstickt. Deren Denken ist dunkel und matt, weil es in der Trennung sich vom Lichten und Hellen abspaltet, diesem in Opposition gegenüber tritt, was nicht rational ist. Das Irrationale an diesem Denken hat sich fixiert, wurde fest, erlitt eine uneinsichtige Starre, der Hass und die Rache sind zum Muster geworden. Sie verfolgen das Erlangen der Tragödie und sind dabei selbst in einer Tragödie gefangen. Sie kommen nicht weiter und verlagern ihre Verzweiflung auf andere. Wir haben es bei der projektiven Tragödie gehört.

Die Notwendigkeit eines friedvollen Lächelns bleibt hier fast im Halse stecken, weil die Tragödie der Tragödie, eine bitter böse Abrechnungsstrategie verantwortet, wo sie gefunden werden kann. Die Ur-Tragödie, die Finalisierung der Endlichkeit und die Verletzung der Unversehrtheit, bleiben stets bestehen, als Fakt und Unvermeidlichkeit, als Möglichkeit und Gefahr. Im Angesicht dieser Unweigerlichkeit dürfte die Übung eines friedvollen Lächelns nicht nur notwendig, sondern auch sinnvoll sein, denn wer der Unweigerlichkeit zu viel Ernst zuspricht, wird die damit verbundene Realität auch noch hervorzurufen tendieren.

Wer sich aber am echten Humor zu üben sucht und dabei den bitteren Ernst nicht zu wichtig nimmt, der wird nicht albern sein, sondern geistreich, er wird nicht witzig sein, sondern sympathisch, er wird nicht feige sein, sondern mutig. Zuweilen sind die Übungen nur mehr oder weniger gelingend und es schleicht sich der Zweifel ein, ob sie überhaupt weiterhin sinnvoll sind. In diesen Momenten zeigt sich aber eine andere Form der Tragödie, die kaum merklich vor sich geht: die Tragödie der dunklen Gedanken, der unangenehmen Stimmungen und der ungesund zweifelnden Haltung.

Und dies dann geschehen lassen (und nicht über-bügeln mit Witz und Albernheit), um den Ernst zu spüren, der folgen würde, wenn dieser stillen Tragödie auf Dauer und als Muster gehorcht werden würde. Es ist Ausgleich nötig, die Energien müssen sich finden, die Wesenheiten müssen sich begegnen, denn es ist notwendig das Andere und Fremde zu beschauen. Wer sich in die Trennung fixiert, wird dieser Begegnung entgehen wollen und damit nicht erfahren können, wo die Sinne der Dinge sich hin entfalten wollen. Wer die Trennung schaut, steht durchdringend und verständig da und wird erfahren, was für ein Abgrund sich hier auftut, und er kann warnen, er kann deuten, er kann darüber sprechen, um zu zeigen, wie die Dinge und Sinne liegen, wie wohlig sie schmecken oder wie verdorben sie bereits sind.

Die Trennung, die entstanden ist, ist also die Folge einer Tragödie, die Ur-Tragödie genannt werden kann, und sie zeugt weitere Tragödien. Wo das Leben des Einzelnen sich trennt vom Baum des Lebens, dort finalisiert sich die Endlichkeit des Lebens und stellt die Ur-Tragödie dar. Wo der Einzelne oder eine Gruppe diese Trennung absichtlich hervorzurufen sucht, wirkt er gewollt auf diese Ur-Tragödie hin und nimmt damit die Stelle der Natur, der Gesetze und Gottes ein. Was Gotteslästerung und selbst erhöhende Vergöttlichung zum Ausdruck bringt. Solche Unbescheidenheit und Hybris ist damit auch Anmaßung und Verbrechen, denn wer sich der Ur-Tragödie verschreibt, anstatt sich in die Übung eines friedvollen Lächelns zu begeben, kann nur eine verbitterte Seele und ein erstarrter Geist sein, der nur durch Kampf, Krieg, Terror und Mord glücklich zu werden meint. Aber er wird es dadurch nicht. Das ist seine Tragödie nach der Tragödie. Das ist seine allzeitige Täuschung, die ihm nicht bewusst ist und die er sich nicht getraut einzugestehen.

Die Trennung ist daher indirekt über den damit verbundenen Hohn und Spott zu erkennen, denn diese suchen die Kluft und den Abgrund damit zu überwinden und können nur auf solch sadistisch zu nennende Weise reagieren. Ihnen fehlt Souveränität und Gelassenheit, weshalb ihr Humor bitterböse ist, ihr Witz ein beißender Angriff darstellt und ihr Ernst nur den Ernst der Erniedrigung, Verletzung, Demütigung und Tötung kennt und intendiert. Ihre Abschätzigkeit gegenüber wirklich ernsten Anliegen und Äußerungen, zeigt deren Verfangen-Sein mit der und Nähe zur Ur-Tragödie an. Der suizidale Impuls, der Motor für die Bewirkung von Tragödien ist, ist bei solchen Gesellen und Gesellinnen klar verwirklicht, festgesetzt und aktiv.

Die Ur-Tragödie, die uns allen bevorsteht zu bewältigen (wenn wir sie dann noch so empfinden), bewirkt sicherlich eine Furcht zu gehen. Und in ihren Vorgängerformen während des Lebens, hat sich die Furcht immer wieder bemerkbar gemacht. Wer sie nicht bewältigen konnte, wird aus ihr ein unbewusstes Reservoir an Unsicherheiten anreichern, das es dem Menschen immer weniger möglich macht, souverän auf den Wandel des Lebens zu reagieren. Gerade der ultimative Wandel, der durch die Ur-Tragödie bewirkt wird, den Übergang vom Leben über das Sterben in den Tod, wird dieses Reservoir nach oben in die Bewusstheit bringen und daher Ausdruck der finalen Tragödie sein. Die Vortragödien, die kleinen, fürchterlichen Geschehnisse, werden sich Bahn zu brechen versuchen. Wir sind also wiederum aufgefordert der Notwendigkeit für ein friedvolles Lächeln zu folgen und aus ihr keine Maske und kein Spiel zu machen, sondern eine authentische Erfahrung im Angesicht der Tragödien des Lebens und Sterbens.

Wer, wie gesagt, die Tragödien zu wichtig nimmt, wird selbst welche bewirken, und er wird es nicht wissen, wenn er unbewusst davon und dahin getrieben würde. Und wer es weiß und sich bewusst an die Tragödien heranwagt, zeigt seine suizidale Tendenz, einerseits, und andererseits, seine verbrecherische Gesinnung. Denn die Ur-Tragödie der finalen Vernichtung, kann nicht abgewendet werden. Und wer ihr zu entkommen sucht, wird die Tragödien erst für wichtig halten und sie anzetteln oder mithelfen, dass die Finalisierung der Endlichkeit vor der Zeit erreicht werden wird. Seine eigene Tragödie, die unbewältigt und unbeachtet in ihm schwelt, wird auf ein Ende hinwirken. Der Mensch wird weiterhin dunkel werden, dunkel denken, verworren fühlen, unsicher sein und widersprüchlich reden. Die Haltung, die daraus folgt, trägt Maske, übt Pose, bewirkt Posse, inszeniert Ruhm, propagiert Berühmtheit, verweigert Dialog, torpediert Fragen, misstraut Antworten und äußert Abfälligkeiten, die unbegründet bleiben und in der Luft hängen.

Denn jede Begründung würde diese Haltung entlarven können, würde die Suizidalität hin zur vorzeitig verwirklichten Ur-Tragödie, zum Ausdruck bringen. Die Maske sucht das zu verdecken, die Pose sucht das zu überspielen, der Ruhm sucht diesem zu fliehen, die Berühmtheit sucht sich zu mächtigen, die Verweigerung sucht sich zu widerstehen, das Torpedieren sucht sich zu beweisen, das Misstrauen sucht hier zu kämpfen, die Abfälligkeiten gelten nur ihm selbst und deuten auf seine Selbstverachtung und seinen Selbsthass.

Das ist alles Ausdruck seiner Furcht vor der Ur-Tragödie, seine Abweisung gegenüber der eigenen Lebendigkeit und Wahrhaftigkeit, die doch Leben und Tod als stets gegenwärtig empfindet, als sowohl gleichsam nährend und gefährdend. Seine widerborstige Haltung gegenüber Finalität und Ende, seine Weigerung die Tatsachen anzuerkennen, sein Unvermögen die Notwendigkeit eines friedvollen Lächelns anzunehmen und sich im unschuldigen, frischen Lächeln zu üben, halten ihn darin verfangen und lassen ihn tendenziell Tragödien hervorrufen, die zusätzlich zur stets schwelenden Ur-Tragödie der Finalität hinzukommen. Wer aber nur eine Seite des Daseins betont, und das auch nur halb bewusst oder noch unbewusst ihn bedrängend, das Leben als Hurra oder den Tod als Furcht, der will auch das fürchterliche Hurra der Welt und die rühmende Belobigung der Helden – und wird Tragödien zeugen.

Da wird einem solchen erzählt, dass ein gewisses schönes Gemeinschafts-Projekt sieben Jahre andauerte und verwirklicht wurde. Und anstatt zu fragen, was es so lange am Leben hielt, stellt sich der Tragödie die Frage: Warum ist es zu Ende gegangen? Mit gewissem Argwohn und Verdachtsmoment behaftet. Die kausale Betrachtung der Ursachen, die glaubt aus den Ursachen herauslesen zu können, wie die Finalität überwunden und ein ewiges Leben erreicht werden könnte, steht solchen Geistern als erstes im Bewusstsein. Sie fragen nicht: Was hielt dieses Projekt so lange am Leben? Was war die lebendige Kraft darin? Was gab es dabei zu erkennen, zu erfahren, zu verstehen? Was waren das für Menschen, die so lange miteinander arbeiteten und arbeiten konnten und sich nicht schon nach einem oder zwei Jahren aneinander frusteten. Nein. Solche tragischen Figuren wollen der gutartigen Finalität nicht trauen, sie wollen sie ignorieren, denn sie leugnen den finalen Tod und wollen ihn ungültig machen, sie wollen mit Ursache suchendem, angeblichem Scharfsinn die unvermeidliche Wirklichkeit des Endes ungültig machen. Und zweifeln am Ende, dass sie nicht glauben wollen und fragen nach den Gründen dafür, wie wenn sie das Ende ungeschehen machen könnten und wollten. Anstatt sich über die gelebte Zeit des Miteinanders zu freuen, dies zu schätzen und zu ehren.

Das ist auch Ur-Tragödie: das gutartige und erfüllte Ende zu leugnen und zu missachten und zu glauben, es gäbe einen Weg ihn zu überwinden. Kausal. Das ist die Täuschung, das ist der irrige Glaube, das ist magischer Selbstbetrug. Das ist aber insgeheim auch unbewusste Suizidalität, weil es nicht erfüllt ist und noch Erfüllung sucht und nicht an ein erfülltes Ende glaubt und stattdessen dem Ende nicht akzeptierend auf den Grund zu gehen versucht, um herauszufinden, warum es zu Ende gegangen ist, anstatt dieses Ende einfach zu akzeptieren und anzunehmen und sich zu freuen, dass es solange existierte, wie es existierte. Denn dabei fragt er indirekt nach Schuld; denn woher kommt das Interesse zu fragen, warum es geendet sei? Wer war Schuld daran? Was waren die Gründe dafür? Warum musste es zu Ende gehen? Wer ist dafür verantwortlich? Das schwingt in dieser Nicht-Akzeptanz des Endes alles mit und zeigt die Grundstimmung dieses Menschen, dieser Mentalität, die den Tod nicht akzeptieren kann und sich nicht freut über das, was gewesen ist. So aber bleibt damit eine suizidale Verzweiflung am Leben, die noch unbewusst und unerkannt diese vergeblichen Warum-Fragen stellt, die latent zeigen, dass sie an Schuld und ewigem Leben interessiert sind und noch nicht in der Lage sind das unvermeidliche Ende anzunehmen. Eine kausale Verirrung. Eine Tragödie vor der Tragödie.

So, genau so, erscheinen die Tragödien, genau so zeigt sich die Tragödie in ihrer verschleierten Form und Weise, in ihrer harmlosen Form des alltäglichen Interesses, das mehr morbide zeigt, welch Geistes Kind dieser Fötus noch gehorcht. Er kommt nicht aus sich heraus, er kommt nicht ins Leben, er weiß noch nicht, wie zu leben, er ist noch nicht geboren, er will nicht geboren werden, er ist noch in einer Welt eingeschlossen und merkt gar nicht, dass es eine andere, nächste, weitere gibt – eine gutartige, vertrauensvolle, konstruktive und menschlich wertvolle.

Die Tragödie des Noch-nicht-geboren-Sein, aber schon gezeugt, die Gefangenschaft in einem warmen, bequemen, aber engen Raum des Geistes, wo Entwicklung noch ganz am Anfang steht und eigentlich noch zu erwarten und zu erhoffen ist, ist der Antipode der Ur-Tragödie, die ihrerseits durch die Weigerung die (gutartige) Finalität des Daseins anzunehmen gegründet wird. Die Tragödie des Noch-nicht-geboren-Sein, gründet sich auf der Weigerung, überhaupt in die Finalität einzutreten und den Tatsachen des Daseins ins Auge zu schauen. Und dabei die Notwendigkeit des friedvollen Lächelns zu erkennen und zu praktizieren, wäre eine Folge des Geboren-worden-Sein. Aber die Weigerung in die Finalität einzutreten, einerseits, und die Furcht die Finalität anzuerkennen, andererseits, als das, was sie ist, ergänzen sich. Somit stirbt ein solcher Mensch in der Verwirklichung seiner Finalität tragisch, ohne je geboren worden zu sein. Die Furcht ist ihm dabei mindestens stets halb bewusst gewesen, wohl aber mehr unbewusst geblieben (bis wohl auf das Ende), und er wird all jene Tragödien inszeniert und produziert haben, die das Fürchten nicht nur zum Ausdruck bringen wollten, sondern auch anderen beizubringen suchten, durch dreiste Unterstellung und eitles Misstrauen, durch verzweifelten Argwohn und bitteren Neid, durch kämpferische Konkurrenzsucht und biedere Besserwisserei.

Diese Ungeborenen, diese Fürchterlichen, sie stehen während des Lebens, das noch nicht ihres ist, das noch nicht zu ihrem geworden ist, nicht ganz ohne Selbstbewusstheit da. Denn im ungeborenen Zustand, ist auch die Ewigkeit zugegen. Eine gewisse Unbekümmertheit allerdings nur, die mehr Naivität und Dumpfheit ist, zeigt sich in Bezug auf die produzierten und inszenierten Tragödien, denn ein Gefühl des Nicht-Anhaben-Könnens, füttert deren selbstbewusste Impertinenz, die als Stärke missdeutet werden kann. Denn das Ungeborene rührt zwar einerseits an eine Haltung der Unsterblichkeit, aber diese Haltung wurde nicht im Leben geboren, wurde nicht ins Leben hinein geboren, wie oben beschrieben, sondern ist vorgeburtliche Sinndeutung und dortige, ungeborene Realität. Allein die Furcht vor der Finalität, sowohl in der Form des Abtretens, als auch des Eintretens, belässt die ungeborene Wesenheit in ihrem tragischen Schicksal verfangen und in ihrer Tragik erzeugenden Haltung verhaftet. Die Tragödie der Tragödie bewirkt nur sich selbst. Und kaum ein Sinn spendet ihr Weisung, Licht und Leuchten; sie verspürt dies alles nicht oder kaum und traut ihm nicht vollen Herzens und nicht mit voll gesunder Kraft der Seele. Eine Tragödie.

Da fragen sich die klassischen Kulturkreise, ob nicht vielleicht die Komödie hier uns unterstützen könnte der Notwendigkeit eines friedvollen Lächelns zu entsprechen und uns zur Geburt verhelfen könnte. Aber auch hier zeigt sich eine Tragödie, die sich nur auf andere Weise tarnt und verborgen hält, als dies bei der doppelten Tragödie, der Tragödie der Tragödie, wie wir es eben gesehen haben, mehr offensichtlich ist. Im nächsten Kapitel soll über die Tragödie der Komödie gesprochen werden.

6
Die Tragödie der Komödie

»*Des Menschen Lachen bleibt ihm stecken,
wenn er den Clou hier auch versteht,
drum muss er sich zu sich hin recken,
damit es wieder gut ihm geht –
denn, was er sei, bleibt zu entdecken,
mehr zu befrei'n, nicht zu verstecken.*«

Die Komödie ist die humorvolle Inszenierung eines dramatischen und ernsten Lebens. Sie nimmt gleichsam dem Ernst den Stachel und entspannt den Geist, wärmt das Herz und weitet das Gemüt, um der Seele wieder Raum zu ihrer gesunden Entwicklung zu schenken. Die Komödie will Entspannung und nicht Verspannung, sie will Lockerheit und nicht Verkrampfung, sie will das trockene Leben feuchten, das versteifte Leben wieder sich winden lassen, das verkorkste Leben entkorken und den verschlossenen Flaschen des Tages ihren Korken ziehen, um den köstlichen Lebenswein zu genießen und dabei lachen und vor Freude weinen zu können.

Dabei ist die Häufigkeit (oder Seltenheit) darüber entscheidend, ob Genuss und Humor geübt und Maßhaltung praktiziert werden kann oder ob es ums bloße Konsumieren, tragische Inhalieren oder krude Befriedigen von fatalen Süchten geht. Denn gerade auch in der Moderne, mit ihren willkommenen Ablenkungen und vielfältigen Freizeitmöglichkeiten, ihrem kulturellen Angebot, ihrer propagierten Sinnsuche und ihren zuweilen eitlen Vergnügungen, macht sich eine *Flucht* bemerkbar, die dem Wesentlichen die kalte

Schulter zeigt und obendrein durch die Stressbelastungen der täglichen Pflicht zu arbeiten, dieser Flucht gerne und willfährig gehorcht und das Wesentliche mit dieser Flucht verwechselt.

Die inflationären Witzbolde, die wir in den letzten Jahrzehnten in der medialen Charaktervielfalt präsentiert bekommen haben, sind zu gewissem Teil demselben Muster gehorchend, auch wenn sie jeweils eigene Typen von mit Ernst garniertem Witz und Humor darstellen. Deren zuweilen als Ironie getarnter Zynismus, der mit sanften Worten und warmem Gestus dem Ernst die Tragödie zu nehmen versucht und dabei dazu tendiert den Ernst lediglich weg zu lachen, anstatt ihn in aller Aufrichtigkeit zur Sprache zu bringen, ist seinerseits ein Ausdruck einer Tragödie, nämlich der, *nicht ernst sein zu können oder nicht ernst sein zu wollen*. Solche Typen suchen nach Witz, sie haben ihn nicht. Sie erfinden den Witz, er gehört nicht zu ihrem Wesen, er wird produziert, um vermarktet zu werden und der Masse tauglich vorzusetzen, damit auch diese ein wenig lachen kann, sich entspannen kann, konsumieren kann, inhalieren kann, und sich mit Kopfnicken dem angedeuteten Ernst verpflichtet fühlen kann – obwohl dann nichts daraus folgt, keine echten Lebenskonsequenzen, keine echten Veränderungen, in den allermeisten Fällen, für die allermeisten Gemüter. Nur Flucht und Entspannung, Unernst und Gedankenlosigkeit.

Der gespielte, auswendig gelernte und nur angedeutete Ernst, der mit Humor versetzt ist und inszeniert wird, verwässert die eigentliche Ernsthaftigkeit, die mit ihrerseits Demut verwoben ist und belässt die Menschen in einer Abreaktion von Alltagsfrust, der *Flucht vor sich selbst und der Welt*. Der Humor in diesem Zusammenhang, ist mehr Ventil zum Ablassen von Stauungen, als dass er ein echtes Lachen über den Witz von Leben und Tod vermittelte. Der Lachende soll weiter auf seiner Bahn der gesellschaftlichen Verpflichtungen laufen und rackern und keine grundsätzlichen Fragen stellen, er soll befriedigt werden und in seiner Agonie ein wenig entlastet werden. Mehr nicht.

Und der Witzbold nutzt seinen Mut sich der Öffentlichkeit zu stellen ebenso als Ventilfunktion sich genauso abzureagieren und dabei noch einen Lebensunterhalt und eine Existenz zu begründen. Aber der eigentliche Ernst bleibt auf der Strecke, weil der Witz im Vordergrund steht und nicht der Ernst. Im Grunde ist ein solches Verhalten respektlos. Es ist respektlos den Menschen gegenüber, die in einer prekären Situation stehen und vom gnadenlosen Ernst des Lebens und der Welt existenziell bedroht sind. Es ist respektlos, weil er mit einer Eitelkeit verwoben ist, die aus der Selbstdarstellungssucht ihrer humoresken Protagonisten stammt, die in Wahrheit nach einem Strohhalm suchen und einer kleinen Nische, weil sie in dieser gewaltigen Welt ein kleines Auskommen finden müssen. Existenziell.

Und nur die Witzbolde, die es schaffen, die wenigen, die der Öffentlichkeit lange und anhaltend präsentiert werden, haben das Glück einer Existenz. Die meisten anderen scheitern und man hört nur kurz oder gar nie mehr etwas von ihnen. Tragödien also, die im Geheimen bleiben, weil die Erfolglosen und nicht Angenommenen keinen zu interessieren scheinen. Eben weil der Mensch dazu neigt, gerne mit den Erfolgreichen zu lachen, weil er, der Mensch, selbst etwas davon hätte. Aber er flüchtet nur – und seine Tragödie der eigenen Erfolglosigkeit bleibt bestehen.

Die allermeisten Gemüter, die sich für Komödie und Witz interessieren, leugnen die Tragödien, sie wollen andere unterhalten oder selbst unterhalten werden. Das ist schon Ausdruck der Tragödie der Komödie. Unterhalten. Wie wenn sie nicht selbständig stehen oder sitzen könnten, muss man sie unter-halten, muss unter sie etwas halten, glaubt man, man müsse ihnen etwas unterhalten, sodass sie es auch sehen können, weil sie offenbar nicht selbst schauen und sich nicht selbst auf den Weg machen zu schauen. Eine Tragödie des unselbstständigen und unmündigen Menschen, der noch nicht einmal auf dem Weg ist, sich selbst zu erproben und noch im angepassten und angebiederten Sinne abhängig ist von der geistigen Mutterbrust der Gesellschaft und der inflationären Witzbolde, die es lange schaffen in der Öffentlichkeit zu bleiben und einen Lebensunterhalt zu verdienen.

Die Komödie will unterhalten und stützen, nur was? Sie will

einen Latz unterhalten, damit das Sabbern des Publikums oder der Witzbolde aufgefangen wird. Das ist Tragödie, das ist tragikomisch, denn die Vorstellung, dass erwachsene Leute einen Latz unterhalten bekommen, wie ein kleiner Säugling, der geistig und kulturell noch nicht selbstständig essen und trinken kann, ist schon albern, wirklich komisch, eine bitter-komische Realität. Manche würden dies als unverschämte Behauptung von sich weisen und Tragödie inspirieren. Aber: das tut die Komödie, sie will unterhalten – und zwar in dem genannten Sinne. Was sonst sollte sie wollen? Nach eigener Aussage? Wer will hier widersprechen? Und wie will er widersprechen? – Der soll die Argumente nennen und zeigen, wo die Komödie nicht unterhalten will und was sie sonst überhaupt zu wollen meint! Entspannung, Lachen, Vertreiben der Langeweile, gefälliger Zeitvertreib, Unverfänglichkeit und Spaß.

Wer die Sprache nicht ernst nimmt, erkennt auch nicht ihren Witz und Humor und nicht ihre Weisheit. Der Humor und Witz der meisten Menschen ist ein flüchtiger, ein Fluchthelfer; der Humor und Witz der Weisheit ist ein realistischer, ein Realitätfindender. Wer im Leben über die Realität des Lebens nicht lachen kann, der wird verbittern oder verbittert sein. Daher ist der Humor und Witz der Weisheit sinnvoller und tiefer gegründet, als der Humor und Witz der Fluchthelfer, die Realität leugnen und nicht wahrhaben können und wollen oder sich einbilden, sie bereits zu begreifen, weil sie sich in der Abwertung der Welt einer Schlechtigkeit dieser versichert empfindet und nicht erkennt, dass es ihre eigene Schlechtigkeit ist. Ja, ihre eigene, über die sie dann lachen, ohne die Respektlosigkeit dabei zu begreifen.

Wer die Sprache lediglich instrumentalisiert, der wird natürlich manches auszublenden suchen und darauf hinwirken, dass seine instrumentalisierenden Interessen gewahrt bleiben. Schließlich wirft es ihm Pfründe ab. Damit korrumpiert er aber die Bedeutungsvielfalt und Essenzen, die wir alle erspüren und entdecken könnten und über die wir in einer Demokratie sprechen könnten, gerade, wenn wir uns nicht instrumentalisieren lassen. Aber wer ist davon frei? Wer ist nicht irgendeines anderen Instrument? Wer wird nicht von anderen gebraucht? Vielleicht sogar missbraucht? Zu glauben die Komödie hätte hier einen Sonderstatus oder einen Freibrief, der irrt. Die Komödie versteckt nur besser ihre tragische Geschichte hinter den Albernheiten der Unwilligkeit ernst zu sein. Und sie weigert sich den Tragödien ernst ins Angesicht zu schauen. Und Demut und Stille, Ruhe und Frieden, zu spenden. Denn sie lacht die Probleme weg, entlastet für kurze Zeit, bis jäh gleich darauf der Ernst des Lebens und der Welt wieder Einzug in die Realität des einzelnen Menschen erhält. Flucht also. Und eine Tragödie, wie ich meine.

Es ist, auf der anderen Seite, schon eine hohe Kunst, die Probleme adäquat zur Sprache zu bringen und die Leute dabei nicht zu verschrecken, sondern zum Lachen zu bringen. Das sei anerkannt. Wie lassen sich unsere Probleme aber zur Sprache bringen, sodass daraus keine Verbissenheit oder Verbohrtheit werden? Keine Ressentiments oder Feindschaften? Keine todernsten Beiträge, die den Verdacht nahelegen, dass hier lediglich eine suizidale Hilflosigkeit sich mit dem Ernst des Daseins in eine Ausweglosigkeit manövriert? Nur wer im Angesicht des Ernstes von Leben und Tod dennoch heiter und gelassen ist, weiß eher, wo der adäquate Humor seine Berechtigung besitzt, und dass Humor auch mal schmerzen kann, gerade, wie es zuweilen ein Lachen über sich selbst mit sich bringen kann. Aber das Lachen über sich selbst, wird so manches Mal falsch verstanden, dann, wenn die Erwartung von anderen greift, ein Lachen-über gefälligst akzeptieren zu müssen, anstatt ein Lachen-mit. Humor ist zuweilen dann und wann auch falsch am Platze.

Die Komödie aber, will die Tragödie nicht, und das ist ihre Tragödie, ihr Weigern gegenüber den Fakten des Daseins, ihr Leugnen des Ernstes darin, ihr Misstrauen gegenüber wichtigen Fragen, ihr Veralbern von Wahrem, Sinnigem und Rechtem, ihre Vermischung von Ernst und Albernheiten im Angesicht der Wichtigkeit der Fragen und Antworten, ihre dadurch erreichte Seichtheit im Gemüt, ihre intellektuelle Flachheit des Geistes, ihre unausgesprochene Dummheit gegenüber der eigenen Naivität, ihre uneingestandene Falschheit der erworbenen Attitüde eingebildeter Souveränität, ihre arrogante Rücksichtslosigkeit im Angesicht der Stille und des Schweigens des Friedens, ihr narzisstischer Eigensinn aufgrund der *allen gemeinsamen Notwendigkeit* zu überleben – und zuweilen ihr Mangel an Bescheidenheit und Zurückhaltung. Bin ich ungerecht? Nun, bei alledem gilt: Schaue selbst. Nicht alle sind gleich und so, wie ich meine, dass sie zuweilen sind; ich pauschalisiere und generalisiere nicht, sondern gebe Beobachtungen wider.

Immerhin, die gute Komödie ist eine Vorbedingung, dass sich Gemüter finden können, die auf einer sozialen Basis, zunächst über einen gemeinsamen Humor, erkennen, wer zueinander passt, um dann gemeinsam den Ernst daran etwas weiter zu differenzieren und auszuarbeiten – und sich individuell-persönlich daran zu entfalten. Und die Tragödie darin aufrichtig zu beleuchten und empathisch zu spüren. Und warum?

Wenn wir die Tragödie des Lebendigen nicht beachten, werden wir auch nicht daran arbeiten können, das damit verbundene Leid und Unrecht zu bekämpfen oder zu verhindern und wir werden kaum Bedingungen gestalten können, die uns die Tragödien entschärfen oder gar ganz vermeiden helfen. Dies ist das Vorgehen eines Arztes, der zuerst die Krankheiten und Pathologien studiert und erforscht und gleichsam sucht die Bedingungen zu finden, wie sie entstehen, um zu schauen, welche weiteren Bedingungen und Maßnahmen helfen könnten, dass die Symptome des Leides und der Krankheit wieder verschwinden und das Leben gelebt werden kann – bis es natürlich und von selbst endet oder keine Mittel mehr zur Verfügung stehen, es ins Wohlsein und Gesundsein zurück zu bringen. Und dann nur noch palliativ geholfen werden kann, durch ein finales Lindern der Schmerzen. Das ist aber keine andere Tragödie, sondern manchmal notwendig und nicht zu vermeiden. Das ist Leben.

Die Komödie sucht diesen Ernst und dieses Anliegen gar nicht erst, es widerspricht ihm eigentlich auch, weil es das Lachen über oder mit sucht und erzeugt – und am Zustand der Tragödie nichts ändern will oder diesen auch nicht sichtbar machen will, um ihn ärztlich zu versorgen. Die Komödie rührt nicht an die gesellschaftlichen Tabus, denn diese sind mit Furcht, Aggression und starken Vorurteilen belastet, mit Unwissen infiltriert; daran rührt die Komödie nicht, denn unangetastete Tabus sind bitterer Ernst. Die Komödie veralbert den Ernst, sie macht ihn nicht sichtbar und deutlich, sie lässt ihn flach und klein aussehen, obwohl er groß und gewaltig ist. Das ist die Tragödie der Komödie: sie weigert sich zu heilen und schreibt sich auf die Fahnen, vom Leid und Druck zu entlasten, und behauptet dann heilpädagogisch: Lachen ist gesund. Aber die unvermeidliche Tragödie, die Ur-Tragödie, die gutartige und bösartige Finalität, schwelen im Gemüt, sind unvermeidlich, kommen stetig wieder zurück, zeugen immer wieder ihre Früchte und stürzen den Menschen in Angst, Misstrauen, Hass und Krieg. Oder sorgen dafür, dass gesellschaftliche Wirkungen erzeugt werden, die Natur zerstören, verschmutzen und verstrahlen und das Klima wandeln und damit nicht nur unsere, sondern die Lebensbedingungen aller Lebewesen dieser Erde gefährden. Ich scherze hier also nicht. Eine Tragödie.

Wie lange hat es gedauert, bis die Klimaproblematik zu öffentlicher Wahrnehmung wurde? Vierzig? Fünfzig Jahre? Die Klimaproblematik hätte viel früher angegangen werden können, aber kein freier Geist und Witzbold nahm sich dieses Themas an. Weil es nicht lustig ist und man eigentlich auch nicht weiß, wie man darüber scherzen soll. Es ist zu ernst. Und diesem Ernst verweigerten und verweigern sich nicht nur die Witzbolde, sondern der Normalbürger, der von den Witzbolden erwartet unterhalten zu werden, um von seiner uninteressierten Agonie und seinen täglichen Leiden kurzfristig befreit zu werden. Die schon genannte Flucht, die eine Tragödie ist.

Die Tragödie der Komödie liegt der Komödie zugrunde, sie nährt ihren spezifischen Witz, der, gepaart mit der Persönlichkeit und dem Charakter des Witzboldes, sich seine je eigene Form des Witzes und Humors bereitet. Die Ur-Tragödie ist nicht wegzudenken, das kann auch keine noch so gute Komödie erreichen. Daher ist jede Komödie von diesem Faktum durchdrungen, und wir können es erkennen und besprechen.

Es scheint eine mittlere Wegstrecke zu gehen notwendig, kein Mittelmaß ist auszumessen, aber ein Mittelweg, der die Abgründe der Ur-Tragödie zu beiden Seiten schaut – und daher auch die Abgründe der Komödie, die von der Ur-Tragödie unweigerlich und unvermeidbar infiltriert ist.

Meist ist die Komödie gern gesehen, weil das Publikum Entlastung sucht und zuweilen findet, es findet Entspannung und einfachen, vielleicht aber nur schnöden, Zeitvertreib. Die Tragödie darin geht so gut wie niemandem auf, nur in Momenten, wo die Komödie zum schwarzen, englischen oder spezifisch bissigen Humor wird, zeigt sich so etwas, wie Ernst und ein Anflug für eine Ahnung von Tragödie, die das Morbide in sich trägt, das Suizidale und Gewalttätige. Doch dann lachen sie über etwas bitterlich, über das eigentlich gerade nicht mehr gelacht werden soll. Das Schwarze an diesem Humor ist der Ausdruck einer verborgenen Tragödie, die der Komödie des schwarzen Humors zugrunde liegt. Doch diese Tragödie der Komödie bleibt unbesprochen, nicht dargestellt, nur angedeutet, verstohlen, hart, kantig, eckig, spitz, schneidig, wirsch, projektiv und nur kämpferisch, verbissen und schwarz im Schweigen belassen – und nicht entspannt aufklärend, nicht vertrauensvoll und still, mehr in den schwarzen Dreck gezogen und unernst verblieben, nicht weiter denkend. Und abgewiegelt, denn mit der Tragödie wird, unter diesem bissigen Humor, in den Widerspruch gegangen, die Tragödie doch nicht ernst genommen, wieder einmal und nicht aufrichtig und nicht demütig mit ihr umgegangen – wie denn auch? Weil diese Komödie Tragödie ist.

Gerade der Humor der Witzbolde, die hörbar auf den Ernst rekurrieren, vermittelt dem Mitlachenden ein Gefühl des Gefunden-Seins, das nur scheinbar den Ernst verstanden hat, denn das Gefunden-Sein ist eine Art Schlusspunkt, der keine Fragen stellt, sondern Positionierung vermittelt und den Menschen nicht auffordert selbständig sich auf die Suche nach den Ursachen der Ernstes in der Welt zu begeben. Solcher Humor fängt ein und lässt nicht frei, solcher Humor bindet und entbindet nicht in die Eigenverantwortung hinein, solcher Humor spendet eine trügerische Sicherheit, die er nicht bieten kann, weil das Leben unsicher ist und die Bösen sich nicht um diesen Betrug kümmern, weil sie insgeheim darauf hoffen, dass die Welt und Menschen, die sie ausbeuten und unterdrücken, nicht mitbekommen, wie sie ausgenutzt und missbraucht werden.

Die Tragödie der Komödie ist es, hier die Bösen und das Böse nicht beim Namen zu nennen und die Konfrontation zu scheuen, die notwendig wäre, um zu mehr Gerechtigkeit zu gelangen. Durch die Witzbolde werden allenfalls Allianzen gebildet, die sich gefunden finden, nämlich, wenn sie gemeinsam darüber lachen können, was sie verstanden haben oder glauben verstanden zu haben. Immerhin, so sind die Komödien und der Witz auch politisch, sie sind politisch instrumentalisierbar. Je nach dem, wie der politische Wind weht, haben wir eine Instrumentalisierung, die entgegen der demokratischen Gepflogenheit für Recht und Gerechtigkeit agiert und damit eine Tragödie, die die Komödie mitzuverantworten hat, weil sie sich dem Ernst verweigert und das Lachen in den Vordergrund stellt, das sich dann als unverstanden und verblendet, als nicht gar, nicht klar und durchdrungen von rohem, unverdautem Ernst erweist. Nur der sachliche, entspannte Ernst ist zu gesundem Humor fähig, der dann aber nicht Witze machen muss, sondern mitlachen kann, wenn sie gut sind. Und der über den Witz des Lebens und Sterbens lachen kann, wo die meisten Menschen von Bitterkeit erfasst werden und einer zerreißenden Sehnsucht doch noch etwas länger leben zu wollen oder weil sie nie wirklich zutiefst erfüllt gelebt hatten, zu viele Schicksalsschläge erleiden mussten und nicht zu sich selbst fanden, nicht zu einem tragfähigen Frieden und einer Liebe, die sterben kann, wenn es natürlich so weit sein soll.

Wer die Tragödien verdeckt und bedeckt, sie verschweigt oder anders arrangiert, ein Lustspiel daraus macht, wie in der Komödie, mag sich zuweilen tragisch im Leben irren. Und er wird sich selbst allein belassen, einsam, als einsamer Kämpfer, der es sich nicht erlaubt, ernst im Leben zu stehen und den darin stattfindenden Tragödien sich klug zu widmen. Er vermeidet das. Und warum? Sein allgemeines Misstrauen in das Leben verursacht dies, das ihn daran hindert echtes Vertrauen zu nähren. Es ist die Ur-Furcht der Ur-Tragödie, sie lässt ihn erschaudern. Der Erbarmungslosigkeit eines Lebens und einer Welt, die erbärmliche Geschichten und Taten, Untaten und Unrecht, Ungerechtigkeiten und Verbrechen kennt, kann er nur einen solchen Humor entgegen stellen, der all das verschweigt, was ihn versklavt und ausbeutet, unterdrückt und verachtet, missachtet und missbraucht und in der Enge belässt. Es ist sein Ausdruck der Hilflosigkeit und die innerliche Veräußerlichung des Komödiendichters, seine letzte Hoffnung auf ein wenig Lächeln im Angesicht eines erbarmungslosen Lebens und einer ebensolchen Menschenwelt, die stets nur an sich selber denkt und die den modernen Wettbewerb – den Kampf und den Krieg – zur fälschlichen Lebensweisheit und Maxime erhoben hat, die auch noch das Geschäft beleben soll – wie er es sich so gedankenlos denkt. Seine Notdurft also.

So ist die Komödie ein Ausdruck der entgegengesetzten Reaktion auf die Tragödie der Hilflosigkeit, des Entsetzens über die finale Endlichkeit des Daseins, dass er nicht akzeptieren kann und will. Die Komödie will Leben, sie will Spaß haben, entspannen, lachen, sich freuen – und die Welt und das Leben geben dem Publikum den Rahmen der Komödie, die Gefangenschaft in der zuweilen bloßen Albernheit, in der ventilhaften Entlastung von seinem inneren Druck der Tragödie, seiner Verlassenheit im Angesicht der Erbarmungslosigkeit des Menschen und der Existenz. Nur ein wenig entspannen, nur endlich wieder, wenn auch nur kurz, zur Ruhe kommen. Die Komödie enttarnt sich hier als täuschender Versuch eine ersehnte Ruhe herzustellen. Doch bleibt sie auf der blendenden Illusion und theatralen Inszenierung haften. Das ist wiederum ein Ausdruck der Tragödie der Komödie.

Lachen-über statt Lachen-mit wird dabei auch zur leichter erreichbaren Entlastung. Denn miteinander Lachen, Freude teilen, Dialog üben, Vertrauen finden, ist, jenseits der Verschworenheit der Menschen, schwieriger zu finden, als über den Schaden anderer zu lachen, über deren Schwächen, über deren Dummheiten, über deren Lächerlichkeit. Es gehört eine größere Fähigkeit zur Menschlichkeit dazu, wenn ein Mensch *mit* anderen lachen will und kann, denn das Lachen über andere, sie auslachen und gehässig sie zu verlachen, ist weniger reif und erwachsen und stellt daher eine geringere Güte des Herzens dar und eine minderwertige Menschlichkeit.

Gerade das Über-andere-Lachen, ist der Ausdruck der tragikomischen Verfasstheit der verworren fühlenden und verdorben denkenden Menschen, jener Menschen, die den Ernst der Tragödie des Lebens mit Füßen treten, ihn kriminell intendieren oder ihn lediglich imitieren und inszenieren und so andere blenden und verführen. Und dabei Komödien, wie Masken der Tarnung und Täuschung, lediglich den Gemütern überstülpen und die wirklichen Tragödien darin nur dürftig gehaltvoll durchscheinen, für den, der sie schon ein wenig kennt oder sie ahnt – wenn sie kaum bis gar nicht durchdringend und kaum nachvollziehbar dargestellt werden. Eine Komödie also, die ihre eigene Tragödie im Geheimen belässt, im Verschlagenen, im Verdeckten, im schmerzlichen Geheimnis der eigenen Schwäche, die nicht eingestanden werden kann. Und stattdessen das imaginierte und inszenierte Große posenhaft und possenhaft von ihm produziert werden will.

So also kann Aufklärung nicht stattfinden. So kann Erklärung unserer Dramen des Lebens nicht vollzogen werden. So kann Verstehen und Verständnis nicht erzielt werden. So kann Erkenntnis nicht bewirkt werden. Über das ventilhafte Entlastungsprogramm der Komödie sicherlich nicht. Und das ist eine Tragödie. Und zwar eine, die sich mitten in den Komödien des Alltags zeigen und auf den Bühnen der Welt und der Länder. Unwissende Menschen, die Geschichten inszenieren und von Albernheiten beflügelt werden und die Tragödie ihres eigenen Lebens nicht begreifen, weil sie keine eigenen Geschichten schreiben, weil sie keinen Blick in die menschliche Geschichte werfen und damit nicht ins Erkennen kommen, was geschehen war und warum und wie und was geschieht warum und wie. Unkenntnis der Zusammenhänge, weil die lustige Albernheit den Vorrang hat, aufgrund der Bedürftigkeit vom eigenen Druck der Tragödie zu entlasten, den Menschen zu nützen, aber eben nur kurzsichtig, kurzfristig, punktuell, eng und klein, wenig und kaum, bis gar nicht.

Die Komödie birgt in sich eine Tragödie, die sie übertünchen muss. Und sie muss es tun, damit sie Komödie sein kann. Sie wäre nicht Komödie, wenn sie nicht Tragödie in sich trüge, jenes Drama einer Held sein wollenden Welt, die es doch nicht sein kann und sich daher durch Witz trösten muss und dadurch doch zum Helden wird. Arme Komödie, die ihre Tragödie nicht ernst nimmt, die sich glauben macht, in ihr läge schon ein Wert, der absolut sei und sinnig und wertvoll. Sie irrt und sie irren darin, die Protagonisten und Komödiendichter, die Witze-Erfinder und Humoresken, die Zuchtbullen einer witzig sein wollenden Welt, die ihre Abgründe nicht kennt und nicht kennen will, nicht ernst nimmt und ihnen nicht auf die Spur kommen will, sie leugnet usw. So ist die Komödie ein Fluchthelfer vor dem Ernst des Lebens, vor den Abgründen einer verbrecherischen Welt, die ebenso fein agiert, wie so manche witzige Komödie, nur dass die Komödie nicht wirklich Position bezieht, wie es nötig wäre, gegen die verbrecherische, feine Welt des Bösen. Die Komödie als Balsam für jeden, der sie konsumieren will, der sich von ihr unterhalten lassen will, niemand wird wirklich zur Ordnung gerufen, allen soll Witz angeboten werden, sie wollen lachen und entspannen, auch wenn es ein Verbrecher ist, der die Witze von sich gibt und der gerade von seinem Beutezug zurück gekehrt ist und nun auch noch Geld damit verdient.

Dieses Fehlen (oder der Mangel) an einer eindeutigen, grundlegenden und nachhaltigen, ethischen Position, ist gerade auch die Tragödie der Komödie, die nur glauben macht, aber nicht konsequent genug argumentiert und darlegt oder darstellt. Die Komödie als Mangel an Profil und Gesicht, die Komödie als deprivierter Charakter und Wert, ist damit eben auch feige, nicht mutig genug Klartext zu reden, nicht sinnig genug Deutlichkeit zu inszenieren, nicht klug genug Wahres zu schreiben, nicht bewandert genug Sinniges zu sprechen. Die Komödie als verkniffene Form der theatralen Wahrhaftigkeit, die somit eher Lachhaftigkeit ist. Und das will sie auch sein. Was wiederum ein Ausdruck ihrer Tragödie ist. Denn der Komödie haftet das Lachen an, die inszenierte Freude, die erzeugte

Humoreske, die absichtliche Witzigkeit, die vorgeschobene Heiterkeit, die bevorzugte Lustigkeit, die inszenierte Albernheit, die gewollte Spaßigkeit.

Die menschlichen Schwächen, die in der Komödie spielen und die eigentlich zu einer Tragödie einladen oder diese provozieren, weil Menschen gerne sich an Schwächen anderer profilieren wollen, und die daraus folgenden Konflikte, wollen in der Komödie überlegen gelöst werden. So eine Wörterbuchdefinition. Überlegen gelöst! Wenn es schon im Leben so nicht möglich ist, so wenigstens in der Komödie, die damit den Menschen etwas vorgaukelt, was mit dem realen Leben nicht möglich ist. Eine Tragödie. Hier wird nur Hoffnung gespendet und ein Weiter-so inspiriert, ein Weiter-so im Morast der weltlichen Verstrickungen, wo der eine des anderen Feind ist, wegen des allseits propagierten Wettbewerbs und Wettkampfs und das knochentiefe Misstrauen durch Verträge und Gerichte kompensiert werden soll.

So inszeniert und konstruiert der Komödiendichter die illusionäre Überlegenheit des Menschen, die also in Wirklichkeit nicht vorhanden ist, aber dadurch nur Entlastung und Ventil darstellt, er konstruiert im Angesicht seiner Schwächen und im Angesicht der dann wohl eher gemilderten Feinde seiner Person, die eher Gegner oder doch nur zeitweise abtrünnige Kumpels sind, und löst die konstruierten Konflikte überlegen, in dem er lange darüber nachdenkt, was er ins Drehbuch schreiben will – und dabei das lebendige Leben des spontanen Augenblicks außer acht lässt. Er konstruiert und baut mit Worten eine komödiantische Geschichte, und das wird definitorisch überlegen genannt. Was doch eher diesbezüglich lächerlich ist, weil das Leben andere Handlungsstränge erzwingt, die weit von Überlegen entfernt sind, weil Leben mehr als meist angenommen, Tragödie ist.

Aber: Welch Erfolg für das Publikum! Welch Zuversicht für deren weiteres Leben mit ihren eigenen Tragödien! Welch Kraftimpuls für das Weitermachen und Bestehen lassen des Status Quo! – Solch ein Handlungsmuster der Komödie ist Illusion, weil er das Leben nicht korrekt abbildet und eher blendet und suggeriert, in zukunftsoffener Hoffnung wiegt und von der erbarmungslosen Realität ablenkt, ablenkt davon, zu was Menschen, fern ab der Bühnen und Kameras, in der Lage sind Böses anzurichten. Dies ist die Tragödie der Komödie, das sie nicht klaren Wein einschenkt und ventilhaft suggeriert das Leben sei glücklich und überlegen zu meistern. Eine glatte Lüge. Ein bloßes Gauklerstück des Betrugs am Menschen.

Die Komödie gaukelt dem Publikum vor, für die Zeit ihrer Aufführung und einige erinnernde Zeiten danach, dass es wohl am Publikum liege, wenn das reale Leben nicht überlegen gelöst würde, denn das Publikum nimmt die Komödie als quasi Vorbild, um sich ein Beispiel zu nehmen, wie es auch gehen könnte. Aber damit ist der Schwarze Peter beim Publikum und dieses geht in das Leben zurück und wird allein gelassen.

Die meisten Menschen leben daher nicht wirklich, weil sie stets abgelenkt sind und sich stets ablenken lassen und nicht auf das Wesentliche achten. Wenn die Brutalität und Gewalt in der Welt, besonders die verbalen Zynismen und falschen Ironien gespürt und gesehen werden würden, die rücksichtslose Erbarmungslosigkeit darin, wäre ein viel höheres Maß an Ernsthaftigkeit in der Welt als dies schon immer der Fall war und ist. Gerade der, welcher die Ungerechtigkeit schaut, wird zu einem Ernst kommen müssen, der ihn in die Verantwortung setzt diesen Ungerechtigkeiten auf den Grund zu gehen und seine Fragen, Abwägungen, Erörterungen, Antworten und möglichen Erklärungen in die Welt hinein zu kommunizieren. Denn das Gegenteil davon ist Ignoranz gegenüber Ungerechtigkeit, belässt diese, wo sie ist und tut nichts, um sie einzudämmen oder ihre Bedingungen zu verändern, damit sie geschwächt werde und die Gerechtigkeit gestärkt.

Der Humor der meisten Menschen ist ein Ausdruck ihrer Verantwortungslosigkeit, ihres Unernstes. Daher kann solche Komödie nur die Tragödie belassen, die sie nicht sieht und nicht spürt, die sie ignoriert oder in Abrede stellt. Der Humor der meisten Menschen, die auf Komödien ansprechen, hat den Ernst des Lebens noch nicht begriffen und lässt sich durch inszenierte und ausgeklügelte Komödien in die Weigerung den Ernst des Daseins anzunehmen, hineinziehen. Sie folgen den Unernsten, weil diese den Leuten Entspannung versprechen und merken nicht, dass sie betrogen werden, indem man ihnen nicht reinen Wein einschenkt und nur so tut, als wäre das Leben eine überlegen zu lösende Konfliktsituation. Das Leben ist aber eine Tragödie, wenn der Mensch sich in ihm nicht in einem adäquaten Verhältnis von Ernst und Humor befindet. Die Komödie lenkt ihn vom Ernst ab und gaukelt ihm etwas vor. Alles andere ist dabei die Flucht des Zeitvertreibs, der die Langeweile vertreiben soll, der zum Ernst würde, wenn die Menschen sich mit ihr auseinandersetzen würden und nicht immer so geschäftig auf die Komödien versessen wären oder so gestresst vom Tag und ihrer Arbeit und den Familienpflichten.

Dass das Leben dramatisch sein kann, wollen solche erst glauben, wenn es sie selber trifft. Und im Falle eines Krieges im Nachbarland, sind sie nur kurzfristig empört und geängstigt, da sie bald das Interesse an diesem bitterbösen Ernst verlieren und sich wieder auf die Witzbolde stürzen und von ihnen unterhalten werden wollen. Anstatt, dass sie sich selbständig Gedanken und klugen Rat bei klugen Autoren suchen und Bücher lesen, bleiben sie am Fernsehen kleben und bei Influencern, denen es ebenso an Empathie für den Ernst mangelt, weil diese wissen, dass mit Ernst sich keine Kasse machen lässt – oder weil sie selbst den Ernst nicht durchschauen.

Komödien sind also nur Zeitvertreibe, sie sind Leidvertreibe und Leidverbleibe, die uns keine Möglichkeit schenken Verantwortung zu übernehmen, anzunehmen und zu verwirklichen. Wie denn auch? Die Komödie will ja sanft erzählen und heiter berichten, lustig darstellen und Frust vermeiden. Aber wo wir um das Spüren des Unangenehmen gebracht werden, können wir auch nicht wirklich wissen, wie sich Angenehmes anfühlt, das authentisch ist (was ein anderer Ausdruck für ein sich ernst verwirklichendes Leben ist). Wie sollte das möglich sein? Das Angenehme, dass die Konsumenten der Komödien spüren, ist ein gewisses Wohlgefühl aufgrund der ihnen abgenommenen Verantwortung für sich und die Welt zu sorgen, zumindest für die Zeit der Aufführung und einige Zeit der erzählenden Erinnerung daran. Es ist Bequemlichkeit, die Theater geworden ist und das Publikum im Glauben lässt, es wäre schon nicht so schlimm und alles hat ein glückliches Ende. Weit gefehlt.

Sokrates, Jesus von Nazareth, Giordano Bruno, Galileo Galilei, Sören Kierkegaard, Oscar Wilde, Albert Einstein und viele andere, deren Leben ist entweder als Tragödie geendet oder hatte Phasen einer Tragödie, mit Gewalt, immer wieder Gewalt, auch zuweilen nur, aber immerhin, verbale – sie wurden entweder kalt und erbarmungslos mit dem Tode bestraft, hingerichtet, verbrannt oder vor Gericht gezerrt oder verbannt, vertrieben oder unter Hausarrest gestellt. Wie wollte man aus solchen Leben eine Komödie machen? Der Ernst würde nur vertrieben werden, und es würden die Täter sich dadurch selbst verraten. Für den, der zu schauen versteht.

Und gerade diese Welt der Menschen nutzt die Komödie, um dem Volk eine heitere Welt vorzugaukeln, wo es keine Verantwortung anzunehmen bräuchte, keine Fragen zu stellen hätte, und es wird suggeriert die Antworten seien schon vorhanden. In der Komödie werden die Antworten gleich geplant und inszeniert vorgespielt. Es ist eine Vorspiegelung von Tatsachen und damit eine Lüge.

Ein Ausdruck der Tragödie der Komödie liegt in der Ansicht, Spaß haben zu dürfen wäre schon ein Sinn und Ziel des Lebens und das Volk hätte ein Recht darauf. Aber das Volk wird zu weiten Teilen an der Nase herum geführt und lässt sich auch bereitwillig und bequem an der Nase herum führen. Aber ich sage *nicht*: von den Politikern. Nein. Ich sage: von den Eitlen, Gerissenen, Karrieristen, den Ruhmsüchtigen, Geldgierigen und Rücksichtslosen. Das geschieht auch in der Kunst und im Film. Wer zu schauen versteht, wird's wissen.

Und wer sich verführen lässt, wird auch verführen wollen. Es ist zu erkennen an den Reaktionen, die sicherlich kommen, wenn die heiligen Kühe der Gesellschaft kritisiert werden, wie hier geschehen. Spaß haben zu dürfen ist nicht das Problem; es ist eine Frage des Ernstes, der hier mitschwingt und ob den Menschen etwas vorgegaukelt wird oder ob die Realität adäquat abgebildet wird. Wo der Spaß auf Kosten der Realitätsabbildung erkauft wird, sollte der

Mensch auf solchen Spaß verzichten, weil er an der Nase herum geführt wird, was zwar spaßig aussieht, aber ganz und gar ein bitterer Ernst der Abhängigkeit, der Unselbstständigkeit und des unkritischen Gehorsams bedeutet.

Aber wer sagt denn, dass Ernsthaftigkeit keinen Spaß mache und dass diese beiden Gegensätze seien und sich ausschlössen? Spaß im Leben zu haben ist keineswegs unvereinbar mit Ernsthaftigkeit. Dieser Spaß ist gesunde Freude, die an Verantwortung Interesse hat. Und eben keine Albernheit, die den Ernst auf die Seite schiebt und sagt, jetzt will ich meine Ruhe haben. Dieser Spaß findet seine Ruhe im vertrauensvollen Betrachten des Augenblicks, sei es allein oder mit anderen. Und arbeitet daran stetig Vertrauen zu berühren und zu vertiefen. Dies erst bringt den Spaß ins Spiel des Lebens, weil er dann von aufrichtigem Frieden begleitet ist.

Der Mensch sollte sich also nicht führen und nicht verführen lassen und sich Spaß vorgaukeln lassen, sondern selbständig freie Entscheidungen treffen und sein Leben in Verantwortung für Gerechtigkeit und Wohlsein gegenüber der Gesellschaft gestalten. Wo er sich durch Komödien an der Nase herum führen lässt, ist er weniger frei, als wenn er den Ventilcharakter der Komödien als bloße Ablassreaktionen seines innigen Leidensdruckes erschaut und daher etwas mehr frei davon ist. Aber es ist wahr: Die meisten Menschen folgen bereitwillig dem kurzen Spaß, von dem es in der modernen Gesellschaft reichlich Variationen gibt. Und bleiben blind gegenüber der unausgesprochenen Tragödie darin. Und der eigenen gegenüber.

Die Komödie ist also ein Fluchtfahrzeug der Menschen, um sich dem Ernst des Lebens nicht stellen zu müssen und sich nicht fragen zu müssen, welche Moral es denn wirklich wert sei Moral im Dienste an der Menschheit genannt zu werden. Oder: Wie es uns Menschen möglich sein soll, miteinander ins Gespräch zu kommen, Dialog zu üben, Vertrauen zu finden und gemeinsam an unseren gemeinsamen Interessen zu arbeiten. Dass dies noch nicht gelungen ist und wohl eine Sisyphusaufgabe für die Menschheit für die nächsten zig Jahrtausende bedeutet, und damit auch heute schon praktiziert werden müsste, das Verständnis dafür aber nicht erzeugt werden will, kaum einer darüber spricht, wenige es wirklich verstehen wollen –, deutet auf die Verantwortungslosigkeit des größten Teiles der Gesellschaft hin. Sicherlich gibt es Ausnahmen, doch die Masse der modernen Gesellschaft lässt sich durch Komödie, Theater, Film und Unterhaltung lediglich die notwendige Zeit und unangenehme Fragen aus dem Geist und ihren Möglichkeiten treiben. Das ist Verschwendung von Potenzial, das ist Ignoranz der Möglichkeiten, das ist vertanes und unterbundenes Vertrauen, das ist die Beibehaltung von Misstrauen und Argwohn. Das ist Tragödie, die auch Komödie durchzieht und infiziert hat.

Ja, was soll man denn tun? Soll man nun die Komödie abschaffen? Meinen manche Frustrierte, die solchen Analysen zugehört haben. – Nein, radikale Lösungen sind schon im Kern eine Tragödie und sind entfernt davon Tragödie an sich zu verstehen. Das Abschaffen würde nur zu Verbitterung führen und ist selbst nur eine tragische Maßnahme, die viele nicht verstehen würden und besonders nicht die, die sich dazu treiben ließen.

Aber: es geht um Verstehen. Denn Radikalität im Handeln und den Gesetzen, Verbote und Strafen, haben in der Geschichte der Menschheit noch nie zu einer Verbesserung geführt, eher nur zu Verschärfungen und Schlimmerem. Besonders, wenn dies alles ohne Vernunft angewandt wurde. Und der Humor verboten wurde.

Die Dinge *schauen* vielmehr, die da sind, die Feinheiten *spüren*, die sich zeigen, *lernen* an der Vielfalt der Ausdrucksmöglichkeiten, der Bilder, der Sinne, der Deutungen, die uns in den Frieden bringen wollen, wenn sie es wollen. Verstehen nicht einfach generieren, sondern *erarbeiten*, kontinuierlich, mit dem Sinn für das Gemeinsame und Verschiedene, für Perspektiven und Sichten. Sich Erkenntnis nicht einfach vorsetzen lassen, sondern selber ins eigenständige Denken gehen. So wird Verstehen und Verständnis. So wird Glück und Erfüllung.

Denn: Wem wäre der Frieden kein gemeinsames Ziel? Den wird man nicht so leicht finden, denn seine dem Krieg gleichen Attitüde würde er geschickt und gerissen verbal verpacken und nur durch

Projektionen auf andere damit auffallen, was aber ein Täuschungsmanöver darstellt und erst einmal erkannt werden muss. Muss, wer Frieden will, nicht den Krieg, den Kampf und den unethischen Eifer, erst einmal in seiner versteckten Form, sich und anderen, bewusst werden lassen? Wo in unseren Worten können wir dies sehen, erkennen und spüren? Wo in den Witzen der Komödien finden wir die Tragik des unbeachteten Lebens? Die Tragik des mangelnden Vertrauens füreinander? Die Tragik der anscheinenden Vergeblichkeit eines nachhaltigen Glücks? Das betrifft doch schließlich die meisten Menschen. Und warum sollten wir darüber lachen?

Ja, natürlich, die gute Komödie setzt uns in die Entspannung im Angesicht der Tragödien des Lebens, alles halb so wild, alles halb so schlimm, sie unterhält uns, sorgt dafür, dass wir weiter machen, ohne zu schauen und zu verstehen, wie das ganze Schlamassel überhaupt zusammenhängt. Lach dir den Frust kurzfristig weg und schwimm weiter im Schlamm. Du brauchst aber festen Boden unter den Füßen. Das Unwissen über die Realitäten der Welt und des Lebens erzeugt Komödien, die uns korrumpieren und auf dem Weg der Ungerechtigkeiten halten, anstatt uns selbständig auf den Weg zu begeben die Ungerechtigkeiten der Vergangenheit und Gegenwart aufzudecken und zu beseitigen.

Und wo und wann, in der Komödie, wird das alles nicht ernst genommen und nicht weiter befragt? Wo und wann wird es verdeckt belassen? Unter dem Teppich der Verleugnung und Verdrängung? Wo erkennen und spüren wir die Manipulation durch Verschweigen? Und wo und wann sehen wir die moralische Manipulation durch Witz und Humor? Was stellt solch ein Witz, solch ein Humor im Grunde eigentlich dar? Wann beginnt Indoktrination, die Abrichtung auf ein Denken, das einigen wenigen nützt und andere diskriminiert und verletzt? Zum Beispiel die Zeugen Jehovas oder die Waldorfpädagogik. Oder andere, die in den Fokus des zynischen Humors geraten, in die Fänge der Tragödie der Komödie – Tragödie ist das, in diesen gehörten und gesehenen, öffentlich im Fernsehen gezeigten Fällen, in jedem Fall. Wie ich beobachten konnte.

In der Komödie, die teilweise auch schwarz sein kann, wäre es moralisch verpackt und getarnt, also ein Ausdruck einer diskriminierenden Pseudo-Moral. Denn Moral, die nicht Pseudo-Moral ist, wird den Schwachen stützen und dem Sünder verzeihen – und sich nicht durch Unrecht und Lüge, Täuschung und Verleugnung, Verdrängung und Verhöhnung, eine Position erwirken, die andere unterdrücken und verdrängen soll und sie dabei insgeheim über den Pseudo-Humor anschwärzt und aburteilt, trennt und verlacht.

Und die weiße Komödie, die das Leben leichter machen möchte, die Entspannung spendet, das Halb-so-wild, das Kluge und Humorvolle? Sie ist kurzfristiges Surrogat für echte Nähe, spürbares Vertrauen und ein Angenommen-Sein, dass den Menschen in seiner spezifischen Verschiedenheit annimmt und ihn offen und neugierig zu verstehen sucht. Sie ist damit lediglich eine Möglichkeit kurz oder immer wieder vor den Notwendigkeiten der Verantwortung für das zwischenmenschliche Leben zu fliehen. Im besten Falle gibt sie erneut etwas Hoffnung, dass die Dinge sich doch irgendwie regeln können würden und spendet ein wenig Raum zum Atmen. Doch die Komödie wird nicht die Berührung und Betroffenheit spenden, die notwendig wäre, um zu einem vertieften Verständnis der Zusammenhänge zu kommen. Es schafft nicht dauerhaft Raum, sondern nimmt sich kurz Zeit, um ein wenig Laxheit einkehren zu lassen. Aber da ihr der Ernst fehlt, stellt sie kaum bis nicht wichtige Fragen, die notwendig wären, um dieses Verständnis zu vertiefen, sondern vermeidet sie, leugnet sie, überschattet sie und verlacht sie auch zuweilen, lacht den Ernst weg, wie bereits genannt. Sie sorgt nicht für erwachende und erwachsene Sensibilitäten, sondern dafür, dass alles so weiter gehen kann und soll, wie man es so kennt, sie bestätigt den Zuhörer und Zuschauer lediglich in etwas, dass er sagen kann: der hat Recht, Mensch, der bringt es auf dem Punkt. Und das Schulterklopfen wähnt sich in der Attitüde der Verbundenheit mit dem Unernst, dem die wichtigen Fragen nicht einfallen und der lediglich den Punkt überspitzt und nur Zustimmung fordert, also nur Politik macht, als dass er Nachdenken und Nachsinnen und weiterführende Berührung inspiriert, die den

Menschen öffnen könnte, sich selbst zu finden. Und belässt damit, unter Umständen, die eigentlichen Probleme und Ungerechtigkeiten unbesehen und unbeachtet. Eine Tragödie also.

Wo die Komödien ihre Tragödien kaschieren, sie aufpeppen und angenehm erscheinen lassen, souverän meistern und überlegen bewältigen, was nicht realistisch ist, aber erwünscht, und doch dabei täuschen, und, zugegeben, auch sowohl trösten und Verzeihung nahelegen, sowie Hoffnung spenden, kommt auch die *Kunst* der Darstellung selbst ins Leben und zeigt sich in ihrem Lebensdrama. Denn gerade die Kunst kann davon nicht lassen, sich aus ihren inneren Bewegungen nach außen selbst darzustellen, nicht immer direkt, nicht immer klar, und auch nicht immer schön, aber so, dass wir der Kunst verdanken, was sie manchmal aufrichtig, manchmal nur gewollt, inszeniert und auf Leinwand und Bühne gebracht, sagen möchte. Und manchmal sagt sie uns etwas, das sie gar nicht beabsichtigt hatte, wie wir es ihr aber aus ihren Bildern und Szenen herauslesen können. Im folgenden Kapitel soll etwas über die Kunst und die Tragödie darin gesagt werden.

7
Die Kunst und die Tragödie

> »Die Kunst will Inszenierung heißen,
> doch zeigt der Künstler manchmal Groll,
> er wird so mehr den Dunst beweisen,
> doch all die meisten finden's toll –
> so toll ist aber seine Wut
> und auch sein Hass, der Übles tut.«

Kunst ist all das, was erdacht, entwickelt, erfunden, gemacht, gemalt, geschrieben, komponiert und gesprochen wird, um es anderen zu präsentieren und möglich zu machen, sich damit auseinanderzusetzen oder in Beziehung damit zu treten. Wer eine Idee hat, eine Intuition, wird daraus etwas entwickeln, er wird etwas erfinden, eine Form, ein Stück, ein Gedicht, eine Harmonie, eine Geschichte, eine Maschine, ein Gerät. Letzteres möchte ich auch als Kunst bezeichnen, weil es ein dem Menschen eigen seiendes Werk ist, das er geschaffen hat. Es ist Kunst also, in meinem Verständnis, nicht nur auf Malen, Schreiben und Musizieren beschränkt, obwohl die meisten Menschen nur darunter den Begriff Kunst verstehen. Kunst ist also auch die technische Erfindung des Erfinders, die gefundenen Gesetze der Natur durch den Wissenschaftler. Zumindest für den Gebrauch des Begriffes und die Bedeutung in diesem Zusammenhang in diesem Text.

Die Intuition der Maler, Schriftsteller und Musiker, erfindet Formen, Geschichten und Harmonien, die sich entlang der *Zeit* entwickeln, das Ganze, das sie hervorbringen, ist nicht bereits auf einen Schlag anwesend. Das kann es gar nicht, weil die Kunst und ihr Gegenstand sich in der Zeit befinden und Raum einnehmen und sich entlang der Zeit entwickeln und im Raum entfalten, an einem Tag, in einer Woche, einem Monat oder viel kürzer oder weit länger. Ein Gedicht schreibt sich in zehn Minuten oder einer halben Stunde bis Stunde, ein populäres Musikstück in zwei Stunden, ein Roman in mehreren Monaten oder Jahren vielleicht. Das alles scheint zunächst wenig mit Tragödie zu tun zu haben, sondern mehr mit Schöpferkraft und Gnade. Denn ein Werk als Ganzes zu betrachten, erscheint so manches Mal als Zauber, obwohl es damit nichts zu tun hat. Es bedurfte der Zeit und entwickelte sich mit der Zeit, sowohl das Werk an sich, als auch der Künstler als Mensch oder der Mensch als Künstler.

Denn Kunst ist zunächst nur Form, die der Mensch erschaffen hat, visuelle, akustische, sensorische, lesbare, hörbare, spürbare, ersichtliche. Sie ist ein Ausdruck, der den Künstler spezifisch auszeichnet und der Künstler zeigt sich dort entsprechend individuell, persönlich. Die gewordene Form ist immer Zeit bedürftig, ist natürlich gewachsen und erwachsen, durch natürliche Begabung, menschlichen Willen, seelische Intuition, gelassene Entscheidungen – und Fügungen, Zufall, Glück oder Pech im biographischen Werden – eben auch ein wenig Schicksal, im doppelten Sinne des freien und bedingten. Was aber aus keinem Leben wegzudenken ist. Weshalb jeder Mensch ein gewisser „Künztler" ist, wie bereits von jemand anderem gesagt wurde.

Die *Zeit* aber, ist es daher, die uns auf die Spur der Tragödie bringt, wenn man es so sehen möchte. Im Verbund mit der Zeit und der Unumgänglichkeit nicht zaubern zu können, sondern als Künstler Zeit zu bedürfen für Werk und Bild und Form, ist Kunst auch dem Leid unterworfen und von ihm mehr oder weniger behaftet. Die biographischen Beziehungen der Künstler sind sicherlich in ihren Werken mehr oder weniger durchscheinend, seien es nun die fröhlichen oder die Leid behafteten, die glücklichen oder die verzweifelten.

Meist allerdings ist dem gewöhnlich interessierten Publikum nur das Werk bekannt, weil es berühmt gemacht wurde – und weniger die Leid spezifischen Bewegungen des Künstlers selbst darin. Es ist verständlich, dass das Publikum, im allgemeinen, ausschließlich auf das Werk schaut und der Mensch mit seinem Werk zum Künstler wird – anstatt das Werk zu beschauen und im Künstler den Menschen zu verstehen, der es sicherlich wert sein sollte, verstanden und erkannt zu werden, auch gerade in seinem Leid, seiner Tragödie niemals an ein Ende zu gelangen, niemals fertig zu sein.

Gerade diesen Aspekt verstehen viele Künstler, die durch ihre Arbeit einen sich selbst durch sie entfaltenden Prozess von Geist und Seele und Herz erkennen, und sie sehen sich mit dem, was wir heute unaufhörliche Evolution nennen, in mehr oder weniger deutlicher Verbindung. So verstehen sie und bringen zum Ausdruck, dass ein Werk stets unvollendet sein wird. Vielmehr ist es die schöpferische Intuition und der Einfallsreichtum, der nicht zu einem Ende zu kommen scheint. Und der Künstler begreift dies im Laufe seiner Schöpfungsgeschichte und erkennt daher die Nie-Vollendetheit seines Werkes. Was ich hier einmal zunächst als Tragödie bezeichnen möchte. – Und warum?

Weil dies uns alle betrifft. Weil wir alle diese unvollendeten Weihen besitzen, niemals an ein Ende zu gelangen – und wir doch wissen, dass es irdisch für uns ein Ende haben wird. Das ist irgendwie Tragödie, weil wir hier, wie die Künstler, zwischen Endlichkeit und Unendlichkeit gespannt sind. Doch den Künstlern ist es meist deutlicher bewusst, als den nicht künstlerisch tätigen Menschen.

In der Kunst wird damit diese Tragödie der Nie-Vollendetheit für den Künstler sichtbar und spürbar, durch seine Selbstwahrnehmung und Selbsterfahrung, und sie zeigt sich in mehr oder weniger schönen Formen und Werken für ein Publikum gerade daher als vollendet, weil das Werk dem Publikum posthum als abgeschlossen gilt, als final – aber es, aus der Empfindung des Künstlers, nicht abgeschlossen ist und nicht abgeschlossen sein kann. Dass ein Werk und die Intuition des Künstlers kein Ende haben, kann, einerseits, als Tragödie bezeichnet werden. Aber dies hat dennoch wiederum einen Trost: Das irdische Leben hat eben doch ein Ende und einen Abschluss.

Für den Künstler besteht eventuell die Tragödie darin, sein Werk nicht vollenden und abschließen zu können, wenn er an Vollendung denkt und glaubt, dies sei Ziel seines Schaffens. Aber er hätte wiederum, wie auch meist der nicht künstlerische Mensch, die Endlichkeit nicht begriffen, er wäre an der Erhabenheit seines Schaffens erblindet und glaubte, dies sei das Ziel des Lebens, ein Künstler auf dem Weg zur Vollendung zu sein. Aber dieser Glaube wäre seine Tragödie, da er nicht erfüllbar ist.

Doch auch das Umgekehrte hört sich häufig: Dass das Leben kein Ende habe, wäre erstrebenswert; die Unsterblichkeitsidee und der Glaube an das ewige Leben, sind hier Ausdruck dessen, dass ein Ende eigentlich nicht erwünscht sei. Und es wird im Ende des irdischen Lebens eine Tragödie gesehen. Aber das unsterbliche Leben, gerade mit seinem Leid und seiner scheinbar nie endenden Plage, kann ebenso als Tragödie gesehen werden. Und so kann sich der Künstler nirgends hin retten, er bleibt in der Tragödie verhaftet, sei es, die Tragödie der nie Vollendetheit seines endlichen Lebens als Künstler oder die Tragödie seiner Vorstellung ein unsterblicher Künstler sein zu wollen oder dies bereits zu sein.

Der eigentliche Künstler, der sich nicht oder selten in diese Illusionen flüchtet, ist sich meist bewusst, dass er zwischen beiden gespannt ist, zwischen der Unaufhörlichkeit seiner schöpferischen Intuition und dem Ende seines irdischen Daseins. Also glaubt er sich beeilen zu müssen, um soviel wie möglich einfangen zu können und der Nachwelt zu hinterlassen, glaubt er doch, in seinem Schaffen sei ein Ausdruck höherer Verwirklichung zu finden. Doch das ist nicht unbedingt bei jedem Künstler der Fall, auch nicht unbedingt bei jenen, die auf dem Kunstmarkt hoch gehandelt werden. Denn, was in dem Begriff der höheren Verwirklichung zu finden ist, macht sich nicht an den Preisen einer Kunst fest oder dem Hype der Nachfrage, sondern am Bewusstsein seiner menschlich-ethischen Reife, die ihm stetig immer mehr zu werden scheint, wenn er auf einem solchen Wege ist.

Ein neurotischer Künstler ist noch nicht sehr reif. Und ein narzisstischer Selbstdarsteller ebenso nicht. Mir scheint, dass auch der Kunstmarkt noch nicht völlig auf die Stufen des Bewusstseins aufmerksam geworden ist, sondern noch in prä-modernen oder modernen Ansichten über gute Kunst fest gefahren scheint, sodass die Reife und die Qualität eines heutigen (2023) Künstlers sich mehr durch ein Marketing oder bloßes Bauchgefühl beim Betrachten der jeweiligen Kunst ergibt und nicht an der ethischen Reife eines Künstlers oder seines Grades an Selbst- und Welterkenntnis. Das ist ein Teil der Tragödie in der Kunst, dass sie noch nicht wirklich einem Künstler auf die ethischen Finger schaut, sondern sein Werk nach Vermarktungsaspekten begutachtet und fragt, ob es dafür einen Markt gäbe.

Der gewöhnliche Mensch, der kein Künstler ist, sich aber für Kunst interessiert, ist mehr an Figuren und Farben, Formen und Strukturen, interessiert, die er für besonders hält, für vollkommen, für ideal, für Leitfiguren an denen er sich in seiner Lebenstragödie der Sinnsuche orientieren kann, um sich doch irgendwie zu finden. Ihm fehlt aber das eigene, künstlerische Schaffen, mit dem er die Ruhe und den Frieden finden könnte. Er glaubt dabei, freilich unbewusst, die bekannten und hochgelobten Künstler würden bereits einen Frieden gefunden haben, eine Ruhe in der schöpferischen Formgebung. Dies zieht den Kunstinteressierten an, er lobt diesen und jenen Künstler, weil er meint, dieser hätte etwas Besonderes, etwas Verwirklichtes, etwas ihm voraus. Und daran orientiert er sich und kauft dessen Bilder und hängt sie in seine Wohnung und sein Haus. Oder er kauft die Musik, um in der Eingängigkeit populärer Harmonien, sich zu trösten und im Glauben zu lassen, der Künstler hätte menschlich ihm etwas voraus, das er auch gerne hätte. Dieser Glaube ist auch eine Tragödie in Zusammenhang mit Kunst, besonders, wenn die Wertung damit sich lediglich auf das Werk bezieht und nicht auf den biographischen und geistig-seelischen, ethischen Menschen hinter der Kunst.

Aber die Tragödie scheint hier zu sein, dass der Künstler von einem raffinierten Marketing inszeniert wird – also gekünstelt wird – um dem Publikum ein harmonisches Ideal vorzustellen, sonst kämen die Menschen nicht in die Museen, Theater oder Konzertsäle. Denn ansonsten könnte die Kultur und Kunst in die Gefahr geraten, sich zur pathologischen Betrachtung des Lebens und Wirkens des Künstlers hier auf Erden selbst zu degradieren, wenn der Mensch mehr im Vordergrund stünde und nicht das Werk oder das Marketingprodukt des Künstlers. Das vermeidet der Markt, weil das Leid nicht interessiert, weil die Schatten privat bleiben sollen und unter der Decke, im Geheimen, im Respektvollen, im Unangetasteten. Aber nicht das Leid ist Tragödie, sondern die Leugnung des Leides, was das Leid nach dem Leid darstellt. Und damit die Fortsetzung des Leides, was die eigentliche Tragödie ist, auch des Künstlers und der Kunst.

Aber es ist die noch zögerliche und unreife Kommunikation über den Ernst des Daseins und der Mangel an Vertrauen, seinerseits, die es verhindern, dass Respekt bestehen bliebe, wenn die aufrichtige Anteilnahme am künstlerischen Leben, schon zu Lebzeiten, vonstatten gehen könnte und die Menschen sich, nicht nur bezogen auf die Kunst und die Künstler, sondern im allgemeinen des Weltgeschehens, vertrauensvoller miteinander sprechen könnten. Aber: dies ist sicherlich aufrichtig zuzugestehen: dazu fehlt den meisten Menschen der Mut und das Vertrauen zueinander, denn zu rasch werden private Aufrichtigkeiten als Anrüchigkeiten wahrgenommen und der Mensch damit degradiert, gemieden und als schwach und unvollkommen angesehen. Oder so mancher glaubt, er würde als seelischer Mülleimer missbraucht werden und erkennt nicht, dass ihm die Empathie und die Erfahrung von Leiden mangelt, als dass er einen anderen in seinem Leid verstehen könne. So zeigt sich aber unreife Menschlichkeit und nicht Mitmenschlichkeit. Dass mancher Unmensch derart gestrickt ist, nimmt nicht wunder.

Die Mitmenschlichkeit gerade ist der schwierige Punkt für die meisten Menschen, sie wollen aus Furcht und Unsicherheit derzeit (2023) damit nichts zu tun haben, sie wollen starke, kraftvolle, selbstbewusste Menschen und Künstler ohne Makel sehen, an denen sie sich glauben, orientieren zu können und zu müssen. Das ist die Tragödie der Selbsttäuschung, die auch in der Kunst zu finden ist, denn sie trennt die Menschen voneinander und zeugt eine Unehrlichkeit, die das Leiden der Menschen und Künstler zu Lebzeiten unangetastet belässt, unreflektiert, unverstanden und unerkannt. Der Mensch und Künstler bleibt mit einem grundlegenden Problem allein und hat nur die Chance über Therapiesitzungen damit umzugehen. Und was dann auch keinen etwas angehen solle, denn wer aufrichtig zugibt, dass er psychische Probleme habe, wird gemieden von all jenen, die Mitmenschlichkeit meiden und meinen, damit nichts zu tun haben zu wollen. Und warum? Weil sie glauben und erfahren haben wollen, dass dies ein problematischer Mensch sei, der nicht zuverlässig wäre und eine Bekanntschaft mit ihm oder ihr zu Ärger führen würde und damit nicht zu einer verlässlichen Freundschaft der Respekts. So bleiben alle Menschen und nicht nur die Künstler allein mit ihren grundlegenden, menschlichen Problemen und geben sich, wenn überhaupt, nur zögerlich in die professionelle Obhut und sind mit Scham befleckt.

Was dann die Bewältigung des Leides in die Hand von Experten gibt und aus dem Blickfeld der Normalität nimmt und damit die Realität der Welt als ganz normalen Wahnsinn erleben wird und sich wundert, dass sie so ist, wie sie ist. Eine das Leid im Verschwiegenen und Geheimen belassene Attitüde der Furcht und Feigheit vor der Menschlichkeit. Was eine Tragödie ist, auch in der Kunst und für die Künstler. Ein ganzer, reifer Mensch kann nur sein, der die Leiden kennt und sie nach bestem Wissen und Gewissen zu bewältigen sucht. Denn ein Verstehen des Lebens und Daseins kann ethisch nicht gelingen, wenn die Leiden des Menschen ignoriert werden.

Die über-schöne Kunst schafft Ideale und leugnet Leid und Tragödie. Und die morbide Kunst leugnet Ideale und überspitzt die Tragödien. Was wäre ein Mittelweg? Bestimmt wäre er kein Mittelmaß.

Wo wir aber Ideale hochhalten und gleichsam auch die Realitäten würdigen könnten (in einer Art mittigem Ausgleich), wäre mehr gewonnen, als bei jener Einseitigkeit stehen zu bleiben, zu der man die bisherige Kunst verdächtigen könnte. Vielleicht wissen wieder einmal nur die Eingeweihten, die lebendig Interessierten, mehr davon. Aber das normale Publikum will von Leid gewöhnlich nichts wissen, es will mehr Orientierung und Ideal und weniger die Unruhe und Unsicherheit des Leides, das Chaos und Unordnung suggeriert. Leiden werden beim Arzt behandelt, dafür gibt es Fachkräfte. Aber: es gibt gewiss auch jenes Publikum, das eine gewisse, morbide Freude an Leid und Tragödie hat. Wo die einen das Leid von sich weisen, weil sie sich am Schönen und Heilen orientieren wollen, ergötzen sich die anderen geil an der morbiden Inszenierung von Tragödie und dem Leid der Helden. Beide fliehen vor dem Leid, statt sich mitfühlend mit ihm in Verbindung zu bringen.

Und beide verfolgen halbbewusste Ideale, die sie noch nicht ganz durchdrungen haben. Die ersten neigen zur Vergötterung, die zweiten zur Verteufelung. Und beides entspringt weiteren Tragödien: die Tragödie der Irrationalität und der Unsachlichkeit und die Tragödien der Ignoranz der Fakten und der Arroganz der Demütigung.

Zudem neigt das Publikum dazu, sich viel mehr im tradierten Lob des Künstlers selbst ein wenig gelobt zu finden, gerade wenn es über anderer Leute Kunst spricht und diese lobt. Diese Haltung und dieses Lob tendieren also dazu, ein gewisses, indirektes Eigenlob zu sein (weil wir Menschen ja loben, was wir selbst gerne sehen) – und stinkt daher, wie der Volksmund sagt. Denn an anderer Stelle, wird von solchen über andere Kunst hergezogen und die selbstgerechte Tragödie des eigenen a-künstlerischen Lebens, zeigt sein Unverständnis und seinen verletzten Stolz über andere Kunst, die ihm leer bleibt und daher für den Verdacht hinreichend ist, dass die eigene Hohlheit hier das eigene Leid daraus, nicht selbst tragen kann – und es sich in aversiver Weise gegen einen anderen stellen muss, um doch sich aus dieser Abwertung selbst etwas gewertet und getragen zu fühlen. Hohlheit braucht Gegenkraft, sonst implodiert sie. Und das müssen die Hohlen vermeiden und wird zu einem existenziellen Verlangen, vielmehr: einer existenziellen Bedürftigkeit, und ist ihnen kein Bedürfnis, sondern aus der trockenen Leere der unerfahrenen Einsicht in die Vielfalt der künstlerischen Möglichkeiten, eine morbide Absicht selbstgefälliger Genugtuung. Im Grunde haben sie genug vom Leben, sie sind suizidal und suchen sich stetig selbst zu genügen, indem sie den Weg der Aburteilung anderer zum Muster geformt haben. Das ist dann deren a-künstlerische Gesinnung. Das ist die Tragödie des morbiden Kunst-Publikums, das sich in Fankult für den einen Gott der Kunst ergeht und selbstgefällige Aburteilungen anderer Künstler vollzieht. Wie gesagt: nicht alle sind so, nur manche, aber wohl nicht gerade allzu wenige.

Kunst ist also von Leid und Schmerz durchdrungen, was mehr oder weniger sichtbar ist, im Werk, im Bild, auf der Bühne, im Film, im Tanz, im Lied, in der Form, am Publikum, im Markt. Und wenn die Arbeit des Künstlers beginnt und vollzogen wird, ist es zuweilen (nur) das Leid der Sehnsucht, etwas Schönes und Eigenes länger oder verlängert haben zu können, um sich in Frieden zu fühlen, sicher, geborgen, geliebt. Oder es ist der Versuch an der ewigen Vergeblichkeit sich im Schaffen des Werkes die Ewigkeit umzudeuten und anzuzeigen, sich durch Ausdruck fast einzuverleiben, als verlängerte Form am Leben zu bleiben, durch das Werk, das Bild, die Form. Kunst ist also für den Künstler der Versuch zur Unsterblichkeit, wie es aber lediglich seinem Klischee entspricht – und damit zeigt sich schon der Geschmack der Tragödie an der Unvermeidlichkeit des Todes und des Verfalls nicht vorbei zu kommen. Denn: Was ist schon ewig? Und: Wer will schon ewig leben? Who want's to live forever? Freddy Mercury, Queen. Sagt eine andere, melancholische Stimme der populären Musik, die es am Ende begriffen zu haben scheint oder das Ende, durch Aids, unvermeidlich vor sich sieht. Aber davor? Was war der Tenor des Selbstverständnisses davor?

Und auch, wenn es für den Künstler nur die Zeit des Schaffens ist: durch den Prozess des Schaffens sucht der Künstler den unsterblichen Moment zum Ausdruck zu bringen – denn er ist inspiriert davon, weil er das Ewige ahnt und weiß doch zugleich, wenn er gesund ist, dass gewiss das Werk vergehen wird, denn der Künstler nimmt beherzt an, dass selbst das Leben hier auf Erden irgendwann zu Ende sein wird und es keine irdische oder existenzielle Ewigkeit, keine existenzielle Dauerhaftigkeit, geben wird, die lebensfähig wäre. Leben begann und Leben endet, das gilt individuell gewiss, kollektiv wahrscheinlich und irdisch in 600 Millionen Jahren, wie die Physiker sagen. Was wäre dann der Versuch des individuellen Künstlers zur Unsterblichkeit in diesem Sinne? – Eine persönliche Tragödie zunächst, weil er doch zu sehr an einem unmöglichen Weiterleben interessiert scheint. Aber auch eine kollektive Chance, wenn er ethisch Wertvolles geschaffen haben sollte, zumindest für die Aussicht in spätestens 600 Millionen Jahren dann doch für immer zu verschwinden. Und es bleibt daher eine kosmische Tragödie, solange wir Geborenes nicht für ein handfestes, ewiges Leben fähig halten. Alle Beobachtung spricht hier dagegen. Alles zerfällt letztlich wieder, nachdem es geboren wurde, sich entwickelte und einem weltlichen Ende entgegen strebte. Das scheint auf ewig unvermeidlich. Und es gilt sogar für das sichtbare Universum, wie die Physiker sagen, das in 50 Milliarden Jahren den Kältetod sterben soll, was bedeutet, dass keine Sonnen mehr entstehen, die Leben, wie wir es kennen, Wärme schenken könnte.

Nach jedem Werk des Künstlers, jedem Bild und jeder Form, ist danach wieder derselbe Drang für Weiteres, Neues, unaufhörlich, solange Körper und Geist mitmachen – und nicht nur das Leid, aber auch, treibt hier den Künstler dazu an. Der Sisyphus grüßt. Denn der Künstler ist nie am Ende, er erarbeitet nur Stückwerk, wie der gesamte Kósmos ewig nur Stückwerk ist, wenn es erlaubt ist dies einmal zu sagen, fließendes Stückwerk, von Form zu Form, zu Schönerem sich entfaltend, im besten Falle und Sinne, wenn wir das Ideal der Kunst bedenken – und alles Stückwerk ist für den sich gefundenen Künstler, doch schon vollendet in seiner Nie-Vollendetheit. Das ist daher nicht pessimistisch, es ist nicht traurig, es ist keine Tragödie, denn das Paradox zeugt hier Kraft und Raum – und der Künstler geht darin mit und vielleicht auf, er entfaltet sich – und hoffentlich ethisch wertvoll.

Die ewige Nie-Vollendetheit könnte also als Tragödie gesehen werden, wenn nur sie gesehen würde. Aber wenn der Augenblick den Kósmos in seiner Paradoxie zeigt, dann ist beides zugleich anwesend, die Vollendetheit und Nie-Vollendetheit, die Perfektion und das Unvollkommene, die Freude am Werk und das Leid des Nie-am-Ziel-sein. Wem kommt das nicht bekannt vor? Welchem Künstler? Und welchem gewöhnlichen Bürger und Kunstliebhaber?

Nur wer selbst geschaffen hat, kann es nachvollziehen und nachempfinden. Alle anderen sind der Tragödie darin hilfloser ausgesetzt, als der verständige Künstler, denn sie werden das Unvollendete sehen und spüren, und dass noch etwas fehlen soll. Aber der Künstler, der hier gesund im Schaffen war und ist, wird in jedem Werk, jedem Bild und jeder Form, das Unvollendete gestehen und doch bewusst im Prozess des Schaffens dieses Unvollendeten, Frieden immer wieder gefunden haben können – wenn er gesund war. Keinen letztgültigen und endgültigen Frieden, keinen Absolutismus, keinen Bedeutungsextremismus, doch einen augenblicklichen Frieden, von Moment zu Moment, wie es die Aufmerksamkeit auf den Atem im Zazen (gesprochen: Sa-senn) bedeutet, der Meditationspraxis im Zen-Buddhismus.

Die Tragödie der Kunst ist also viel mehr eine Tragödie jenes Künstlers, der an einer existenziellen Unvermeidlichkeit sich abzuarbeiten sucht oder vielmehr: sich findend zu erarbeiten sucht, immer wieder – und dadurch erst seine Motive und Formen einen Glanz und Anlass für Inspiration bekommen, hin zum Schönen im Dienst an der Menschheit, für ein Leben in Frieden und Erfüllung. Auch wenn in 600 Millionen Jahren zunächst ein Ende wartet. Und der nicht verwirklichen könnte, was es erfordert, in Frieden zu bleiben und weise zu werden, im Angesicht der drängenden Unvermeidlichkeit dieses Endes und der ewigen Nie-Vollendetheit seines Werkes.

Das Streben nach einer Unsterblichkeit ist sicherlich dahingehend tragisch zu nennen, weil es zu sehr Kontakt mit dem ewig Unendlichen zu besitzen scheint und den Kontakt zum irdisch Vergänglichen nicht spürbar genug würdigt. Hier ist wieder die Einseitigkeit als Verdacht für den Grund der Tragödie, der Unvermeidlichkeit des Endes, nicht entkommen zu können. Eine Mitte täte gut. So scheint die Tragödie des Künstlers zu sein, wenn er nicht in seiner Mitte ist, nicht zwischen Unendlichkeit und Endlichkeit zu stehen und zu wirken kommt und beide nicht in würdigem Blick zu halten versteht. Und er es nicht schafft, zwischen Nie-Vollendetheit und Vollendetheit angesiedelt zu sein und zu bleiben und beide Seiten angemessen zu würdigen, sodass sich daraus ein Frieden einstellen kann – und nicht Groll, Ressentiment oder gar Hass auf das Leben, auf die Welt und auf die Menschen sich einstellen könnten.

Denn wer nicht in dieser und seiner Mitte ruht, wird aus ihr gefallen sein, er wird aktiv die Einseitigkeit betonen, den Groll in seine Kunst einbauen und den Hass mit fäkal-analer Sprache projektiv zum Ausdruck bringen wollen. Was sich so als Kunst gebiert, ist aber mehr die pathologisch gewordene und zu therapierende Tragödie von Menschen, die sich des Mittels der Kunst bedienen, um Publikum zu erzeugen. Sie sind keine Künstler. Sie haben ein Ziel und stehen nicht in der Mitte des Geschehens, sondern geben sich der Einseitigkeit manipulativ hin, um zu lenken, um zu herrschen, um zu diktieren, um Vorteil daraus zu ziehen, sei es auch nur ein morbider – und nicht zu schenken, um anderen eine Freude zu bereiten – oder eine Möglichkeit zu bieten, die Toleranz zu inspirieren, denn im Angesicht der Vielfalt der Kunst, ist leicht hier und da die Provokation empfunden und möglich, oder sie ist damit gleichsam in der Lage eben diese Toleranz zu fordern und zu ihr aufzufordern.

Der mittige Künstler dagegen, der sich der Kunst als bloßes Mittel seines Tuns entledigt hat und eben auch nicht oder kaum am Geschmack des Publikums interessiert ist, im besten Falle, um zu sehen, wo er selber steht, wird im Bogen zwischen der Sterblichkeit und Fortsetzung, ethisch wertvollere Werke schaffen, als es die Instrumentalisierung der Kunst als Mittel für den ungesunden Groll und das pathologische Ressentiment, den eitlen Hass und die verworrenen Projektionen, den Kassenschlager und der erfolgreichen Marketingstrategie, den eigenen Geldbeutel und eigenen Ruhm, zum Ausdruck bringen. Und das ist auch einsichtig. Denn das Publikum wird Ansprüche haben, die, wenn sie bekannt sind, den in der Kunst Tätigen dazu anhalten können, sie zu befriedigen zu suchen.

Der mittige Künstler dagegen, sucht den Bogen, über die beiden Pole des Endlichen und Unendlichen, zu setzen, und über die Unvereinbarkeit von Sterblichkeit und Unsterblichkeit das Leiden schöpferisch zuzulassen und wird etwas Schönes daraus gestalten. Das Bedürfnis zu leben und in Frieden zu leben, was dem Menschen erst die Sehnsucht nach dem Ewigen spendet und doch bewusst zu sein, irgendwann sterben zu müssen, sucht der mittige Künstler in Einklang und Harmonie zu bringen. Das gelingt vielleicht nicht immer. Aber genau diesem ist er sich bewusst, weil er die Tragödie erkennt, die daraus folgt, wenn diese Unvollkommenheit nicht beachtet wird und stattdessen arrogant ignoriert würde.

Denn alle auf Einseitigkeit verlagerten und fixierten Anbietenden der Kunst, werden in der Verfolgung eines Zieles und Erfolges, die Balance zwischen Sterblichkeit und Unsterblichkeit *nicht* halten und damit den Bogen zwischen Endlichkeit und Unendlichkeit *überspannen* – was zur Folge hat, dass motivationale Schieflagen entstehen, interpretatorische Verzerrungen auftreten und emotionale Verworrenheiten analysiert werden können, dass Feinheiten der Kunst nicht zum Ausdruck kommen, Sensibilitäten in zu groben Mustern verhaftet bleiben, Emotionalität entsponnen wird, die Vertrauen verunmöglicht, Parteilichkeiten den Zauber des Göttlichen in der Kunst verweltlichen und die biographischen Aufklärungen, über unser aller Tragödien und Leiden, unbeachtet, unbesprochen und unbesehen bleiben und damit eine allgemeine Verachtung des Menschen beibehalten oder sogar gefördert wird. Was ungesund und ungünstig ist für eine ethisch wertvolle Entwicklung der Menschheit.

Die Tragödie der Kunst ist nicht so sehr eine des Künstlers, dass er zu Lebzeiten leer ausgeht und unbeachtet bleibt. Es gibt Beispiele. Es ist mehr die Tragödie des Marktes, dass er zu Lebzeiten ihre Künstler nicht erkennt und nicht erkennen will oder kann. Der Markt ist der Markt des Gewinnes und Geldes, des inszenierten Ruhms und der Pose des Schönen und Wichtigen. Aber so degradiert sich das Publikum und die Experten jeder Zeit ein wenig selbst, weil sie den Gesetzen von Angebot und Nachfrage gehorchen, ja vielleicht gehorchen müssen, um der Kunst ihren Markt zu ermöglichen, an dem sie sich beteiligen und aus dem sie handfesten, monetären Nutzen ziehen und einen Lebensunterhalt. Die monetäre Nützlichkeit im Marktgeschehen scheint vor der ideellen Ausdruckskraft der künstlerischen Schaffensleistung zu stehen.

Und damit scheint eine ungesunde Wertigkeit vorhanden zu sein, die eine Tragödie der Kunst darstellt, weil sie die Kunst selbst degradiert zu einem Handel und Nutzen. Was sie in ihrer eigentlichen, uneigennützigen Haltung und der Sicht auf den immanenten Selbstzweck der Kunst um ihrer selbst willen, letztlich auch kritisch zu sehen hat.

Das Nützlichkeitsdenken und Verwerten der Kunst im kommerziellen Sinne, kann also Tragödie sein, weil die Protagonisten sich selbst die Möglichkeit nehmen, etwas mehr zu verstehen und etwas mehr zu erfahren, als das, was ihnen offensichtlich scheint. Denn gerade die Tätigkeit des Künstlers, ist das zu erfahrende Moment der Entstehung der Werke und der immer wieder neuen und erscheinenden Formen, Ideen und Inspirationen – und nicht lediglich ihre vermeintlich objektive Anschauung, ihre doch subjektiv geformte Interpretation oder eigenwillige Deutung. Der Überlebensdruck aber, hat seinen Zeitmangel, es muss bewertet und eingeschätzt werden, was es bringt, was der Markt verlangt und bietet. So wird eigene Erfahrung vernachlässigt und nicht ermöglicht, Innovation behindert und der Menge, den Interessierten und potenziellen Käufern, das Wort geredet. Was ihr wollt, das bekommt ihr. Und was ihr noch nicht kennt, das propagieren wir euch in schönen Worten des Lobes, der Genialität und der Einzigartigkeit. Was aber oft erst die Nachwelt als solche erkennt, wenn sie es erkennt.

Tragödie wäre es dort, wo die Not die Tugend korrumpierte oder der Überlebensdruck mehr erhandelte, als nach Inhalten, Wesen und Eigenem zu fragen. Oder wo, wie gesagt, die eigene Erfahrung der Tätigkeit von ewiger Nie-Vollendetheit, gar nicht erst möglich würde. Und wo kluge Ethik nebensächlich bliebe, wäre sie gleichsam schlecht beachtet. Gerade die eigene Erfahrung nährt eine Ethik, die zu beachten ist, besonders in der friedlichen Ausdruckskraft von Form, Bild, Ton und Werk. Denn wo die monetären Interessen die Interessen für Bildung und Aufklärung über ethische Inhalte, individuelle Erfahrung und menschlichen Sinn überwiegen, wird die lebendige Beziehung zu Werk, Mensch, Natur, Gegenwart und Zukunft, leer und hohl, trocken und staubig. Und daher kaum gehaltvoll und weniger wertvoll. Eine Tragödie also.

Das ist Tragödie, weil Kunst mehr darstellt, als Produkte zur Ansicht, zum Verkauf oder zum gewissen Nutzen bereit zu halten. Abhängig davon, wo von Nutzen gesprochen werden kann, ist ein künstlerisches Werk zunächst für den Künstler nicht von Nutzen, denn es stellt in erster Linie seinen eigenen Ausdruck an Schaffenskraft und spezifischer Formwerdung dar. Ein handfester Nutzen stellt sich erst danach ein, wenn er seine Werke verkaufen kann, um davon zu leben. Die Frage ist hier Henne oder Ei. Erarbeitet ein Künstler seine Werke, um sie zu verkaufen? Oder erarbeitet er seine Werke, weil er sie innerlich erarbeiten muss, und dass sie dann verkauft werden können, ist eine Möglichkeit daraus, aber kein Anlass sie zu schaffen? Vielleicht ist es aufrichtigerweise, eine gewisse Position dazwischen. Eine Wertung und Gewichtung hier vorzunehmen, ist nicht leicht, aber kann Wichtiges erhellen, nicht so sehr, aber auch, über den Künstler, als mehr über unsere Kraft zwischen Abhängigkeit und Unabhängigkeit und Angewiesensein auf die weitere Umwelt und Mitwelt in der wir alle leben.

Aber das Werk eines Künstlers ist auch nicht dazu da, um der begüterten oder interessierten Schicht, eine narzisstische Möglichkeit zu bieten, sich mit schön empfundenen Formen eitel zu identifizieren und ein selbstgefälliges Wohlgefühl zu spenden oder sich gar nur mit dem produzierten Marktwert oder inszenierten und propagierten Bedeutungswert der Kunstwerke reich und bedeutend zu fühlen.

Aufklärung ist geistige Bildung und Ausbildung von Verstehen und Verständnis der Lebenszusammenhänge, Bedingtheiten und Erfahrungen und damit auch eine Möglichkeit für Kunst hier tätig und wirksam zu sein. Und gesunde Kunst sollte als solche gesehen werden und den Anspruch besitzen als solche gesehen werden zu wollen. Denn die Idee, dass Kunst um ihrer selbst willen tätig ist, ist lediglich eine überspitzte Formulierung für die Konsequenz aus der Beobachtung, dass ein Werk und Künstler gedeutet und missdeutet werden kann und dieser uneigennützige Selbstzweck die mögliche Missdeutung etwas entmutigt. Der Mensch und damit auch jeder Künstler, hat gewiss ein Anliegen, zum Beispiel, wenn er gesund ist, will er das Schöne und den Frieden zum Ausdruck bringen, den er empfindet, er will das Glück transportieren, das aus der friedlichen Anschauung seiner Lebenssphäre entspringt. Oder er will für sein Leid und seinen Lebensdruck eine verständige, auf seine spezifische Weise mögliche Kommunikation tätigen, er will aus der schmerzlichen Einsamkeit heraus in den Austausch über unsere Existenz und unser Leben, sodass es ihm, aber auch anderen hilft gut, schön, verstehend und verständig leben zu können, bis der natürliche Tod eintritt.

Wo Kunst, andererseits, nur Anschauungsobjekte glaubt bereit stellen zu müssen, um eitel zu provozieren, manipulativ zu leiten oder doktrinär zu lenken – und nicht wirklich Anregung für feine Fragen und sinnige Antworten aus der Vielfalt menschlicher Problematik und existenzieller Ansinnen –, bringt solche Kunst lediglich die eigene Tragödie eines unwissenden und in Unwissen bleiben wollenden Lebens zum Ausdruck. Und wir wissen, dass Unwissen eine Ursache für Konflikt, Leid und Krieg darstellt.

Die Tragödie der Kunst wäre also eine selbst degradierende, wenn sie sich die Möglichkeit für das existenzielle Ansinnen des Menschen nimmt: zu verstehen und zu begreifen, zu praktizieren und zu erfahren, warum wir hier sind und hier leben: nämlich für Frieden, Freiheit, Liebe und Vertrauen (um es einmal kurz zu nennen). Wem dies nicht aufgeht, dem wird diese Blüte nicht und schon gar nicht die Frucht vor dem Auge stehen, der wird nicht ihren Duft riechen und Geschmack schmecken können, der wird diese Schönheit nicht im Herzen tragen, der wird nicht mit seinen Sinnen in der Kunst dabei sein, der wird nicht sinnen (wollen), nicht aus seinen Bedürfnissen der Seele heraus fragen (wollen), nicht stehen lassen (wollen), Fragen und Antworten nicht schweben lassen (wollen) und auch nicht nachfragen (wollen). Er wird schweigen und Stillschweigen bewahren (wollen) oder andere zum Schweigen bringen (wollen), andere einschüchtern (wollen). Der wird also nur benutzen, ausnutzen, gebrauchen, verbrauchen und gar missbrauchen (wollen). Er wird kein ethisch gesundes Leben führen (wollen). Und nicht am Dienst an der Menschheit stehen, sondern an seiner eigenen Inszenierung und ungesunden Botschaft scheitern – oder doch zeitweise erfolgreich sein. Und wenn er in der Kunst tätig ist, wird er tatsächlich von dessen Markt als Künstler wahrgenommen werden, weil der Markt heute (2023) noch zu vieles unkritisch akzeptiert, was dem Geldbeutel der Galerien und Produzenten oder dem in den Spaß flüchtenden Ego des Publikums dient.

Der Individualismus der Moderne hat auch die Kunst erreicht, und die hervorgegangenen Perspektiven, die prominente Künstler dabei als einzigartige Form dargeboten haben, machen staunen und wundern, freuen und fragend. Die Einsamkeit, ja zuweilen Verlassenheit, wird von vielen als lehrreich interpretiert, als lehrreich empfunden. Denn das Aufgehen in einer Menge, der man gehorsam ist, der man gefallen will, der man gefallen muss, um nicht herauszufallen, sind auch für die individuelle Aufgabe dieser Epoche, schmerzlich-aversive Möglichkeiten, denen der Einzelne erst einmal in der Lage sein muss zu entkommen oder Wege zu finden dennoch am Leben zu bleiben, ernährt zu sein, mit entsprechenden Mitteln ausgestattet. Das ist für den einzelnen Künstler nicht unbedingt zu erstreben, manchem gelingt es durch glückliche Fügung der Herausforderung des Lebensunterhalts zu entkommen, mancher erhielt früh ein Erbe, andere wurden früh entdeckt und gefördert. Und andere oder die meisten eben wahrscheinlich nicht.

Doch die Tragödie des modernen Künstlers kann auch darin liegen, jeweils nur an den Mainstream der Kunst anzudocken, zu kopieren, zu imitieren, was zunächst nicht schlecht oder verwerflich wäre. Aber auf Dauer für die seelische Befreiung und Erfüllung, sind solche Haltungen und Muster lediglich die Kopiervorlage des Alten und Bekannten, nichts Neues unter dem Himmel. Wer sich daraus weiter entwickeln kann und doch dabei in Lohn und Brot weiter bestehen kann, wird seine eigene Form finden, seine individuellen Formen malen, eigene Harmonien komponieren und Werke entwerfen, die ihn unmissverständlich selbst auszeichnen und ihn wiedererkennen lassen. Er wird nicht zynisch werden müssen, wenn in ihm doch etwas an Groll über den Mangel an wirklich Eigenem übrig geblieben ist, wie es zuweilen sichtbar wird und hörbar, lesbar und zu empfinden.

Eine Seele und ein Geist, ein Künstler, der er selber sein durfte und konnte, wird sich in einem Zynismus nicht wohl fühlen, der wird sich in der Klage nicht festsetzen wollen, dessen Kunst wird nähren wollen und inspirieren, geradlinig, geschwungen, harmonisch, klar, deutlich, je die eigene Form auf stets neue Weise im Zuge seiner persönlichen Entwicklung zum Ausdruck zu bringen versuchen wollen – die Vielfalt zeigen wollen, die Natur, Geist, Seele und Kunst in Form, Schrift, Bild und Ton entfalten wollen. Und im eigenen Werden immer mehr er selbst werden wollen, der Unverwechselbare, das Einzigartige sein, was wir doch alle sind und sein sollten, um uns wohl und glücklich zu fühlen, weil jeder eine einzigartige Form des Kósmos ist, der sich durch uns findet und zum Ausdruck bringt und bringen will und muss. Und wir uns in der Einzigartigkeit mit dem Kósmos geworden finden und werdend finden. Und so das Sein ertragen können, ertragreich schaffen können, erschaffen können und uns selbst darin, als Künztler – der ewig Unvollendete, der, wie der Kósmos, nie am Ziel ist. Ewig bis zum Ende.

Gerade aber die Verhinderung dieser Selbstfindung und des ewigen Selbstwerdens, ist allerdings nicht nur für den Künstler eine Tragödie. Auch die Kunst selbst erlebt hier ihre tragische Verhinderung, weil sie die Vielfalt des natürlichen Werdens ihrer selbst, nicht bereit stellen wird können, wenn sie nicht offen ist und nicht empfindsam für die Individualität der sich als Künstler begreifenden Individuen und Schaffenden. Die Tragödie der Kunst und dessen Marktes, ist also eine selbst beschneidende, selbst verhindernde, selbst vermindernde, weil sie durch ihre eigenen Grenzen an Zeit,

Ressourcen und Möglichkeiten, gar nicht in die Lage kommt, *alles* mit entsprechender Aufmerksamkeit einsichtig und verständig zu beschauen und zu fördern.

Hier also Tragödie, die gar nicht anders kann als entgangenen Möglichkeiten nachzutrauern. Hier also Tragödie, die aus Versäumnissen dann doch noch Kapital zu ziehen versucht, vielleicht ideologisch aufbereitet, es nutzbar und brauchbar macht, und es dadurch missbraucht. Was Tragödie ist.

Die Tragödie der Kunst des Publikums, seinerseits, ist, wenn dieses nicht selbst in der Lage ist, sich künstlerisch und schöpferisch zu betätigen. Wer also nicht findet, wie in der gesunden Kunst, wo das Gefundene zum Ausdruck gebracht wird, von Augenblick zu Augenblick, wird noch nach Ausdruck seiner selbst suchen und dabei kein Mittel haben, sich auf den Weg zu begeben. Der Künstler hat dieses Mittel für sich gefunden und nutzt das Mittel zum Ausdruck der augenblicklich gefundenen Dinge und Sinne, Empfindungen und Ideen, Eingebungen und Ausarbeitungen seiner gedanklichen und intuitiven Schnappschüsse. Er arbeitet sie mit seinem gefundenen Mittel aus und kann sich selbst so eher in seinem gefundenen Prozess des Werdens zum Ausdruck bringen. Er entfaltet sich. Das Publikum seinerseits, ist mehr nachgeschaltete Figur, die mehr in der Gefahr steht, zu konsumieren, als dass sie schöpferisch schaffend tätig wäre. Es nimmt mehr auf, assoziiert und sucht zu interpretieren, anzuwenden, Botschaften anderer zu entschlüsseln, als dass es Eigenes zunächst sucht und allmählich zum Ausdruck bringt. Das ist eine Tragödie des Kunstpublikums, weil es in der Kunst etwas zu suchen tendiert, was sie nur durch einen eigenen Ausdruck finden könnte, durch eigene Erfahrung und schöpferische Tätigkeit. Doch dem verwehrt sich der aller größte Teil der Publikums, diese Möglichkeit meidet es und geht nicht in diesen Schritt hinein und weiter.

Dies ist aber auch eine Tragödie der Kunst und des Künstlers, weil so die Tür aufgeht, über beliebige Interpretationen und Ausdeutungen, in die Gefahr zu gelangen, missbraucht zu werden, instrumentalisiert, missdeutet, ausgebeutet, vergewaltigt.

Gut erachtete Kunst sagt von sich, sie stehe in dem Anspruch, um ihrer selbst willen tätig zu sein, sie hätte keine politische Aufgabe, keine deutende Rolle, keine Zeichen gebende Attitüde, keine Botschaften irgendwelcher Art. Dies ist ebenso identisch mit der selbstlosen Haltung einer Wissenschaft, die Erkenntnis und Verstehen, um ihrer selbst willen erforscht, das Unpolitische daran – und nicht für ein Um-zu bereit steht, wie es auch das Zen kennt. Kunst und Wissenschaft, in ihrer edelsten Haltung und Schaffenswirkung, ist an Anwendung und Deutung nicht interessiert, sagt sie. Idealerweise. Dass der politische Alltag hier andere Pläne hat, Abhängigkeiten und Korrumpierungen schafft, ist dem aufgeklärten Geist bekannt und kann in der Geschichte und Gegenwart der gesellschaftlichen Forderungen an sie beobachtet werden.

Aber gerade doch kann hier in der Kunst gefunden werden, dass das Absolute dieser Haltung nicht eindeutig ist. So findet sich dennoch bei solchen der Hinweis für zukünftige Generationen eine „Wissenschaft vom Menschen", wie es Pablo Picasso formulierend inspirierte, könne hier den schaffenden Menschen heranziehen, um ein Verstehen des Menschen an sich zu erwirken. Es bleibt also offenbar selbst für den Meisterkünstler ein Widerspruch übrig, an dem wir unser Menschsein begreifen können und in der friedlichen Ruhe des Ateliers eine schöpferische Seele zu erblicken, die etwas vorausschaut, um doch durch das unvollkommene Wort und Denken den Widerspruch zu zeigen und der Zukunft der Menschheit eine Vision zu spenden, wie wir dies Unvollkommene, dieses Leid, diese Tragödie des Daseins ein wenig weniger wirksam gestalten könnten. Denn was wäre diese Idee einer Wissenschaft vom Menschen anderes, als der Menschheit einen Schatz zur Verfügung zu stellen, mit dem er sich seelisch zufrieden und in Frieden finden kann, zum Ausdruck bringen kann und sich beteiligen kann – eben vielmehr: der ihm Hinweise gibt, wie er sich selbst in die seelische Erfüllung führen kann und wie er glücklich werden könnte? Durch eigene Erfahrung im schöpferischen Prozess der Formwerdung und Formfindung, der Sinnfindung im Augenblick der Einsicht und Eingebung in die Friedlichkeit oder Problematik des

Daseins, der Welt, sowie des Zwischenmenschlichen und des Mitmenschlichen.

Was nicht bedeutet, dass dies eine Welt suggerierte, die nur aus Berufskünstlern bestünde. Eine solche wäre nicht im modernen oder post-modernen Sinne lebensfähig. Wir brauchen Bäcker, Ärzte, Landwirte, Maurer, Physiker, die dies professionell tun. Aber es ist für diese die Frage im Raum, ob sie dadurch allein schon zu einem friedlichen und konstruktiven Eigenen finden, das sie erfüllt?

Die Tragödie der Kunst wäre also eine im Versuch stehende Haltung, das Tragische an sich selber für das Dasein des Menschen zukünftig *nicht* ein wenig nutzbarer zu gestalten, verständiger, um das Leid der Zukunft ein wenig mehr zu lindern, das Leben erträglicher, das Leid gelinderter, das Glück und den Frieden spürbarer zu gestalten. Das Gegenteil wäre also Hoffnung. Was allerdings auch tragische Züge besitzt. Denn es gibt kein Ziel. Und weil es auch als Ausgangspunkt die Abwesenheit dieses Zieles besitzt und damit Tragödie zeigt, bleibt doch die Haltung, die mit Hoffnung in das kollektive Morgen sinnt, weiterhin tragisch, weil das Morgen unsicher und unklar ist. Das brächte uns aber, wie gesagt, in die Frage der Hoffnung und des Zusammenhangs mit der Tragik des Denkens, Wünschens und Wollens.

Der Künstler selber fand zu sich, in einem gewissen Sinne, er hat das engstirnige Wünschen für eine zu selbstsüchtige Aufgabe und das suchende Denken, mit der gewissen Verzweiflung des morbiden Zweifels, aufgegeben. Er will vielleicht auch nichts weiter, als in der Nie-Vollendetheit des Augenblicks seinen immer wieder neuen und frischen Ausdruck finden. Erfolg wäre gut und eine Zugabe, aber er arbeitet nicht für den Erfolg, sondern weil er der Nie-Vollendetheit des Augenblicks seinen immer wieder eigenen, neuen Ausdruck schenken möchte und sich dadurch in Frieden finden will und kann. Das ist sein Glück und seine Erfüllung, wenn auch nur für die Zeit des Schaffens und Wirkens am Werk und Objekt. Aber das ist schon viel. Die Tragödie der Kunst und des Künstlers wäre es also, wenn ihm dies nicht gelänge.

Die Tragödie des Künstlers könnte also, zudem bisher Gesagten, sein, dass er auch seine täglichen Pflichten zu erfüllen hat. Doch das ist mehr eine zusätzliche Aufgabe für ihn, die ihm ebenso Neues und Weiteres abverlangt, die das Mittel seiner Kunst ihm aber dabei direkt vorenthält, weil die konkret praktischen Pflichten keine Beziehung zu seinem schöpferischen Prozess des Ausdrucks auf Leinwand, Papier und Skulptur besitzen. Zumindest, wenn er sich ihnen nicht als Thema widmet. Auch er ist aufgefordert hier zu wirken und sich in ein praktisch alltägliches Leben hinein zu bewegen. Die Frage dabei ist individuell, inwieweit hier Raum und Zeit zur Verfügung stehen muss und inwieweit der Prozess des Schaffens an der Kunst hier selbst Raum und Zeit bedarf. Wer als Künstler es als Tragödie empfände, nicht immer Künstler sein zu können und zu dürfen, für den ist der Alltag und das Alltägliche und Wiederholende sicherlich eine Last. Aber die Frage der Tagesgestaltung in einem Künstlerhaushalt, wäre dann eher auch eine Frage für Biographen und Forscher der „Wissenschaft vom Menschen", um das Bild abzurunden und die Erkenntnis zu verfeinern, was das biographische Werden seiner Kunst an zusätzlichen Unvollkommenheiten oder einem vielleicht überraschenden Gentilhomme aufwies – und dies gerade im Hinblick auf die ewige Nie-Vollendetheit und daher Unvollkommenheit des Werkes und des Lebens an sich.

Eine Tragödie der Kunst ist es sicherlich, wenn das Werk des Künstlers und die Persönlichkeit des Künstlers in undifferenzierter Weise bewertet würde oder die Abwertung der Persönlichkeit auf eine Abwertung des Werkes hinausliefe. Oder, andererseits, eine Fehlwertung des Werkes eine Fehlwertung der Persönlichkeit hervorriefe. Des Menschen abwertende Gesinnung ist rasch bei Fuß, es genügt dabei schon eine gewisse als Unsauberkeit empfundene Information. Und ist ein Mensch nicht von anderen bereits hochgelobt, sinkt die Hemmschwelle ihn in seiner Person und Tätigkeit als Künstler bedürftig herabzusetzen. Und selbst die berühmten Künstler sind zuweilen Angriffen ausgesetzt (gewesen), die unfair und ungerecht agierten oder so von ihnen empfunden wurden und werden und die davon zeugen, wie wenig dialogbereit die Menschen im Grunde noch sind und wie anmaßend sie oft glauben richten zu dürfen. Das ist gewiss nicht zunächst eine Tragödie der Kunst, als mehr eine Tragödie der Menschen, die hier spezifisch kritisieren und abwerten. Aber es kann zur Tragödie für den Künstler werden, ist aber dann nicht eine in ihm genuin wurzelnde Tragödie, doch eine, die an ihn herangetragen wurde und wird.

Die Kunst ist Welt gewordene Eingebung, die aus der individuellen Hingabe an die existenziellen Fragen und Möglichkeiten Form geworden ist, gepaart mit einem gewissen, angeborenen oder gewordenen Talent. Der Künstler ist gewiss als Mensch gefordert und hat sich gefordert, doch er findet in der Schaffenskraft seines Tuns, eine gefundene Befriedung der ewig unvollendeten Seelenbewegung. Ihm ist Tragödie nicht fremd, sondern voll bewusst und gestaltet stetig und von Augenblick zu Augenblick eine neue, eigene Form damit.

Was die Menschheit damit macht, hat er nicht in der Hand. Sein Werk ist so mehr Geschenk, das geschaut und genutzt werden oder ignoriert und weiter geschenkt werden kann. Sollte es aber dieses nicht, sondern auch versucht werden es zu zerstören, zunächst sicherlich durch moralische Vorurteile, Unterstellungen und Anmaßungen, sind hier Kräfte am Werk, die der Menschheit nicht dienen, sondern sie und das Leben zerstören wollten. Diesem wäre entgegen zu treten. Denn der Schatz, den die Vielfalt der Kunst für die „Wissenschaft vom Menschen" darstellt, sollte stetig größer werden, damit die Idee des Schönen, das mit der Idee des Wahren und Guten verwandt ist, sich mehr und mehr in die friedlichen Bahnen der Menschheit einfügen und somit die Menschheit dem Traum der Erfüllung eines glücklichen und gesicherten Lebens, mehr und mehr näher kommen kann. Wem dieser Traum fremd ist oder er ihn gerne abwertend als weltfremd oder als fantastische Träumerei deutete, wäre wohl eher noch in einer zu harten Gesinnung des künstlerisch unerfahrenen Lebens verhaftet, als dass er begriffen hätte, was sinnhaft, klug, vernünftig, verständig, gut, wahr und eben schön ist – und nicht nur die Zukunft, sondern auch die Gegenwart zu einer Freude macht und machen sollte – und nicht zu einer Apokalypse oder Hölle, wie die stetigen Drohungen mit Krieg in der Welt der großen Politik und der kleinen Leute immer auch zeigen. Die Tragödie der theatralen oder erzählenden Kunst wäre es also, wenn sie auf dem Standpunkt beharren würde, ihre inszenierten Stücke müssten immer tragisch enden, weil das Leben tragisch endet und sie das Leben abbilden wollten. Dies wäre nichts anderes, als die dunkle Vision einer hoffnungslosen Welt, die bereits schon im eigenen Leben gescheitert wäre und dieses Scheitern zum Allgemeingesetz erhöbe und dieses immer wieder glaubte bühnenhaft zur Darstellung bringen zu müssen. Quasi zwanghaft. Und noch nicht in die eigene Erfahrung der vielfältigen Perspektiven gelangt wäre, die zusätzlich zum Schwarz-weiß-Konstrukt der Tragödie – Leben-und-Tod, Gut-und-Böse, Oben-und-unten, Herrschen-und-beherrscht, Befehl-und-Gehorsam, König-und-Sklave – eine Farbenvielfalt auf die Bühne brächte, die Perspektiven eröffnete, die bereichern würden, inspirieren und öffnen. Differenzierungen gelängen so, Vernunft wäre am Werk, Schatten würden farbig werden, Toleranzen würden ergründet und begründet werden, Grenzen wohl oder besser verstanden und Vertrauen mehr und mehr geschaffen, weil Verstehen und Verständnis stetig gezeugt würde und erblühen könnte.

Sicherlich gäbe es noch mehr zu sagen. Ich möchte aber zum nächsten Kapitel übergehen und der Frage nachgehen, was die echte Tragödie ist und worin ihr scheinbar unteilbarer, unvermeidbarer Kern bestehen könnte.

8
DIE ECHTE TRAGÖDIE UND IHR KERN

> »*Der Tod kann nicht vernichtet werden,*
> *wer es versucht, nimmt sich das Leben;*
> *Unmögliches negiert das Sterben*
> *und wird doch Furcht den anderen geben –*
> *der Mensch bleibt feindlich so im All,*
> *und nicht ein Glück ist ihm der Fall.*«

Geht ein Mensch selbst bestimmt aus dem Leben, wird er seine Gründe gehabt haben. Vielleicht hatte er zu viele Gründe oder auch keinen wirklich gegründeten. Aber wenn er gegründet gewesen wäre, hätte er wohl keinen Grund, um aus dem Leben gehen zu wollen. Was sind also seine Motive aus dem Leben gehen zu wollen? Denn das Leben hat ja keinen Grund, um zu sein, es ist einfach und einfach so geworden, es ist sein eigener Grund, wenn schon, ein grundlos gegründeter. Das Leben ist also ein Paradoxon (ein nur scheinbarer Widerspruch), das sich uns zeigt, wenn wir nicht an einem der beiden Gegensätze des Grundes und der Grundlosigkeit verhaftet bleiben. Wer sich auf eine der beiden Seiten schlägt, wird zuschlagen, früher oder später – oder sich selbst schlagen und sich suizidieren. Wer beides in der Schwebe halten kann, wird das Leben tiefer und erfüllter erfahren und daher leben bis zum natürlichen Ende.

Ein Mensch, der aus dem Leben tritt, wird das Leben, wie er es kennt, nicht mehr haben wollen, er hat es nicht mehr gern, und das Leben kann ihn gern haben, weil dieses oder jenes ihm eine zu große

Last erscheint, er sich quält und er dieser, seiner Qual ein Ende bereiten will. Und so sucht er den Tod, der für ihn zum Leben wird, zur Rettung. So will er Ruhe haben, die er im Tode glaubt und nicht im Leben finden kann oder nicht dauernd so, wie er das gerne hätte. Die Ruhe im Tod, die er nicht kennt, wird zu einer Hoffnung für ihn, die ihn dazu drängt, das als falsch empfundene Leben zu beenden und vielleicht ein neues zu finden.

Aber er kann nicht sicher sein. Er hat den Tod nicht akzeptiert, genauso wenig wie das Leben, das ihm zu unerträglich wurde und sucht beide daher ungültig zu machen, die Agonie des Lebens und das Unbekannte des Todes – beide Unwägbarkeiten will er greifbar und begreifbar machen, kontrollierbar und fixierbar und nutzbringend für ihn ausgestalten und beenden, er will sie sich einverleiben, den Tod und das Leben will er sich beherrschbar machen, durch den letzten finalen Akt, er will die Oberhand behalten, gerade im letzten Akt des Lebens. Was aber unmöglich ist.

Das ist die Tragödie und vielleicht die echte Tragödie, weil Leben und Tod für den Menschen nicht beherrschbar sind. Und wer es versucht, scheitert. Das zeigt sich individuell und kollektiv im menschlichen Leben.

Ein solchermaßen vom Leben weg und dem Tode sich zuneigender Mensch, will das eine Leben nicht mehr – und den Tod denkt er sich so, dass die Vorstellung für ihn zu einem Trost und einem Ziel wird. Er geht also nicht in etwas Unbekanntes, das der Tod eigentlich ist, sondern er geht anhand seiner Vorstellungen des Todes in den Tod und gleichsam flüchtend vor dem Leben. Er glaubt es wäre im Tod ein Nichts und die Ruhe. Aber woher soll das ein Mensch wissen? Er kann es nicht, der Tod ist und bleibt unbekannt, er kann alles sein, aber gewiss nicht nur ein Nichts. Denn über das Nichts lässt sich zwar denken, aber es lässt sich nicht greifen und daher alles und nichts sagen, alle und keine Erkenntnis gewinnen. Und die Beweisbarkeit läge, nach heutigem Verständnis, in der Wiederholbarkeit und Falsifizierbarkeit. Aber das Nichts entzieht sich stetig. So manchem wird daraus Tragödie, weil er es nicht akzeptieren kann – aus Schwäche ein Geheimnis unangetastet stehen zu lassen. Die Hybris seines notgedrungen angenommenen Glaubens täuscht ihn noch bis zum letzten, bitteren Atemzug.

Leben und Tod kennt er nicht, beides will er nicht, das Leben nicht, weil es unerträglich scheint, den Tod nicht, weil er ihn sich bekannt machen möchte, obwohl er unbekannt ist und wohl immer unbekannt bleibt. Das ist Tragödie. Es ist Tragödie das Unbekannte sich bekannt machen zu wollen oder im Bekannten zu spüren und zu sehen, dass es unerträglich ist. Den Tod sich bekannt zu machen, führt in ihn hinein, durch Täuschung und Hybris, Anmaßung und Ungeduld, Eitelkeit und Verworrenheit im Denken. Das Leben als unerträglich zu empfinden oder dessen Zukunft zu fürchten, ist sicher ebenso Tragödie, die nicht sein müsste. Aber wer einen zu starren Blick besitzt oder von einem solchen besessen ist, wird ebenso immer wieder nur den Tod als gangbares Ziel empfinden. Eine Tragödie.

Geht ein Mensch aus dem Leben, indem er sich für das Ende entscheidet, ist es fraglich, ob es nicht Möglichkeiten gegeben hätte, das Ende natürlich eintreten zu lassen und nicht willentlich, durch Verzweiflung getrieben. Lange Leidenswege kommen unter Umständen irgendwann an ein Ende, wo das Ende absichtlich und in der Hoffnung auf das Ende des Leidens und der Qual selbst herbeigeführt werden will. Das ist einerseits Tragödie, weil es das unerträgliche Leid ist, das Tragödie ist. Und seine Lösung das Ende selbst bestimmt zu wählen, ist für ihn gedacht als Erlösung und könnte für ihn keine Tragödie sein, weil er mit der Hoffnung auf das Ende von Leid getragen wird. Und es wäre in stärkerem Maße Tragödie, wenn es Möglichkeiten gegeben hätte, das Ende nicht in der Hoffnung auf das Ende von Leid, Qual und Schmerz, sondern in Linderung von Leid, Qual und Schmerz hätte gelebt werden können.

Manchmal sind die Auswege nicht ersichtlich. Dann ist es Tragödie, weil Hindernisse das Leben versperren oder das Leben keine Perspektive mehr zu bieten scheint. Ein Mann hatte jahrelang unter Alkoholabhängigkeit zu leiden, mehrere Entzugsversuche schlugen fehl, sein nahender Ruhestand sagt ihm, dass er nicht ohne Arbeit leben kann. Und vier Monate vor offiziellem Ende seines Arbeitslebens, wirft er sich vor die U-Bahn. Das ist eine Tragödie. Nur für wen? Für die Nahestehenden, die Familie und Freunde, die ihn mochten, die ihn unterstützten aus seiner Alkoholabhängigkeit zu kommen ist es sicherlich Tragödie. Aber für ihn? Ist es ihm nicht Erlösung? So meint man einerseits. Aber andererseits glaubt man auch, dass eine unerträgliche Verzweiflung ihn dazu getrieben hat. War er glücklich im Fallen? Vielleicht sogar ekstatisch. Aber das können wir nur abschätzen, wenn wir Menschen befragen, die solch einen Akt überlebt haben sollten.

Aber ich glaube, es schwingen bei einem solchen Akt beide Stimmungen mit, die Hoffnung auf Erlösung und die Vorstellung der Tragödie der Abhängigkeit und Perspektivlosigkeit entkommen zu können und selbst bestimmt ein Ende zu bereiten. Wenn schon nicht im eigenen Leben Kontrolle und Wille zum Ziel des Glücks und der Zufriedenheit führte, dann soll es zumindest noch der letzte Akt in den Tod sein. Große Verzweiflung. Eine Tragödie.

Wer will schon über anderer Tat, sich selbst das Leben zu nehmen, urteilen? Wer kann den Schmerz und das Leid eines anderen nachvollziehen? Nur wer dies kann oder sich bemüht, ist für ein Wort über einen solchen Akt berechtigt, vielmehr für eine mitfühlende Einschätzung. Alle anderen können nicht nachvollziehen, nicht nachempfinden, was Menschen bewegt solche finalen Entscheidungen zu treffen. Es scheint Tragödie, aber es muss keine sein. Es ist ein finaler, dramatischer Akt, aber das kann täuschen. Der Suizidant mag lange überlegt und abgewogen haben. Und dann ist es nur noch einfach. Kein Drama. Alles gut. Einfach fallen lassen. Wer empfände dies empörend? Wem wird dabei unwohl? Und warum? Wohl ist solchen selbst Tragödie in den Knochen, sodass sie am Leben hängen und um das Leben herum Streunern, wie eine Ratte um den Abfall. Empörialismus von undifferenzierten Leuten, die sich nicht in andere hineinversetzen können, ist eine Tragödie und schafft stetig durch die Jahrhunderte Tragödien. Die besten Philosophen kamen durch solche ums Leben.

Das Ende, das nicht und noch nicht sein müsste, ist immer Tragödie, besonders, wenn es willentlich vorgezogen wird, anstatt es natürlich ereignen zu lassen. Und im Grunde gibt es auch kein Ende, weil es keinen Anfang gibt. Wo hätte der Mensch seinen Anfang? In der Zeugung? Erst bei der Geburt? Aber vor ihm, waren doch seine Eltern. Und vor diesen deren Eltern, die Großeltern. Und so weiter. Wo sollte es da einen Anfang gegeben haben? Alles entwickelt und entfaltet sich aus der augenblicklichen Gegenwart heraus, es gibt nur sie. Eine Art Urgrund aus dem die Formen entstehen und die Bewegungen möglich sind. Determination in gewissen Grenzen. Kausalitäten, die vom Raumzeitbereich abhängen und dort eigene Formen bewirken. Hier ist mehr Schicksal als Tragödie. Aber Schicksal kann zur Tragödie werden. – Und doch auch in der Folge wieder gewendet, in den Sieg über die Zerstörung durch die Kräfte der Tragödien, hin in die Auferstehung, die Tradierung, die Ehrung, die Verzeihung, das Verstehen, die Erkenntnis, die Wärme des Augenblicks eines offenen Geistes und einer empfänglichen Seele. Auch das ist möglich und löblich für den Menschen.

Das Ende, das natürlich ist, weil Natur, Wesen, Gott und Leben es so wollen, ist dagegen nie Tragödie, sondern Unvermeidlichkeit im Vollzug der Erfüllung und des Schluss-Sein von Leben, wie es vorgesehen ist, wie es beobachtet werden kann. Der natürliche Tod, ohne äußere Einwirkung, das Geheimnis der Krankheiten kann zwar erforscht und von der Medizin erfasst werden – aber ein ewiges Leben in bio-physischer Existenz und Daseinskraft ist nicht vorstellbar und nicht wünschenswert. Es wäre ein Mittel gefunden, das wie Krebs wirken würde, ein unkontrolliertes Wachstum, das doch wiederum auf ein Ende hin zustrebt, wie es jeder Krebs im Körper tut. Die Medizin als Krebs heilendes Krebsgeschwür, weil sie Krebs zu heilen sucht und doch die Lebenszeit verlängert hin zum ewig langen Leben und damit zum Wuchern des Menschen auf der Erde beiträgt. Der angemessene, natürliche Tod ist eindeutig besser als ein ewiges Leben, das ein Krebsgeschwür ist und doch auch Tod bedeutet, aber siechend und immer wieder nach Heilmittel suchend und somit von Krankheit und Krebs getrieben wird diese zu besiegen, was dann doch letztlich unmöglich ist, da das Wuchern nur makroskopisch zunimmt und denselben Effekt des mikroskopischen Krebses zeitigt.

In diesem Sinne scheint der Mensch ein Krebs zu sein, weil er sich gerade im 20-sten Jahrhundert so zahlreich vermehrt hat. Von drei Milliarden in den 1970-er Jahren auf acht Milliarden fünfzig Jahre später. Er steuert auf das Ende des Lebens auf dieser Erde zu. Könnte einer meinen. Es gibt die ersten Anzeichen und Symptome, Verletzungen und Läsionen, bereits. Wer verständig zu schauen versteht, der weiß. Die Medizin sucht das Leben nicht nur in seinen Formen der Krankheiten zu heilen, die Medizin sucht auch das Leben der Menschen zu verlängern. Damit arbeitet die Medizin, so paradox das klingt, darauf hin, der Menschheit ein Wachstum, wie beim Krebs zu ermöglichen, sie zögert den natürlichen Tod hinaus und sorgt für ein Anwachsen und Vermehren der Spezies Mensch. Wenn dies weiter erfolgen sollte, wird die Menschheit ihren natürlichen Kollaps und Tod erleiden, wie beim unbehandelten Krebs der verschiedenen Entitäten in der Medizin.

Die Frage wird sein und aufkommen können, ob es nicht besser gewesen wäre, wenn die Medizin weniger eifrig und engagiert sich gezeigt hätte, denn durch ihr Handeln und Therapieren schafft sie ja die Verlängerung des Lebens und daher das Wuchern des Menschen auf der Erde zu beschleunigen. Anstatt, dass sie das natürliche Ende des Menschen mit weniger Eifer würde geschehen lassen. Was ist dazu zu sagen? Ist das schon zynisch? Ignorant? Respektlos? Worüber ich mich verwahren würde. Denn es ist Tragödie, wenn die Medizin (und damit die Menschen und die Politik und Ärzte) glauben sollten, dass sie durch ihren höchsten Einsatz für eine maximale Verlängerung des Lebens eigentlich den Krebs so richtig wuchern lässt. Oder etwa nicht? Oder ist der Grund für das genannte, weltweite Bevölkerungswachstum ein anderer? Und die Medizin nicht der Grund dafür? Das würde mich im Moment wundern.

Das Leben zu verlängern über den natürlichen Sterbeprozess hinaus, ist also eigentlich nicht dem Leben dienlich, sondern dient gerade dem Anwachsen und Vermehren in unkontrollierter Weise. Natürlich hat der Mensch Intelligenz und kann auch hier wieder Kontrolle und Ordnung einführen. Aber da er das kann und da er damit den natürlichen Tod wiederum hinauszögert, führt dies wiederum nur zu einem Anwachsen und Vermehren, wie beim Krebs. Kann er den Tod überhaupt akzeptieren? Ist er schon soweit? Wer ist schon soweit den Tod zu akzeptieren? Diese Unvermeidlichkeit ersten Ranges? Wer kann den Tod akzeptieren und damit das, was ihn im Leben bereits vorbereitet? Das Leben an sich? Ist das vielleicht seine eigentliche Tragödie? Dass er es zu aller meist noch nicht kann? Gehört das vielleicht zu seinen Zukunftsaufgaben der Übung in Demut und Gelassenheit? Und im Frieden zu bleiben, im Angesicht des Todes? –

Der Unvermeidlichkeit des natürlichen Todes sich entgegen zu stellen aber ist daher Tragödie. In diesem Sinne arbeitet die Medizin lediglich am Herausschieben des Zeitpunktes, kann aber nichts am Charakter der Unvermeidlichkeit ändern. – Und aus allem diesen lässt sich zynisch das Gegenteil sagen und alles Wesentliche und Natürliche in den Schmutz ziehen. Es gibt nicht wenige, die solches tun.

Wie lässt sich mit dem Leben leben ohne den Tod zu ignorieren, aber beide gleichsam nicht zu verabsolutieren? Denn wer das Leben vergöttert, wird sich daher vor dem Tode fürchten. Und wer den Tod verehrt, wird sich vor dem Leben fürchten. Beides ist Tragödie.

Wenn dagegen Leben und Tod gleich gültig sind, dann herrscht von beiden derselbe Abstand und dieselbe Nähe. Die Akzeptanz im Besonderen von beiden, ist von keinem Vorzug oder einer Abneigung beseelt. Es darf beides sein, das Leben und der Tod. Aber beides wird nicht verehrt, nicht vergöttert, nicht verabsolutiert. Und keinem wird der Vorzug gegeben. Wie sollte das also dann möglich sein? Es ist nicht möglich. Daher sind Leben und Tod an sich die Potenziale für Tragödie, weil sie den Menschen zu zerreißen drohen, wenn er beide gleichermaßen ernst nimmt – oder es ihn vernichten würde, wenn er einem davon den Vorzug geben sollte.

Bevorzugt der Mensch das Leben, wird er im Tod eine Tragödie empfinden. Bevorzugt er den Tod, nimmt er sich die für ihn passenden Möglichkeiten, die das Leben, in seinen besten Sinnen, Dingen, Früchten und Vermögen, für ihn besitzt. Aber wer den Tod bevorzugt, leidet an der Tragödie des Lebens, das ihm nicht die einseitige und monotone Vollkommenheit bietet, nach der er sich sehnt. Die Ruhe, die Stille, die Liebe, die Faulheit, den Luxus, den Ruhm. Er ist in einem Absolutismus verfangen und glaubt an ein endgültiges Ziel. Das Ziel wird für ihn der Tod. Das ist seine Tragödie. Weil es nicht sein müsste und weil es nicht sein muss, vor der Zeit, die natürlich ist. Das natürliche Ende vorzuziehen, ist Tragödie, wenn alles nicht wirklich unerträglich und unvermeidlich qualvoll war und wurde. Aber das ist nicht so häufig, wie manche Kandidaten sich dies zurecht argumentieren.

Gibt es eine größere Tragödie als den Tod zu wollen? Und die Attitüde das Leben zu verehren und zu vergöttern, ist nicht weniger tragisch, da doch der Tod wartet und die Angst sich nährt dieses göttliche Leben zu verlieren. Finalität, Ende, Basta. Das scheint Tragödie für den, der irgendwie weiter am Chaos des Lebens teilhaben will. Und Ordnung zu schaffen, scheitert oft, was wiederum Tragödie ist. Täglich. Es gibt keine endgültige Ordnung, die erreicht werden könnte, weil Leben kein Ziel besitzt. Es ist immer nur ein in Ordnung bringen, das Not tut. Der Sisyphus grüßt erneut. Und doch ist in diesem In-Ordnung-bringen, eine stetig höher zu erkennende Ordnung vorhanden, sie mäandert, sie windet sich entfaltend heraus aus dem ewigen Nichts in die endliche Welt hinein. Die Ordnung wächst, sagen die einen; die Unordnung wächst, sagen die anderen. Und beiden haben wohl auf ihrem Gebiet nicht ganz Unrecht.

Tragödie scheint alles das, was dunkel ist, unsichtbar, verschleiert, geheim, verborgen, aus dem Hinterhalt. Die Unaufrichtigkeit des ersten Kapitels kommt hier zurück. Die Verschlagenheit, alles Resultate aus der nicht akzeptierten Unvermeidlichkeit von Leben und Tod, das eine zu wollen und das andere nicht. Nur halb am Leben und halb schon tot. Die Hälfte ist die Tragödie der Unvermeidlichkeit, die nicht angenommen werden kann. Der Mensch hängt in der Luft und lässt andere in der Luft hängen, erhängt sie. Er enttäuscht, er quält, er betrügt. Sich selbst vor allem. Was nur, kann er tun? Allein diese Frage ist seine Tragödie. Doch er braucht sie nicht, die Tragödie. Er hat sie, er ist in ihr, er leidet an ihr, er ist verkrüppelt durch sie. Ohnmacht, die ihn kocht, im glücklichsten Falle vorbereitet für die Einsicht in die Tragödie. Denn wer die Tragödie schaut, der hat einen gewissen Vorteil vor den anderen, die sie nicht schauen, nicht haben. Wer die Tragödie kennt, weiß Bescheid, und kann dadurch etwas an Sicherheit empfinden, obwohl er leidet, was nicht vermeidbar ist. So weiß er mehr über die Unvermeidbarkeit, als jene, die am Leben oder am Tod hängen und provozieren: am Leben hängend, wird der Mensch, am Schmerz im Angesicht des Todes, Tragödie erleiden; am Tode hängend, wird er andere in den Tod zu bringen versuchen, obwohl er ihn selber insgeheim ersehnt – was Tragödie ist. In beiden Fällen.

Aber das Wissen über die Tragödie ist keine Garantie oder Immunität vor ihrer Tatkraft, die ihn genauso erfassen kann, wie jene, die nicht darum wissen und von ihr überrollt werden. Wer bewusst ist, ist bewusst, aber das heißt nicht, dass er das, was er sieht, aufhalten könnte. Kommt ein Komet, dann kann er nur zuschauen oder rechtzeitig die Beine und Hände in die Hand nehmen und etwas tun. Ob die Tragödie dann letztlich vermieden werden kann, wird sich zeigen. Letztlich wird eine gewisse Unvermeidlichkeit bestehen bleiben, wenn nicht jetzt, dann irgendwann danach.

Ein Ziel hält auf und führt in die Sackgasse, führt zum Ende des Lebens als Ende der Sackgasse und zum Beginn des Todes als Beginn einer anderen Sackgasse. Wer kein Ziel hat, dem sind Leben und Tod egal. Gleich gültig. Er bevorzugt keine der beiden, er hängt nicht am einen und will nicht den anderen. Aber er ist nicht gleichgültig den beiden, obwohl sie gleich gültig sind, und gerade daher. Die Tragödie erscheint mit der Betonung eines der beiden, mit der Verfolgung gewisser immanenter Ziele, die dadurch möglich sind. Leben endet, Tod beginnt. Fast ewig. Ewig ist auch alles Eins, und damit wiederum kein Ende, kein Ende von Leben, kein Ende des Endes, kein Ende des Todes. Und soll dies keine Tragödie sein, was dann? Man könnte sich einigen, es keine Tragödie zu nennen, sondern Unvermeidlichkeit. Dies lüde das friedvolle Lächeln ein, wenn die Unvermeidlichkeit ebenso gleich gültig wäre und nicht emotionalisierend wirken würde.

Wer kann im Angesicht der Unvermeidlichkeit dennoch nicht lethargisch oder faul werden, selbstgerecht oder einfältig, eingebildet oder gerissen, sondern aktiv interessiert und aufmerksam für die Dinge und Sinne und Welten und Perspektiven leben, streben, denken, fragen und sinnen? Ist dies nicht unvermeidlich? Wer sträubt sich noch? Wer hat noch ein Ziel? Oder zwei, drei? Und warum? Jene Ziele, die den Menschen am Leben erhalten und ihm ein Auskommen ermöglichen, werden sich verändern und sterben und neue werden geboren werden. Das ist unvermeidlich und eine Tragödie, da es eine Vergeblichkeit bedeutet an ein letztes Ziel zu gelangen, das sich der Mensch vorstellt, denn er will zur Ruhe kommen, am Ziel ankommen, was unmöglich ist. Doch er traut dem nicht und beharrt auf seinen Zielen, die ihn von einem zum nächsten führen, ihm die Zeit erzeugen, seinen Terminplan, seine Vorhaben, seine Reisen, seine Erfolge vorspiegeln, die er haben könnte und die er erreichen will. Aber vom Ziel setzen kommt er nicht los, doch da er kein definitiv letztes kennt, bleibt er unerfüllt und kann damit nicht auskommen. Das ist Tragödie.

Sind die Ziele nicht die Täuschungen der Menschen, denen Leben und Tod gleichgültig sind und die nun an den kleinen, eigenen Ideechen für ein Leben interessiert sind, die sie nicht selbsttätig entwickelt haben und die den vergangenen Generationen und Epochen, Persönlichkeiten und Schaffenden, sie gar keinen Dank gegenüber empfinden? Sind Ziele zu haben, nicht eine Respektlosigkeit und Rücksichtslosigkeit, die kaschiert, dass sie im Grunde, im Angesicht der Tragödie von Leben und Tod, hilflos sind, die eigene Erbärmlichkeit verschweigen und erbarmungslos andere hetzen? Schaut doch die Menschheit an, was die großen Bewegungen sind! Vom Stein, zur Keule, zum Bogen und Pfeil, zum Speer, zur Axt, zur Waffe, zum Schwert, zu Kanonen, zu Revolvern und Pistolen, zu Panzern, zu Atombomben, zu Atomkraftwerken, zu Hiroshima und Nagasaki und Tschernobyl und Fukushima. Die ganze dunkle Palette der Zielsetzungen des Menschen, der noch nicht gelernt hat, dass der Zufall ihn aus einer Ziellosigkeit in die Ziellosigkeit gesetzt hat. Für den zielbewussten Menschen ist das eine Tragödie. Eine echte. Denn er will an seinen Zielen festhalten und kommt doch nie an sein ersehntes Ziel, das er sich insgeheim oder offen vorstellt und erhofft.

Ziele sind aber auch der Beginn von Leben und der Anfang von Tod, zugleich. Denn wenn die Ziele erreicht sind, ist etwas Neues, und sie hören auf zu sein. Ein Ziel inspiriert eine Sackgasse, und das Leben ist eine. Und nicht nur das individuelle Leben, sondern das Leben auf dieser Erde an sich. Was sagen die Physiker? In 600 Millionen Jahren soll die Sonne so heiß geworden sein, dass kein Wasser und kein Leben mehr, wie wir es kennen, auf der Erde möglich sein wird. Wenn das keine Sackgasse ist. Und? – Daher sollten wir das Leben nicht absichtlich und dumm uns einander zu Tragödien werden lassen, sondern das Leben solange gemeinschaftlich zu gestalten suchen, solange wir noch nicht am natürlichen, planetarischen oder kosmischen Ende sind. Aber Tragödie ist es ja, dass es Menschen gibt, die Tragödien erzeugen, weil sie Furcht vor sich selbst, dem Leben, anderen Menschen und Kulturen haben, und vor dem Wissen über die eigene Geschichte, individuell und kollektiv. Der Schmerz sitzt zu tief und verhindert die Begegnung mit sich selbst und seiner Aufrichtigkeit. Eine Tragödie also.

Wenn aber das Ziel des Lebens das Leben ist, dann hat es den Tod ignoriert und wird sich vor ihm fürchten und ihn gleichsam provozieren. Wenn das Ziel des Lebens der Tod ist, dann weiß es sich selbst nicht zu schätzen. Daher sind Leben und Tod nicht gegeneinander auszuspielen. Irgendwie sind sie sehr verwandt. Doch wenn sie Inzest betreiben, dann erscheinen abergläubische Abkömmlinge verworrener Bezeugungen, institutionalisierte Religionen genannt, die heute und mindestens seit der Aufklärung, für manche, suspekt geworden sind. Aber nicht für alle.

Wer die Verwandtschaft von Leben und Tod ignorierte oder unterschätzte, der würde Verbrechen begehen oder lethargisch und gleichgültig werden oder depressiv. Er wird sich langweilen und dabei üble Dinge zu tun gedenken, weil er glaubt ein Ziel im Leben verfolgen zu müssen und sei es den Tod von anderen zu erreichen. So wird Langeweile zum Verbrechen, Gleichgültigkeit zur Tat. Solche sind teufelsgleich, sie sind aus dem Leben und Tod herausgefallen und suchen ein separates Dasein mit eigenen Regeln und Gesetzen, was nur zu Tod und Verbrechen führen kann, zu einer Vergewaltigung des Lebens. Das ist Tragödie. Ihnen ist der Tod gleichgültig, im Sinne einer Respektlosigkeit, und besonders der Tod anderer. Ihnen ist das Leben gleichgültig, im Sinne einer Verachtung, und besonders das Leben anderer. Sie ignorieren also beides, das Leben und den Tod; sie können damit nicht wirklich schon voll Mensch sein, dem der Tod bewusst wurde, weil er sich selbst bewusst wurde, und dem das Leben bewusst wurde, weil er sich darin entfalten können möchte, wie eine schöne Blume, Blüte, Frucht und Pflanze, um dem Dasein des Augenblicks schöpferisch das zu sein, zu was er bestimmt ist.

Das Böse, dass sich derart zeigt, ist die Tragödie des Daseins, dass sich für Leben und Tod nicht interessiert und daher aus ihnen heraus fällt. Es kann mit Leben nichts anfangen und es sieht im Tod allein noch kein Ziel, denn es hätte sich schon längst suizidiert. Das ist aber nicht der Fall. Das Böse ist da, ungeachtet von Leben und Tod, es ignoriert beide, hat keinen Respekt vor beiden und verachtet beide – und muss daher beide ersuchen zu zerstören und ungültig zu machen. Was vergeblich ist. So arbeitet die Tragödie des Bösen an einer Vergeblichkeit, in dem es die Unvermeidlichkeit des natürlichen Todes nicht akzeptiert, in dem sie sich des Lebens bemächtigt und es vorzeitig in den Tod zu schicken beabsichtigt und daher Macht über den natürlich eintretenden Tod zu ergreifen sucht und dessen Unvermeidlichkeit glaubt zuvor kommen zu müssen, ihn also ignoriert und nicht respektiert.

Das könnte schon Tragödie sein, doch ist es das nicht nur, denn es ist gleichsam auch wieder unvermeidlich für sie, besonders aus deren Blickwinkel selbstgefälliger Inszenierung, ignoranter Respektlosigkeit und anmaßender Verachtung, wie es die unreifen und aggressiven Gesellen und Gesellinnen unter den Menschen an den Tag zu legen pflegen. Das Böse ist ein Selbstläufer, der zerstören muss, bevor es natürlich soweit sein soll. Es nimmt die Zeit vorweg zu der

Tod eigentlich natürlich eintreten soll. Es nimmt sich dem schöpferischen Prozess der Vernichtung an und hält diese Zügel in der eigenen Hand. Für das Böse ist dies selbst unvermeidlich und folgerichtig. Doch sein Heraus-gefallen-Sein aus Leben und Tod war es nicht. Selbstverschuldet ist es eine hausgemachte Tragödie, wenn sie den Menschen betrifft. Und sie betrifft den Menschen und muss Menschen, Tiere, Natur und Erde zu treffen suchen. Doch sucht es vergeblich sich selbst zu zerstören. Was unvermeidlich, unmöglich, vergeblich ist. Hier zerfließen die Unvermeidlichkeit und die Tragödie ineinander. Das Böse hat von beiden etwas. Und dies zu *sehen*, rettet noch nicht vor ihm, aber bringt einen zunächst etwas in die Entspannung. Oder etwa nicht? Denn es wird nicht die Arbeit inspiriert, an dessen vergeblichen und unmöglichen Vernichtung mit zu wirken. Was etwas weniger Tragödie ist, als andersrum.

Gibt es einen Anfang? Gibt es ein Ende? – Der Irrtum des Anfangs sucht sich selbst zu korrigieren. Und schafft es nicht. Der Irrtum bleibt, es muss mit ihm gelebt werden, er muss entdeckt werden, wenn die Tragödie noch etwas hinausgezögert werden soll, wenn noch etwas Blühendes und Schönes, Wahres und Gutes, erreicht werden soll. Doch letztlich ist die Tragödie nicht aufzuhalten, sie ist immanent in das Dasein eingewoben. Die Selbstvernichtung ist entweder ein angeblich selbstbestimmter Akt oder ein allmählicher, der als natürlich bezeichnet wird. Die Blätter werden mürbe und fallen vom Baum. Das Laub des Kósmos wird am Boden der Unendlichkeit einen kleinen Kreis gebildet haben und dort in die Ewigkeit hinein weiter und weiter und weiter zerfallen. In das Nichts der Unendlichkeit hinein.

Und nur *der* ist in einer Tragödie verfangen, der auf folgende Frage keine Antwort spürte: Und warum sollte dies alles gewesen sein? Wozu das alles? Was ist der Sinn?

Wer sich solche Fragen noch nie gestellt hat, steht und geht unwissend mit seiner eigenen Tragödie, die ihn dann einholen wird, wenn er auf ähnliche trifft, die seine Tragödie hervorzurufen tendieren und ihn nicht zur Knospe und Blüte werden lassen wollen, weil es ihnen auch für sich selbst egal ist – weil sie rücksichtslos gegenüber Leben und Tod sind, einfallslos lediglich ein eingebildetes Gestern betonen, einfältig sich nicht um Logik bemühen, dreist andere stets mit Schuld bewerfen, anmaßend von den eigenen Meinungen schwätzen, arrogant sich über andere erheben und verbrecherisch agieren, weil sie stetig zu verletzen, zu demütigen und zu schaden versuchen. Das ist wirklich Tragödie. Und solche wissen's nicht und inszenieren sich als Helden und sind bekannt. Aber, es sind nicht alle. Immer nur manche. —

Aber: Vielleicht gibt es mehrere Bedeutungen? Ja, das ist alles, jeder Augenblick ist immer alles, was gerade möglich ist. Und der nächste ist fast unbekannt, nur die Phantasie, die Vorstellung, die Idee, der Wunsch und die Hoffnung machen einem Menschen glauben, was der nächste Moment, die folgende Zukunft sein könnte. Und so täuscht er sich meistens. Denn dann kommt es doch anders, wie er denkt oder gar befürchtet. Oder es kommt, woran er gar nicht gedacht hat – eine Tragödie kann immer in der Zukunft liegen.

Aber gerade die echte Tragödie ist die, die nicht in den vielen Bedeutungen und Perspektiven schaut, was es dort an Buntheit und Strukturen gibt. Und der Tod? Das Unbekannte kann sich der Mensch mit allerlei Buntheit und Struktur ausmalen oder auch einfach nur schwarz oder als Nichts. Aber was ist nichts? Nichts? Oder er kommt hin und lässt ihn und wartet bis er natürlich eintritt. Was hat der Mensch denn für eine Wahl? Soll er sich gegen eine Unmöglichkeit stellen? Und möglich machen, was unmöglich ist? Greifbar machen, was ungreifbar und unbegreiflich ist? Die echte Tragödie ist das hier sich selbst an der Nase herum führen und vor lauter Furcht nicht zu wissen, was der Tod ist und was dann sein wird. Weg damit. Lassen. Belassen. Verlassen. Sonst wird man hassen.

Und das ist ja die Tragödie der Menschheit, sie ist sich des Todes bewusster, meint sie, als die Tiere und Insekten, nur weil sie darüber schwätzen kann. Doch in Wahrheit weiß sie nichts über den Tod und fürchtet sich eine arrogante und selbstsüchtige Untergruppe der Menschheit davor, lediglich ihr erbärmliches und erbarmungsloses Lebchen zu verlieren und schafft es nicht, anständig miteinander zu bleiben. Das ist die echte Tragödie. Zu glauben, der andere sei der Schuldige, dabei ist es die eigene Erbärmlichkeit und Erbarmungslosigkeit, die nicht anständig ist, die echte Tragödie heißt.

Und eine weitere, echte Tragödie ist es, hier in die Albernheit zu gehen und all diese Problematik der Erbarmungslosigkeit damit zu leugnen, zu übertünchen, zu verdecken, zu verdrehen und zu vernichten. Albernheit ist nicht Humor, sie hält die echte Tragödie nur aufrecht, sie lässt sich auch damit nicht neutralisieren. Das könnte nun wirklich eine echte Tragödie sein, wenn nicht der Humor dabei hilft die Albernheiten gewisser Untergruppen der Menschheit beherzt zu durchleuchten und aufzudecken, was hier an Tragödie spürbar ist. Wir hatten im Kapitel über die Komödie ein wenig darüber gesprochen.

Die echte Tragödie ist also immer nur das, was dem Menschen eine Ausweglosigkeit und Sackgasse suggeriert und er dieser Sackgasse vorzeitig entgegen geht und nicht ganz selbst gewählt nach Erlösung strebt oder diese absolut und final zu intendieren beabsichtigt.

Wenn wir aber nicht nach absoluter Erlösung streben, sondern im Versuch begriffen sind, stetig von Augenblick zu Augenblick, mit den Bedingungen zu leben bemüht sind, die uns gegeben sind und immer wieder neu und anders werden, nimmt dies auch wieder der echten Tragödie die Tragödie etwas weg. Und im besten Falle, gehen wir befreit, zumindest eine Zeit lang, bis zum nächsten Bedingungswechsel.

Bewusst und gesund atmen ist sicherlich wesentlich dabei. Und seine Dinge tun, die keinem Schaden wollen, schon gar nicht strategisch geplant und beabsichtigt, wie es so manche Großen und Kleinen wollen. Womit wir beim letzten Kapitel angelangt sind: Über die Tragödie, die keine ist.

9
DIE TRAGÖDIE,
DIE KEINE IST

*»Geh heim, komm heim und lausche doch
dem Drang hinauf zur edlen Welt,
nimm fein, doch stark, der Welten Joch,
verheiße dich als auch dein Held –
Such' Sinn, find' Wert und deine Fragen,
erfüllt schau hin an allen Tagen.«*

Wer sich nur mit genügend innerem Raum und fester, aber warmer Gesinnung, zu einer guten, wahren und schönen Ethik gegenüber als Freund empfindet, der wird auch gewiss immer mal wieder erkennen, wenn er selbst oder andere Menschen, sich mit ihren negativen Wertungen eine Tragödie einreden, die doch bei ruhiger, sinniger und sachlicher Betrachtung, gar keine Tragödie ist.

Die Emotionalität vielmehr, die solche Momente leicht in die Übertreibung schiebt und die Dinge und den Sinn zuspitzen, übertreiben, verzerren und in ihrer nüchternen Essenz nicht verspüren, wird aus vielem ein Drama machen, obwohl es dies doch im Grunde gar nicht ist. Gerade die Induktion einer Übertreibung einer angeblichen, existenziellen Bedrohung, die durch gewisse, äußere Ereignisse oder Gegebenheiten induziert werden, kommen dann dazu, selbst als selbstsüchtige Einbildung und sogar fahrlässiges Einreden, angesehen werden zu können. Und gerade das Einreden eines Dramas, lässt Handeln folgen und provozieren, dass aus dieser geistig verbildeten Vorgeschichte und diesen emotional engen Vorwertungen, eine Tragödie werden lässt. Der Eingebildete bildet sich ein, was er selbst in den anderen hinein legt. Er bezeichnet den anderen als Sünder und/oder Feind – und ist doch selbst nur sein eigener Sünder und Feind.

Hier wäre ein Lächeln notwendig, jenes friedvolle, berühmte Lächeln, schon im Vorfeld und bei Erkennen des aufkommenden Dramas der Übertreibung oder Zuspitzung. Aber das wäre kein Lächeln, das verlacht, also kein Lächeln des Hohns oder des Spotts; sondern ein Lächeln, das die Tragödie des Irrtums an der eigenen Wahrnehmung schaut und zumindest erkennt, dass hier Leid und Verirrung des Eigenen ein Drama für andere daraus werden lässt. Ein Lächeln im Sinne eines erkennenden Verstehens. Ein Lächeln im Sinne eines guten Humors und eines empathischen Lachens über sich selbst.

Die schon besprochene projektive Tragödie, wirkt hier hinein. Sie erzeugt erst die tragische Wendung, anstatt zu lächeln und zu sehen, wie hier die Einbildung und das Leid des Eigenen, Kleinen, Engen die Welt da draußen verantwortlich macht, und sie klein, eng und eigensinnig bewertet. Wo doch der ganze Beginn des Dramas in ihm selbst zu finden ist. Wo beginnt er die Tragödie zu fördern, zu induzieren und aktiv sich selbst in sie hinein zu führen?

Wer es rechtzeitig erkennt, indem er rechtzeitig spürt, dass es mit ihm soweit ist und gleich kommen wird, hat die Aufgabe hier den Atem zu holen und die Tragödie, die keine ist, zu entlassen und vorbei gehen, vorbei schreiten zu lassen. Damit ihm das Hassen nicht wird. Was leichter gesagt ist als getan.

Und Tragödie wird dies doch erst, wenn der Mensch als solcher damit allein gelassen werden würde – und das ist doch erst auch die Tragödie. Nicht, dass das Leid in ihm selbst bereits Tragödie ist, es wird dazu, weil die Vortragödien (die hier besprochen wurden), so vehement missachtet werden und unkritisch als Lebensmaxime und fälschlicherweise als Lebensnormalität gesehen werden – oder einfach ignoriert – was sie belässt.

Die Akzeptanz des Leides belässt das Leid und damit auch die Möglichkeiten zur Tragödie. Wo wir aber uns dem Leid zu stellen trachten, es zu beschauen suchen, andere Menschen finden, die es ebenso versuchen, wird doch der Tragödie das Drama genommen, weil wir dann einen ethisch wertvollen Umgang damit zu etablieren suchen und eine aufrichtige Auseinandersetzung damit, das Vertrauen zu finden und zu leben sucht. Was wäre hier als Tragödie anzusehen? Nichts davon. Das hat den Charakter der Tragödie nicht mehr, sondern den Charakter der Menschlichkeit in der gegenseitigen Annahme und des stetigen Versuchs der Bewältigung unserer Bedingtheiten.

Es ist der berühmte und bemühte, oftmals herangezogene Mythos des Sisyphus, der niemals an ein Ende seiner Mühen herankommt und immer wieder durch das Dasein dazu aufgefordert wird weiter zu machen. Albert Camus hat hier treffend und weise formuliert, als was wir uns diesen angeblich Geplagten vorzustellen haben: „Als einen glücklichen Menschen".

Von einer dunklen Sicht auf das Dasein, ist die Verdammung des Sisyphus zur lebenslangen Plage, einen und denselben Stein immer und immer wieder auf einen Hügel zu wälzen und nie am Ende zu sein, ein Drama und eine Tragödie. Denn, wo ist das Ziel? Wo ist er am Ende? Wo hat er gesiegt? Wo ist sein Lohn? Wann hat er Urlaub? Wie will er so zu etwas kommen? Wenn er nie an ein Ziel gelangt? Und er immer wieder nur dasselbe tut?

Der normale, neurotische Geist des Menschen, kann sich mit so etwas nicht zufrieden geben. Sisyphus ist ihm schrecklich – aber er sieht nicht das Glückliche daran, in der tätigen Kreativität seines täglichen Schaffens, in den Variationen des immer neuen und frischen Tages seiner arbeitenden Pflicht nachzukommen.

Dass er sich damit nicht zufrieden geben kann, ist, einerseits, gut so, andererseits, zeugt er in dieser Unwissenheit von Glück des täglichen Lebens, all die Tragödien, die die Welt kennt. Der verquere Geist des Menschen will an ein Ende gelangen, an ein Ziel, will einen Lohn haben, Urlaub machen können, siegen und aus sich etwas machen, er will wer sein. Aber er ignoriert damit gleichsam die Möglichkeit der camusschen Vorstellung, bei allen diesen Plagen, bei allem diesem Suchen und Ringen, das kein Ziel und Ende hat, und scheinbar auch zunächst kein Lohn und Urlaub mit sich bringt, – ein gleichsam dennoch glücklicher Mensch zu sein. Wobei es nicht darum geht, sich glücklich zu definieren oder so zu tun, als sei man glücklich und es doch nicht ist.

Gerade die ewige Vorstellung des Nie-am-Ende-Seins, heißt ja nicht, dass es ein all stetiger Zustand von Glück bedeutet. Sondern das ist Arbeit, Mühe und Anstrengung. Wer wollte hier dieses Paradoxon nicht verstehen? Wer wollte hier aus den natürlichen Mühen und der natürlichen Arbeit einen Strick drehen und so tun, als ob es ein ewiges Paradies der Glückseligkeit auf Erden gäbe, wo keine Anstrengung mehr erforderlich wäre? Das wäre mehr die Vorstellung der Faulheit, wie man dies von manchen Karrieristen und Millionärssüchtigen heraushören kann, die denken, mit genügend Geld müssten sie nicht mehr arbeiten und sich nicht mehr anstrengen und könnten neoliberal von den Zinsen leben. Und glücklich sein? Manch' einer geht nur auf die Universität, um mit „40 Jahren Millionär" sein zu wollen. Ob er dann glücklich ist, müsste man solche fragen, die es erreicht haben – und es sollte genau darauf geachtet werden, welche ethischen Überzeugungen sie hegen, wie sie sich charakterlich geben und welche Qualität an sozialem Denken diese pflegen. Ich zweifle an solchen, aus dem Verdacht der Faulheit heraus, die damit eintritt und sich spiegelt, und des mutmaßlich selbstgefällig ignoranten Lebens von solchen, die dabei soziale und intellektuelle Verantwortung für die Menschheit vermissen lassen, weil sie nur an sich denken.

Aber um das, was es hier geht, ist die geistig-seelische Anstrengung und Bewegung des Verstehens im Dasein und des Selbstwerden im evolutionären Prozess des Menschen. Dass dies nie an ein Ende gelangt, wenn sie nicht in der Mühe das Glück, in der Anstrengung die Freude und in der ewigen Wiederholung des Gleichen den Lohn erblickt und besonders *erfährt*, der im evolutionären und natürlichen Werden zu finden ist, und nicht im weltlichen Ergebnis den Stein oder Fels ein für alle mal auf dem Hügel zu platzieren, drückt der Mythos des Sisyphus aus. Das Selbstwerden ist daher weniger eine Selbstfindung, als eine Bewegung, die nie an ein Ende gelangt und doch auf dem ureigenen Weg immer wieder von Freude, Glück und Zufriedenheit begleitet ist. Der glücklich Arbeitende, der glücklich Schaffende. Jener Mensch also, der nicht mehr zwischen Arbeit und Freizeit trennt, der nicht mehr zwischen Glück und Leiden trennt, sondern der in einer tiefen Seelenruhe beides vereinen kann und vereint verspürt. Und daher auch lieben kann. Und verzeihen.

Das ist etwas anderes, als nur zu arbeiten und keine Freizeit zu haben und sich seine Arbeit als Freizeit zu suggerieren und dann zu behaupten, dass Arbeit und Freizeit eins seien. Das wäre ein Irrtum. Denn wer die Bewusstseinshaltung entwickeln konnte Arbeit und Freiheit nicht zu trennen, der ist in einem kreativen Fluss von ungeschiedenem Interesse für die Belange von Leben, Wirklichkeit, Welt und Wissen. Er hat weder einen Tag mit Arbeit vor sich, noch hat er Feierabend. Er empfindet keine Last bei der Arbeit und nicht nur dadurch, dass er mehr oder weniger weder dauerhaft überfordert noch dauerhaft unterfordert ist. Er geht schöpferisch und zielführend durch den Tag, er will konstruktiv etwas erreichen. Da es ihm meist gelingt, spürt er sich im Fluss und dieser endet nicht nach Dienstschluss. Und er beginnt auch nicht mit Dienstbeginn. Der kontinuierliche Fluss der Freude ist sein Träger und dafür muss er Arbeit und Freizeit nicht trennen, denn er sieht in beiden eine sinnvolle Erfüllung und verspürt diese die meiste Zeit.

Und aber, dass wir die Plage nicht immer meiden können, die Fehlschläge und Irrungen, sollte nicht für den Versuch taugen, Kriege zu akzeptieren und ethisch verwerfliches Handeln anderen Schaden zuzufügen all verzeihend zu belassen. Zur Fragen stellenden geistigen Mühe, zum Durchgehen von Plage und auf sich nehmen dennoch würdevoller Plage und zu seelischer Anstrengung, muss jeder verpflichtet werden, auch gerade solche, die Übles tun. Letzteren muss Läuterung und Katharsis werden. Weil diese nämlich für sich einen Weg eingeschlagen haben, der das Glück nicht in der Tätigkeit und Anstrengung zu finden sucht, sondern im Ziel des Erfolgs und des Sieges über andere, im nur raffinierten Ausheben und Ausloten der Gesetze des Marktes, den sie nutzen und für sich gebrauchend missbrauchen wollen. Solche arbeiten nur für ein Ziel in der Zukunft, das sie von regulärer Arbeit befreien soll und nicht für eine Erfüllung im Augenblick durch seelisch-ethische Anstrengungen des Fragens und Sinnens, Forschens und Strebens, das sich selbst als wesenhafter Mensch begreift und nicht als Objekt und Gegenstand der Verehrung und des Erfolgs. Das ist ein wesentlich anderer Ansatz, der seinerseits zu Missbrauch und Gewalt einlädt – und der die morbide Unterdrückung anderer will, deren eitle Beherrschung, durch nachhaltige behördliche oder berufliche Schikane, durch eine Tyrannis im Alltag, eine Ausbeutung der Schwachen, durch juristische und mediale Beutezüge, mit glattem kapitalistischem Heuschrecken-Raub und der verbalen, heimtückischen Bloßstellung.

Wogegen, im Ansatz der Sisyphus-Mythologie, in der camusschen Weise, ein Mensch die Mühe, Plage und Anstrengung in zielloser Zufriedenheit, erfährt – *erfährt* – und nicht sich vorgibt oder so einrichtet, nicht so plant oder so zurecht legt und gestaltet. Der camussche Sisyphus ist eine innere Erfahrung der Zufriedenheit im friedlichen Tun, wie der eines Künstlers, der nicht provozieren will, sondern einfach seine Formen und inneren Bilder zum Ausdruck bringt – und keine Anleitung, wie der Mensch sich seine Lebenssphäre zurecht organisieren sollte oder wie er am besten Erfolg und Vermögen erzielen kann, damit er möglichst zufrieden und ungestört sein könne. Das sind grundsätzlich verschiedene Ansätze und Verwirklichungen.

So ist der Mythos des Sisyphus nicht wirklich ein Bild unserer Tragödie, die zu all den institutionalisierten Forderungen für eine bessere, äußere Organisation der gestaltenden Kräfte und Möglichkeiten der Welt da draußen heranreicht und uns die Tragödie – sich selbst – einredet. Sondern er ist ein Bild für die innere Möglichkeit, das geistige Vermögen und die seelische Potenz, in all den äußeren Verpflichtungen, dennoch lebendig sein zu können, dennoch am Leben, in seiner glücklichen Weise, teilhaben zu können, schaffend und schöpferisch sein zu können. Und dies ist in den alltäglichen Pflichten und Freizeiten zu erfahren – und nicht zu fordern. Und wie wird so etwas für den Menschen, der leidet, möglich und real? Hier beginnt der Sisyphus, mit dem ersten Mal, seinen Stein den Fels hinauf zu rollen. So ist das Leben dann keine Tragödie mehr, weil wir im Tun der Dinge einerseits Erfüllung und Wohlsein erfahren, Zufriedenheit und vertrauensvolle Nähe, andererseits dem Menschen bewusst ist, dass es den ewigen Urlaub vom Leben nicht geben kann, selbst im richtigen Urlaub nicht. Dass es also das letztgültige Ziel nicht geben kann, selbst wenn es fast erreicht scheint, dass es ein absolutes Ende ebenso wenig gibt, obwohl das körperliche Ende unvermeidlich ist, denn im Prozess des Sterbens, hin zu einem körperlichen Ende, wird sich zeigen, ob der Sisyphus-Mensch glücklich ist oder nicht, ob er glücklich war oder nicht – und ob dies Ende ihm gleichsam Anlass ist, den Kopf hängen zu lassen oder eben nicht. Und dann doch mit Würde, Ruhe und Liebe zu sterben.

Eine Aufgabe, die sicherlich schon im Leben geübt werden muss. Es also erfahren werden muss, was Sterben heißt, ohne sich im Suizidieren zu versuchen. Was aber zum Beispiel dagegen heißen kann, die Erfahrung zu machen, wie im vertrauensvollen Gespräch, Aggression verschwindet, Groll getilgt wird und ein größerer innerer Raum erscheint, der spürbar und lebendig anwesend ist und den Geist beseelt und in Gleichmut und Frieden bringt.

Oder – so ist zu fragen – wird er sich in Trost wiegen müssen, auf seinem Sterbebett, und auf seine Goldbarren schauen müssen, seine wertvollen Bilder an der Wand, den Blick in den Safe oder auf seine Immobilien, Anleihen und weltlichen Erfolge – um glücklich sterben zu können? Wird ihm bewusst sein, wie er sein Vermögen bekommen hat? War er vielleicht zeitlebens ein Getriebener nach Erfolg, um Ansehen zu erreichen? Und hat er stetig andere Mitbewerber auszuschalten versucht dabei? Die Konkurrenz in Schach gehalten? Wirtschaftlichen Wettbewerb betrieben, um der Bessere zu sein? Im Beruf? Im Sport? In der Familie? Gegen die Kinder? – Wie arm wäre das? Wie viel Sisyphus von ihm wäre nicht wirklich glücklich gewesen? Wie viel Selbstverständlichkeit von ihm war Arroganz und Rücksichtslosigkeit im Streben den Stein zum Hügel zu treiben, immer wieder und wieder?

Die Tragödie des Sisyphus wäre es gewiss, wenn er den Menschen Böses andichten wollte, die hier gerade in einer gewissen Strecke hinauf zum Hügel sind. Das will der glückliche Sisyphus des Albert Camus sicherlich nicht. Denn er würde nicht sehen, dass er das ist, nur vielleicht etwas zeitversetzt, wenn er gerade wieder den Hügel nach unten läuft, um bald erneut seinen Stein nach oben zu wälzen. Die Tragödie wäre eine Ignoranz. In der glücklichen Fügung des Sisyphus hätte er menschlich Mitgefühl und könnte verstehen, was der andere gerade an Mühe, Plage und Anstrengung auf sich nimmt. Er sähe sich nicht von ihm verschieden. Und die Tragödie wäre keine.

Die Tragödie erscheint also gleichsam in der Fehlwahrnehmung der Unterschiedlichkeit der Grundsituation des Menschen. Und die Fehlwahrnehmung resultiert aus einer Fehlempfindung, die den Menschen glauben macht, er wäre vom Schicksal eines anderen nicht betroffen. Gleich einer reaktiven Abwendung von eines anderen Daseins, die zwar, einerseits, dem Selbstschutz dient, andererseits, den Re-Aktionismus hervorbringt, sich anders zu empfinden und zu sehen als solche, die doch im Grunde dieselben Notwendigkeiten zu leben besitzen, wie der reaktiv Empfindende. Hier kommt das körperliche Eigene hinzu. Die eigene energetische Weise des Seins, die gespeicherten Wunden und die naturgegebene Notwendigkeit von Schmerz frei sein zu wollen. Daraus ergibt sich allerdings auch gleichsam die Unmenschlichkeit, die Leid von sich weißt und damit den Menschen in dessen Leid allein zu lassen tendiert. Der ganze höhnische Apparat der Zyniker dockt hier an.

Wo wir aber die Grundsituation, die, zum Beispiel, der Mythos des Sisyphus anschaulich zeigt, verstehen und ihn lebendig im Alltag erkennen können, haben wir damit zwar kein absolutes und kein anwendbares Rezept gefunden, wie wir uns alle in Zufriedenheit und Frieden befördern können. Wir wissen dann immer noch nicht, wie Glücklich-Sein erlangt werden kann. Nein. Wir haben aber ein bewegtes Bild gefunden, das uns mehr ein Ausdruck für ein aufgefordertes Mitgefühl zeigt, als dass es uns in es führen kann und uns gleichsam ein Bild für die Bescheidenheit gibt, im Angesicht der garstigen Ziel- und Erfolgssuche, die uns doch auch mehr in die Tragödie treibt, als in die tätig gelassene Zufriedenheit, die keine faule Ausrede ist oder das Prinzip eines Faultiers in Form eines Menschen darstellt – so meinte das Albert Camus mit dem Glück sicherlich nicht.

Für den glücklichen Sisyphus ist das Leben daher keine Tragödie, obwohl es spezifisch von anderen so gesehen werden könnte. Auch der glückliche Mensch, der gekreuzigt wird oder jener, den man zum Tode verurteilt, war ja glücklich. Es war die Tragödie anderer, die sich ihnen wie Läuse in den Pelz setzten, um sie zu Fall zu bringen. Die Tragödie jener Feinde ist also hier die zu nennende Tragödie, denn es ist doch *das* Tragödie des Menschen zu nennen, wenn dieser oder diese nicht anders können, als einem anderen oder anderen Menschen zu schaden oder sie zu töten beabsichtigen. Und wenn wir genau betrachten, wie es zu solchen Anklagen und Aburteilungen kommt, welche Substanz solche haben, dann ist schnell die Tragödie der Unaufrichtigkeit, der Lebensfeindlichkeit und die Tragödie des falschen Wissens, also eine Hohlheit und damit Tragödie der Unmenschlichkeit auf Seiten der Ankläger, Verfolger, Richter und Henker zu konstatieren, in solchen Fällen, die die Geschichte kennt. Und weniger bis gar nicht eine Tragödie auf Seiten der Angeklagten und Hingerichteten, die doch nichts weiter taten als glücklich den Stein auf den Hügel zu wälzen, sich mühten, Anstrengungen unternahmen den inneren Bewegungen des Selbstwerden und des Selbstwertes Achtung zu schenken, nicht für eine kleinliche, narzisstische Selbstfindung oder Selbsterhöhung, sondern um Lebendigkeit und Dasein zu begreifen, im schöpferischen Dienst an der gesamten Menschheit, für Frieden, Zufriedenheit, Vertrauen und das ersehnte Glücklich-Sein im Augenblick des Tätig-Seins.

Der glückliche Sisyphus hat, in einer möglichen finalen Situation, noch die Aufgabe, seinen nahenden Tod zu bewältigen, sich auf sein Sterben vorzubereiten und zu schauen, ob er aufrichtig alles getan hat, um vor sich selbst und der guten, schönen, wahren Ethik, die ihm evolutionär zugegen war, auch selbst ins eigene Gesicht schauen zu können, ob er vor sich selbst also, bis zum Schluss, bestehen kann.

Dass Kometen uns bedrohen, Skorpione uns stechen können, Schlangen uns würgen und beißen und eben solche anderen Menschen uns verfolgen können, liegt in deren – Tragödie, nicht in der eines Sokrates oder Jesus von Nazareth, nicht in der eines Giordano Bruno oder Galileo Galilei, nicht in der einer Margarete Porete oder eines Oscar Wilde.

Die Tragödie, die keine ist, zeigt der Mythos des Sisyphus recht klar, besonders mit dem dankbaren Hinweis von Albert Camus. Solange der Glückliche erhalten bleibt, gerade im Angesicht der Widrigkeiten, der täglichen Mühen und dauernden Anstrengungen, oder genauer gesagt: solange der Glückliche immer wieder zum Vorschein kommt, spürbar wird und ist und aufersteht, seine Schau und Sicht und Fragen zum Ausdruck bringt, zu bringen versucht, trotz Widrigkeiten, Plagen, Mühen und Anstrengungen, trotz eigener, echter Feinde, trotz der Tragödie des Wissens, der Tragödie der Unaufrichtigkeiten und der Tragödie der Lebensfeindlichkeiten – kann der glückliche Sisyphus-Mensch sich in dieser gedachten und erfahrenen Idee und seinem eigenen Bild gefunden finden, auch wenn das nicht ewig ein letztgültiges sein muss. Was zu prüfen wäre. Denn es gibt vielleicht noch andere Bilder und Bewegungen, wie wir uns in unserem Selbstwerden getragen und zufrieden finden können, geschaut und berührt, lebendig am Dasein teilzunehmen und das Ganze dennoch im Blick zu haben, zu spüren, wo wir nicht verschieden sind. Dadurch wäre und ist Vertrauen möglich, was keine Tragödie ist, sondern eben Glück.

All die zuvor beschriebenen Tragödien verhindern Vertrauen, behindern das Glück und sind *ein Ausdruck* des verhinderten Vertrauens und des behinderten Glücks. Sie sind damit ihr eigenes Hindernis, dass sie vor sich her tragen und an dem sie sich aufreiben und in die Tragödie gleiten, die sie auf den Bühnen der Welt zur Ansicht bringen. Sie zeigen nur sich selbst, ihr eigenes Verfangen-Sein, ihren eigenen Zwiespalt und ihre eigene Ausweglosigkeit, die sie empfinden. Und die nicht schon a-priori in der Welt wäre, sondern die sie

selbst erzeugen, mit ihrem kleingeistigen, selbstverliebten Ego.
Es ist das starre Erblicken des Abgrunds des Todes, die Bedürftigkeit ewig zu leben und nicht sterben zu können, weil doch noch etwas in ihnen verwirklicht werden will. Nur was? Das ist deren Frage, die den Neurotikern nicht so bewusst ist und die sie glauben in äußeren Dingen beantwortet zu bekommen. Aber die äußerliche Welt stammt aus einer inneren Welt, und die beiden wirken doch auch zusammen. Wo wir aber die beiden Welten des Inneren und Äußeren nicht zusammen schauen können, werden wir in einer Gespaltenheit leben und bleiben, die gerade daher uns immer wieder zur Tragödie wird. Wir sehen den Tod als unlebendig – und wollen doch leben. Wir kennen den Tod nur von seiner äußeren Hülle – Verwesung, Verfall, Staub, Asche, Nichts. Aber wir kennen den Tod nicht aus einer inneren Ansicht, er bleibt uns letztlich unbekannt und innerlich verschlossen. Daher haben wir meist vor dem Unbekannten Furcht oder ignorieren es gänzlich, was beides nicht förderlich ist.

Das Leben ist aber gleichsam in seinem inneren Geheimnis so unbekannt, wie die Innenansicht des Todes. Nur die Außenansicht von Leben und Tod sind gegenläufig. Das Leben hell, bunt und vielgestaltig, wachsend und erblühend; der Tod dunkel, grau und eintönig, verfallend und verdorrend. Aber könnte es sein, dass beide Innenansichten mehr miteinander zu tun haben, als wir das eigentlich wahrnehmen, weil wir die beiden als Erscheinungsformen einer äußeren Welt auffassen und unserem eigenen Inneren bisher in der Evolution zu wenig Aufmerksamkeit geschenkt haben? Und daher beide bisher getrennt voneinander halten?

Ist die *Trennung* von Leben und Tod nicht die eigentliche Ur-Tragödie des bewusst seienden Wesens? Und ist die Tragödie um so weniger Tragödie und Drama, umso mehr die beiden Erscheinungsformen in ihrer inneren Verborgenheit als Eins geschaut, als nah verwandt verspürt und von warmem Herzen und mit mutiger Seele angenommen sind? Als Geheimnis?

Das Geheimnis von Leben und Tod mit mutiger Seele anzunehmen, heißt auch, ein wenig (wie bei Geburt und Sterben, das wir nicht wirklich in der eigenen Hand haben) auch das Leben zu sehen und zu empfinden, dass wir es nicht ganz in der eigenen Hand haben. Denn gerade dann entstehen Tragödien, wo wir glauben, der Natürlichkeit der Bewegung von Leben müsste Kontrolle angetan werden. Oder sie müsste verhindert werden. Aber es ist gerade die Natürlichkeit von Geburt und Sterben und damit auch von Leben, dass es doch auch zu einem nicht geringen Teil von selbst geschieht. Wer hier diese Selbstständigkeit des Lebens ignorierte, kontrollierte und beschneiden sollte, erntete die Tragödien der Intoleranz, der Schikane und der Tyrannis.

Es geht dem aufrichtigen und rationalen Menschen nicht um Glauben oder Bekehrung. Sondern um existenzielle Erfahrung und inneres Gewahrsein für die grundlegende Wesenheit des Daseins und des Lebens. Hier kommt und ist sprichwörtlich das Ganze im Spiel und der Teil Mensch, der glücklicher Sisyphus ist, wird noch einmal gefordert – und wenn er an die richtigen Menschen gerät, gefördert. Durch Vertrauensbildung, Vertrauenserhaltung und Vertrauensweitergabe. Wo wäre hier von Tragödie zu sprechen? Eigentlich gibt es hier keine. Nur die Mühe, Anstrengung, Herausforderung und zuweilen Plage, immer wieder, wie der Sisyphus, genau damit zu beginnen, dafür aufzustehen und aufzuerstehen, weiter zu gehen und weiter zu machen, um Vertrauen und Raum zu schaffen.

Die Wurzel von Leben ist sicherlich im Tod zu finden. Und damit ist der Tod im Saft des Lebens enthalten. Die Entstehung von Leben ereignet sich sicherlich aus dem Tod heraus, aus dem Nichts, denn wo vorher nichts war, ist nun etwas. Die Geburt entstammt dem Tod und entwickelt sich als Leben, um dann wieder in den Tod zu gehen. Aber die Vorstellung einer chronologischen Weise des Denkens, ist hier nicht angezeigt, denn die Dinge sind miteinander verbunden, und Tod und Nichts haben das Potenzial zu Leben. Woher sollte Leben sonst stammen? Vielleicht, ja, aus einer komplexen Gemengelage von Dreck, Schlamm, Wasser, Wärme und Licht. Also aus auch zunächst Unbelebten, dem unlebendigen Tod.

Wer also beide Erscheinungsformen (Leben und Tod) nicht strikt verschieden empfindet und mehr bewusst sich den gemeinsamen Grund betrachtet, wird im Tod weniger eine Tragödie empfinden, als andere, denen Tod eine Angst machende Unvermeidlichkeit bedeutet. Um daher der Tragödie der Trennung von Leben und Tod etwas zu entkommen, ist es ratsam, sich der Angst zu stellen und zu schauen, was sie ist und hervorruft. Wer die Angst bewältigt – und das ist keine leichte Aufgabe –, der wird gewiss einiges herausgefunden und erfahren haben über die Nähe von Leben und Tod, über die Gemeinsamkeit von Leben und Tod und über die nicht zu trennende Erscheinung der inneren Bedeutung von Leben und Tod.

Wer die Unvermeidlichkeit des Todes wirklich annimmt, müsste eigentlich die Unvermeidlichkeit eines lebendigen Lebens und die Tatsachen von Geburt, Werden und Sterben, ebenso angenommen haben. Nur wer noch an der Unvermeidlichkeit des Todes zweifelt, wie der Aberglaube oder die Hoffnung auf ein ewiges Leben, wird den Tod und das Leben getrennt voneinander empfinden. Der Glaube, der sich daraus ergibt, ist auf ein Jenseits fixiert und bringt eine solche Vorstellung erst hervor, ein mögliches, erdachtes Leben, von dem noch keiner zurückgekommen ist, das aber bequem ausgeschmückt werden kann, so wie es einem Aberglauben eben beliebt, um sich selbst zu beruhigen – und die Fakten des Sterbens und Todes dabei zu leugnen. Gerade die Leugnung bringt die Tragödien hervor, die selbst stets eine Art Leugnung sind, weil es der Unaufrichtigkeit gegenüber beobachtbaren Tatsachen entspricht. Der Tod geht nicht weiter – und doch soll er ungültig sein oder vernichtet werden. Vergeblichkeit, die aus einer Leugnung eines einfachen, doch fundamentalen Fakts herrührt.

Es ist unvermeidlich zu sterben und in gewisser Zeit tot zu sein und nicht mehr am Leben. Und es kann ebenso nicht mehr vermieden werden, geboren worden zu sein, denn das ist bereits geschehen. So wie die Geburt und das daraus folgende am Leben sein nicht mehr vermieden werden können, so kann der damit verbundene und verwobene Tod nicht mehr vermieden werden. Der Tod ist nunmehr bereits mit der Geburt bzw. Zeugung unvermeidlich. Was sollte daran Tragödie sein? Ist denn die Geburt Tragödie? Oder die Zeugung? Sie ist ein schöpferischer Akt, ein durch die Evolution notwendiger und geförderter und geforderter, gewollter. Was wäre an der Evolution Tragödie? Dass die Dinosaurier ausgestorben sind? Für wen war das Tragödie? Für die Dinosaurier? Aber sie hatten doch Jahrmillionen schön und gut auf dieser Erde leben können, konnten sich entwickeln, Nachkommen zeugen, fröhlich jagen, sie hatten zu essen und beschafften sich welches. Wenn sie zufrieden waren, dann war doch ihr Leben keine Tragödie, auch wenn sie heute nicht mehr leben. Wer den unvermeidlichen Tod, den fundamentalen Fakt, als Tragödie betrachtet und empfindet, findet keine Ruhe im Leben. Und wer ihn ersehnt, ebenso nicht.

Aus mancher Menschen Sicht, scheint eben eine Vernichtung, wie die der Dinosaurier, für die Dinosaurier eine Tragödie gewesen zu sein. Aber für uns, die wir erst dann uns entwickeln konnten, wie wir annehmen, war es ein Glück, weil wir sonst wohl uns nicht so entwickeln hätten können und wohl gar nicht geworden wären. Aber wer weiß das schon und könnte es beweisen? Und eigentlich, wenn man auf diese Weise darüber denkt, dann gibt es eigentlich keine Tragödie und kein Glück, weder für die Dinosaurier noch für uns. Daher ist solches Denken nicht sinnvoll. Dann wäre alles Tragödie und Unglück, weil alles einmal endet, egal wie, gleichgültig, ob es natürlich endet oder natürlich durch einen Kometen. Aber, dass Leben endet, ist unvermeidlich und daher keine Tragödie.

Wer sich seines Lebens freuen konnte und kann, kann auch sterben – wenn es ihm natürlich sein soll. Und es wird ihm keine Tragödie sein. So wünschen gesunde Menschen es ihm und uns. Zumindest gibt es Erfahrungen mit Menschen, die im Sterben lagen und sich so kundtaten. Aber wohl seltener als andersrum. Wer sich seines Lebens nicht freuen konnte, wird in den vorangegangenen Tragödien der Unaufrichtigkeit, der Lebensfeindlichkeit, des Wissens und den anderen Tragödien verhaftet gewesen sein oder von zu vielem davon Opfer gewesen sein – oder auch Täter. Wer anderen schadete und doch irgendwie glaubte damit Glück erreicht zu haben, Wohlstand und Erfolg, war vielleicht doch nicht ganz so glücklich, als dass er sich wirklich seines Lebens hätte freuen können. Können

Teufel glücklich sein? Wie wäre ein solcher Mensch vorzustellen? Er schadet anderen und soll glücklich (gewesen) sein? Wie ist das vorstellbar? Warum schadet er anderen? Warum verletzt er sie, bestiehlt sie, betrügt sie, verfolgt sie, bedroht sie, belügt sie, ängstigt sie, tötet sie vielleicht? Warum? Ein solcher Mensch soll glücklich sein? Was wäre das für ein Glück? Kaum vorstellbar. Es wäre höchstens „morbides Glück" zu nennen. „Sadistisches Glück" am Leid und Schmerz anderer. Aber das ist eigentlich kein Glück, das den Namen verdient hätte. Solche sind doch innerlich zerrissen, denn wer zu schaden sucht, hat Hass im Herzen. Und wer hasst, ist gewiss nicht glücklich.

Wer also solche als seine Verfolger hat, kann gewiss sein, dass er von unglücklichen Geistern verfolgt wird. Das sollte ihm eigentlich, wenn er sich genügend schützt, ins Mitgefühl mit jenen bringen, und er sollte sich daher glücklicher fühlen, als jene, die das Unglück, das sie selbst empfinden, in ihm hervorrufen wollen. Der Verfolgte dürfte in jenen die größere Tragödie erkennen können, als die, die ihm zugefügt werden soll. Opfer sein ist weniger tragisch als Täter sein. Das wissen die Weisheitslehren der zahlreichen Religionen und Philosophien der Welt, mindestens seit der griechischen Philosophie im europäischen Kulturkreis.

Ein solcher Mensch, ein Verfolger und Täter, kann dann auch nicht sterben und sieht abergläubisch Leben und Tod als Trennung und nicht vereinbar, höchstens in einem suizidalen Gewaltakt. Und jeder Mörder, mit der Absicht zu schaden, agiert einen suizidalen Impuls nach außen hin zu anderen aus, die durch ihm Opfer werden (sollen). Aber er ist nicht wirklich glücklich. Das sagt auch die Vernunft. Denn wer einer suizidalen Tendenz gehorcht, hat keine Freude am Leben – und daher fürchtet er sich erst recht vor dem Tod, weshalb er ihn ungültig zu machen sucht. Er stürzt sich in diesen Impuls hinein und irgendwie glaubt er die Agonie im Leben, die Lustlosigkeit und Qual im Leben, beenden zu können. Auch wenn es zunächst nur einen anderen trifft. Weshalb sollte sich sonst ein Mensch suizidieren wollen? Oder einen anderen schädigen? Er hat Angst vor dem Tod und dem Leben und führt sich selbst in den

Tod und flüchtet vor dem Leben. Aber wir sagten zuvor: er hat Vorstellungen vom Tod und kann gar nicht ohne sie, und diese ziehen ihn dort hin und weg vom Leben, das er aus seiner Erfahrung heraus auch nicht mehr möchte. Und der Täter will zusätzlich einen anderen strafen – und meist damit auch sich selbst bereichern. Für solche Täter ist das eine größere Tragödie als für die Opfer. Das sagt erneut auch die Vernunft.

Der Suizidant lässt sich von der Angst vor dem Leben treiben hin in den Tod, den er nicht kennt, weil er das Leben nicht kennt. Wie sollte er das Leben kennen, wenn er keine Freude am und im Leben empfindet? Oder nicht mehr empfindet und die Zukunft keine Aussicht bietet auf Besserung und Glück? Dass er sich das Licht ausschaltet, ist in seiner Bedürftigkeit über das Ende seiner Qualen zu sehen, in der Hoffnung, dass es im Tod keine mehr gibt, keine Qualen, kein Leid, kein Schmerz, keine Angst, keine Agonie. Genaues weiß er aber im Grunde auch nicht. Es bleibt vage und unbestimmt. Genauso wenig, wie er über das Leben weiß, weiß er nichts über den Tod. Es ist mehr Glaube, der den Suizidanten treibt, keine Gewisheit, er ist in morbider Verfassung und wohl in irriger Hoffnung und gewiss Verzweiflung. Er müsste zum Philosophen des Augenblicks werden, er müsste Fragen stellen, die er nicht schon für morbide beantwortet glaubte. Er müsste seinen Glauben hinterfragen. Dann wäre Hoffnung, dass er seine Tragödie überwinden würde und sie ihm keine mehr darstellte. Da er aber Leben und Tod nicht kennt, müsste er zum Geheimnis finden, das beide eint und sind.

Wüsste er das Leben zu lieben, die Freude zu spüren, die Lust zu erfahren, das Glück zu schätzen, der Einfachheit nicht zu entfliehen – und hätte er kein zu großes Leid der Unerträglichkeit – bräuchte er nicht in den Tod zu gehen, weil er diesem Leben kein Ende bereiten müsste. Er könnte dem Tod und das Sterben natürlich kommen lassen und dann auch einfach gehen, wenn es für ihn sein soll. Aber nicht, weil er es entschieden hat. Leben und Tod wären keine Tragödien für ihn. Sie wären der Vollzug und die Vollendung des Natürlichen. Ein Geheimnis.

Da er dann aber das Sterben nicht ganz in der Hand hat, wie er auch seine Geburt nicht wirklich in der Hand hatte, ist aber das Sterben, wie die Geburt, genauso wenig Tragödie, wie das Leben an sich, das er meist glücklich und froh verbracht haben könnte. Oder zumindest mit der Grundstimmung des Glücks im Tun und in der schaffenden und schöpferischen Tätigkeit, wenn sein Wirken und Schaffen mehr dem glücklichen Sisyphus des Albert Camus entspricht. So wünscht der gesunde Mensch es dem Menschen. Vielleicht kann jemand so gehen, selbst bestimmt, dann wäre es für ihn in Ordnung. Und vielleicht ein Glück und keine Tragödie.

Tragödie war es, im Leben nicht glücklich zu sein, anderen glauben schaden zu müssen sei legitim und den Tod vor der eigentlichen Zeit hervorrufen zu wollen, besonders, wenn er andere treffen soll.

Tragödie war die Unaufrichtigkeit gegenüber der eigenen Lebendigkeit, die Fehleinschätzung gegenüber dem eigenen Wissen und Unwissen und die Furcht davor das bisschen Leben zu verlieren, dass er noch gar nicht durchschaut und erfasst hat, weil er sich die Lebendigkeit versagt, das Wissen und Unwissen verachtet und die Nächsten nur benutzt hat, um für sich vor dem Fakt des Todes und des Sterbens zu fliehen. Tragödie war und ist es, ein ewiges Leben zu wollen, das nicht möglich ist. Tragödie ist es, das Unmögliche zu wollen und das Unvermeidliche zu ignorieren oder zu vermeiden zu suchen.

Wer das Unvermeidliche nicht scheut, wird glücklicher leben, als solche, die sich fürchten, nicht genug im Leben zu bekommen, die sich stets zu kurz gekommen empfinden. Gier ist dann die extreme Potenzierung daraus, die aber von Furcht gesteuert ist. Ein gieriger Mensch ist nicht glücklich. Er muss seine Furcht aufspüren, in Therapie gehen und vertrauensvolle Beziehung zu schaffen versuchen. Läuterung kommt hier vor Meutern gegen die Aufrichtigkeit, die ihn glücklich machen könnte. Denn sonst wird er nicht gelassen sterben können. Und Sterben ist keine Tragödie, wenn es gelassen geschieht und in authentischer Liebe und ganz natürlich eintreten will. Wenn der Mensch also dem Paradoxon (dem scheinbaren Widerspruch) etwas abgewinnen kann, dass Leben, Sterben und Tod ein Gemeinsames ist, wird er im Leben, Sterben und im Angesicht des Todes in Frieden leben, sterben und tot sein können. Wer im Leben sich nicht zu Ruhe und Frieden entwickeln konnte, wird auch im Sterben keine Ruhe und keinen Frieden finden. Wer das erfrischende Wasser des Lebens nicht schmecken konnte, wird dieses Paradoxon nicht verstehen und daher im Sterben auf die Frische des Lebens, Sterbens und Todes nicht zurückgreifen können. Er wird stets von einem Leiden betroffen sein und dieses nicht leiden können. Ihm fehlte die Kraft aus dem frischen Wasser des Augenblicks.

Das ist ein entscheidender Punkt, eine Frage für ernsthafte Seelen: Kann der Tod genommen werden und gleichsam das Leben nicht ignoriert? Anstatt den Tod zu ersehen (sei es für sich selbst oder andere) oder das Leben respektlos zu behandeln (sei es durch die Ignoranz vor der eigenen Verantwortung für sich und andere, die Tiere und die Natur)?

Kann der Tod genommen werden, wie eine Einkaufstasche, um damit etwas zu tun, das nützlich ist, nämlich der Notwendigkeit am Leben zu sein zu entsprechen und den Unvermeidlichkeiten daraus selbst verständig zu entsprechen? Ist es möglich einfach zu verscheiden, wenn es natürlich so weit sein soll und die Medizin alles mögliche und ethisch würdige getan hat oder unterlassen?

Dann wäre der Unvermeidlichkeit die Tragödie genommen. Und der glückliche Sisyphus könnte erfüllt und zufrieden sterben.

Kann das Leben also beachtet werden, indem ihm Respekt gegeben wird, weil es dieses uns immer wieder mindestens in seinen natürlichen Wettern und Erscheinungen, in gut bewohnbaren Regionen, spendet? Und wäre dann wiederum der Tod nicht ebenso zu respektieren – und damit entkräftet – und sein Einfluss auf uns nicht morbide, von oben herab, unterschwellig und verdrängt, sondern auf Augenhöhe, gerade heraus, sachlich und doch herzlich, nüchtern und doch bewegend, neutral und doch ebenbürtig? Und ein Staunen? Paradox, eben die Widersprüche überwunden? Zufrieden? Wären dann Leben und Tod keine Tragödien mehr? Hier wird jeder seine eigene Erfahrung machen, unvermeidlich. Und hoffentlich bewusst und frei das Leid annehmen, das noch übrig ist. Und da durchgehen.

Und wer hier bereits Arbeit geleistet haben sollte – Erfahrung gemacht, durchgegangen zu sein, halb gehend, halb hinkend, halb edel, halb mürbe, halb lebend, halb sterbend, halb irre, halb genial – mit aufrichtiger Seele die Fragen gestellt, die gestellt werden können und mit starkem Geist die Worte gefunden, die Gefühle zu formulieren, die nach Gerechtigkeit und Glück sich sehnen und die Stille gewürdigt, die dazwischen auch immer wieder sein soll und ist –, der wird eher in die Lage kommen die Tragödie des Schmerzes überwunden zu haben und von diesem schönen, wunderbaren und geheimnisvollen Leben, das ergründet werden kann, sich scheiden zu müssen.

Und wenn er den Schmerz nicht überwunden haben wird, wird er ihn zumindest gemindert und gelindert haben, er wird sich geläutert haben am Schmerz des Daseins, auch mithilfe der Medizin. Er oder sie werden also in einer Weise Leben und Tod, Freude und Leid, Liebe und Groll, Werden und Sein, Gott und Mensch, Frieden und Krieg, Würde und Schande, Geheimnis und Klarheit, verstanden haben und in eine Erfüllung gelangt sein, die ihm einst nicht möglich schien. Und nur weil er oder sie nicht aufgegeben haben den Stein auf den Hügel zu wälzen. Und dabei glücklich blieben und immer wieder wurden.

Wie jene evolutionäre Entwicklung hier auf dieser Erde, die sich nicht vorstellen kann, was aus ihr wird und werden könnte und die doch nicht aufgibt sich ihr Eigenes zu entwickeln. Was natürlich zu erfahren und zu bewirken bleibt.

※

»Zweifle an der Sonne Klarheit,
Zweifle an der Sterne Licht,
Zweifl, ob lügen kann die Wahrheit,
Nur an meiner Liebe nicht.«
(Shakespeare, Hamlet)

»Frage nach der Seele Freiheit,
Frage nach der Leiden Heil,
Frag, ob Freude ist der Tagzeit,
Und auch nach der Liebe Weil.«
(Thomkrates, 2023)

Literatur

Die wenigen hier angegebenen Bücher sind Empfehlungen für ein Weiterlesen.

Brecht, Bertold (1938a). *Furcht und Elend des Dritten Reiches.* 10. Aufl. 1980. Suhrkamp Verlag.
— (ca. 1938b). *Leben des Galilei.* 1963. Suhrkamp Verlag.
— (ca. 1940). *Flüchtlingsgespräche. Erweiterte Ausgabe.* 5. Aufl. 2016. Suhrkamp Verlag.
Bruno, Giordano (1584a). *Über das Unendliche, das Universum und die Welten.* 1994. Reclam Verlag.
— (1584b). *Über die Ursache, das Prinzip und das Eine.* 1986. Reclam Verlag.
Camus, Albert (1942). *Der Mythos des Sisyphos. Ein Versuch über das Absurde.* 22. Aufl. 2017. Rowohlt Verlag.
d'Holbach, Paul Henri Thiry (1772). *Der gesunde Menschenverstand.* 2016. Alibri Verlag.
Fromm, Erich (1941). *Die Furcht vor der Freiheit.* 5. Aufl. Oktober 1995. Deutscher Taschenbuch Verlag.
— (1974). *Anatomie der menschlichen Destruktivität.* Rowohlt Taschenbuch Verlag.
Gebser, Jean (1966). *Ursprung und Gegenwart.* Gesamtausgabe, Band I - VII. Novalis Verlag.
Goethe, Johann Wolfgang von (1832). *Faust. Der Tragödie erster und zweiter Teil. Mit einem Nachwort von Thomas Mann.* 1982. Diogenes Verlag.

Gruen, Arno (1986). *Der Verrat am Selbst. Die Angst vor Autonomie bei Mann und Frau*. 10. Aufl. Deutscher Taschenbuch Verlag.
— (1987). *Der Wahnsinn der Normalität. Realismus als Krankheit: eine grundlegende Theorie zur menschlichen Destruktivität*. 6. Aufl. Deutscher Taschenbuch Verlag.
— (1991). *Falsche Götter. Über Liebe, Hass und die Schwierigkeit des Friedens*. Deutscher Taschenbuch Verlag.
Heisenberg, Elisabeth (1980). *Das politische Leben eines Unpolitischen. Erinnerungen an Werner Heisenberg*. 3. Aufl. 1991. Piper Verlag.
Krishnamurti, Jiddu (ca. 1945). *Gedanken zum Leben. Band I bis III. Aus den Tagebüchern*. Hrsg. von D. Rajagopal. Humata Verlag Harold S. Blume.
La Boétie, Étienne de (ca. 1550). *Von der freiwilligen Knechtschaft*. 2009. Trotzdem Verlagsgenossenschaft.
Lütkehaus, Ludger (1999). *Nichts*. 2. Aufl. 2014. Haffmans Verlag bei Zweitausendeins.
Maslow, Abraham H. (1968). *Psychologie des Seins. Ein Entwurf*. 1994. Fischer Verlag.
— (1981). *Motivation und Persönlichkeit*. 12. Aufl. 1981. Rowohlt Taschenbuch Verlag.
Miller, Alice (1979). *Das Drama des begabten Kindes und die Suche nach dem wahren Selbst*. 1. Aufl. Suhrkamp Verlag.
— (1980). *Am Anfang war Erziehung*. 1. Aufl. Suhrkamp Verlag.
— (1981). *Du sollst nicht merken. Variationen über das Paradiesthema*. 1. Aufl. Suhrkamp Verlag.
Mitscherlich, Alexander (1987). *Das Ich und die Vielen*. 2. Aufl. Piper Verlag.
Mitscherlich, Alexander und Margarete Mitscherlich (1967). *Die Unfähigkeit zu Trauern. Grundlagen kollektiven Verhaltens*. 15. Aufl. September 1998. Piper Verlag.
Nietzsche, Friedrich (1882). *Die fröhliche Wissenschaft*. 2009. Anaconda Verlag.
— (1886). *Die Geburt der Tragödie. Oder Griechentum und Pessimismus*. 2012. Anaconda Verlag.

— (1887). *Zur Genealogie der Moral. Eine Streitschrift*. 2010. Anaconda Verlag.

— (1888). *Der Antichrist. Fluch auf das Christentum*. 2008. Anaconda Verlag.

Picasso, Pablo (1973). *Über Kunst. Aus Gesprächen zwischen Picasso und seinen Freunden. Ausgewählt von Daniel Keel. Mit sieben Zeichnungen des Meisters*. 1982. Diogenes Verlag.

Platon (348 v. u. Z.). *Platon. Sämtliche Werke in drei Bänden*. 2010. Lambert Schneider Verlag.

Popper, Karl R. (1935). *Logik der Forschung*. 9. Aufl. 1989. J. C. B. Mohr (Paul Siebeck) Verlag.

— (1945a). *Die offene Gesellschaft und ihre Feinde. Band 1. Der Zauber Platons*. 7. Aufl. 1992. J. C. B. Mohr Verlag.

— (1945b). *Die offene Gesellschaft und ihre Feinde. Band 2. Falsche Propheten, Hegel, Marx und die Folgen*. 7. Aufl. 1992. J. C. B. Mohr Verlag.

Sacharow, Andrej (1990). *Mein Leben*. Piper Verlag.

Shakespeare, William (1597). *Romeo und Julia. Tragödie in fünf Aufzügen*. 2006. Aus dem Englischen von August Wilhelm von Schlegel. Anaconda Verlag.

— (ca. 1600a). *Hamlet*. 2009. Aus dem Englischen von August Wilhelm von Schlegel. Anaconda Verlag.

— (ca. 1600b). *Macbeth*. 2005. Aus dem Englischen von Dorothea Tieck. Anaconda Verlag.

Weil, Simone (1947). *Schwerkraft und Gnade*. Übersetzt und mit einem Nachwort versehen von Friedhelm Kemp. Kösel Verlag.

— (1955). *Unterdrückung und Freiheit. Politische Schriften*. Rogner und Bernhard Verlag.

Wilber, Ken (1996). *Eros, Kósmos, Logos. Eine Vision zur Schwelle des nächsten Jahrtausend*. 3. Aufl. Krüger Verlag.

— (1997). *Das Wahre, Schöne, Gute. Geist und Kultur im 3. Jahrtausend*. Krüger Verlag.

— (1998). *Naturwissenschaft und Religion. Die Versöhnung von Wissen und Weisheit*. Krüger Verlag.

Impressum

Mensaion Verlag
c/o Block Services
Stuttgarter Str. 106
70736 Fellbach
Deutschland

E-Mail: kontakt@mensaion.de
Internet: https://www.mensaion.de/

WEITERE BÜCHER IM MENSAION VERLAG:

ULRICH MACK
Zen•Ethik
*Über die Herausforderung für
die Verantwortung des Menschen*